20세기
중국 지식의
탄생

20세기 중국 지식의 탄생

전통·근대·혁명으로 본 라이벌 사상사

조경란 지음

책세상

| 차례 |

20세기 중국을 어떻게 볼 것인가
—전통·근대·혁명

20세기 혁명과 21세기 '중국몽' 사이에서

이제 중국에서는 거의 모든 문제를 유학의 눈으로 다시보기를 시작했다고 해도 과언이 아니다. 즉 현대세계에서 중국은 무엇인지, 무엇이 어야 하는지를 유학의 재정위再定位를 통해 고민하고 있다.[1] 이 '당위적' 근거는 중국의 경우 학문적인 데에 있다기보다는 "역사와 문화의 중단 없는 계승이라는 역사적, 문화적 사실이 논리를 이겨낼 수 있다는 중국인의 확신"에 있다. 그러나 중국이 하드파워의 문제를 넘어 제국의 소프트파워라는 자발적 동의 체계를 고민하는 단계에 오면 학문적 시스템의 구축은 매우 중요한 과제가 될 수밖에 없을 것이다. 이 과제 앞에서 중국의 20세기, 전통·근대·혁명은 무엇이었나를 반드시 고찰해야만 한다. 이에 대한 깊이 있는 논의 없이는 21세기 중국 학문의 포괄적인 시스템 구축은 불가능하다. 이 책은 이러한 고민에서 나온 것이다.

중국의 20세기는 이데올로기적 잣대를 들이대지 않고 건조하게 보면 결과적으로 '부강의 꿈(富強夢)'이 이루어진 세기이다. 이 책에서 키

---

1   조경란, 〈중국 지식의 '윤리적' 재구성의 가능성—유학 '부흥'과 '비판'의 정치학에서 아비투스의 문제〉,《중국 근현대사 연구》2014년 3월, 159쪽.

워드로 삼고 있는 전통과 근대 그리고 혁명이라는 담론과 실천은 결과적으로 부강몽에 회수돼버린다. 이는 19세기 말 서세동점의 위기 상황에서 중국이 '유교'와 '국가' 중 후자를 선택했던 데서 비롯된 것이다. '문명-국가'가 아닌 '민족-국가' 패러다임이다. 100~150년 동안의 격랑 끝에 중국은 부강한 국민국가라는 꿈을 실현했다. 물론 이런 성과를 이룬 원인을 두고는 의견이 분분하지만 어찌 되었건 이를 바탕으로 이제 다시 새로운 중화 제국을 재건하려는 '중국의 꿈(中國夢)'이 제시되었다. 중국의 주류 지식인들은 이것을 다시 '국가'가 아닌 '유교'가 선택된 것이라 해석한다. 따라서 중국 지식계의 최대 화두는 '부강몽'에서 '중국몽'으로의 패러다임 전환에 모아지고 있다. '부강몽'이 아니라 이것과 차별화한 '중국몽'이 중국 지식인들에게 새로운 공리(新公理)가 된 셈이다. 전략적으로는 '동화 모델'에서 '역전 모델'로 전환됐다고 해석할 수 있다.[2]

중국이 20세기 '부강몽'의 실현을 바탕으로 자기만의 꿈인 '중국몽'을 제시하게 됨에 따라 이제 진짜 실험은 시작되었다고 할 수 있다. 사실 100년 전부터 중국의 지식인들에게는 중국이 강국 반열에 올라선 후 인정仁政을 펼친다는 것이 장기적 근대 구상이었다.[3] 중국몽의 핵심이 과연 무엇인지는 아직 확실치 않다. 하지만 인정이야말로 태곳적부

---

2 강정인, 〈비교정치사상 방법론에 대한 예비적 고찰〉, 《넘나듦通涉의 정치사상》(후마니타스, 2013), 39쪽.
3 당시 어떤 소설에는 전쟁을 없애자는 모임인 세계미병회世界弭兵會에 의해 군대가 해산되고 그 후에 법률이 통일되고 문자가 통일되는 것이 묘사되어 있다. 하지만 문제는 미병회의 회장은 중국 황제여야 하고 중국어로 세계 문자가 통일되어야 한다는 전제를 둔다는 점이다. 王曉明·應紅, 〈中國における現代化(近代化)想像〉, 《思想》2000年 8月, 89쪽.

터 유학의 최고 목표가 아니던가. 문제는 부강몽을 실현한 지금, 이를 바탕으로 어떤 정치를 펴고 어떤 사회를 만드는 것을 '인정'이라 할 수 있는가이다.

중국의 20세기는 19세기뿐 아니라 수천 년에 걸친 오랜 역사의 결과물이다. 21세기 중국의 위상은 이 두 가지가 응축되어 결정될 것이다. 하지만 지금으로부터 가장 가까운 20세기의 경험이 21세기 중국을 결정하는 가장 중요한 요소가 될 수밖에 없다. 따라서 20세기에 대한 포괄적, 역사적 해석은 21세기를 합리적으로 상상하는 데 관건이라 할 것이다. 중국의 100~150년을 거시적으로 해석하려 할 때 세계사의 지정학적 요인과 세계 자본주의 경제의 구조적 흐름이라는 틀의 제한을 받을 수밖에 없다. 동시에 그러한 구조 안에서 변화를 끌어내는 것은 인간의 의지와 행위이다.

예컨대 중국 최초의 마르크스주의자 리다자오는 1920년대에 앞으로 중국 민족이 부활하여 세계 문명에 두 번째로 대공헌을 할 수 있을 것이라 굳게 믿었다. 그의 예언은 결과적으로 적중했다. 사실 세계사에서 과거에 제국이었던 나라가 부활한 사례는 현재까지는 없었다. 중국이 유일하다. 리다자오뿐만 아니라 당시 지식인들의 여러 글에서 표현되듯이 그들의 인간과 역사에 대한 낙관적이고 주체적인 의지가 지정학과 상호작용하는 가운데 중국의 부활에 중요하게 작용했다고 봐야 하지 않겠는가. 이 책에서 다루는 옌푸의 천연론, 량치차오의 신민설, 쑨원의 민족주의, 마오쩌둥의 혁명론, 덩샤오핑의 생산력중심론 등도 모두 이런 의지의 표현이라는 데서는 대동소이하다.

하지만 중국공산당이 정치권력을 장악한 이후 60년이 지난 지금,

우리 앞에 버티고 서 있는 그들의 모습은 실로 당혹스럽다. 모리스 마이스너의 다음 지적은 매우 적나라하다. "중국공산당은 아직도 의례적으로 프롤레타리아트를 대표한다고 주장하고 있지만 프롤레타리아트가 공산당 정권의 가장 큰 위협으로 변해버린 것은 결코 이상한 일이 아니다. (중략) 중국의 경우 참가자나 관찰자 모두가 대면할 수밖에 없었던 역설은 중국에서의 어떤 사회주의 운동도 반反공산주의적인 동시에 반反자본주의적일 수밖에 없다는 것이다. 이런 명백한 부조화는 중국 자본주의가 대체로 공산주의 국가의 창작품일 뿐 아니라 공산당 지도자와 관료들이 중국의 '사회주의 시장경제'를 움직이는 핵심이고, 그들 중 대다수가 큰 이득을 보고 있는 자본주의 제도를 보호하기 위해 공산주의 국가의 권력에 의존하고 있다는 사실에서 기인한다."⁴

중국의 20세기는 이처럼 혁명의 꿈과 그 배반이 교차했던 세기였다. 21세기의 중국이 20세기와의 긴밀한 구조적 연속성 속에서 펼쳐진다고 한다면, 20세기에 취했던 부강의 방법을 보는 시각이 매우 중요해진다. 그러므로 서문에서 지은이가 '전통', '근대', '혁명'이라는 세 가지 키워드에 대해 어떤 태도를 취하고 있는지를 간략하게나마 밝혀 이 책의 안내를 대신할까 한다.

중국에게 근대는 무엇인가

그렇다면 왜 20세기 중국의 '부강몽'을 전통, 근대, 혁명이라는 시각으로 보아야 할까. '부강몽' 패러다임은 이 삼자 관계의 어떤 상호작용

4　모리스 마이스너, 《마오의 중국과 그 이후》 2(이산, 2006/2쇄), 741쪽.

아래 만들어졌을까. 도식화하면 20세기 중국의 지식인은 전통은 부정의 대상으로, 근대는 달성할 목표로, 혁명은 근대를 달성하는 수단으로 생각했다. 여기서 근대는 주로 국민국가를 의미한다. 전통이 문제화될수록 근대와 혁명은 반사적으로 강조되었고 심지어 신성시되었다.

그러면 전통이 문제화되기 시작한 것은 언제였을까. 각자 다른 길을 가고 있던 서로 다른 문명이 조우하면서부터이다. 19세기 중후반 서구 문명과 동북아시아 문명의 충돌은 영국이 마지막 남은 지역인 동아시아를 자기 안에 포함시켜 세계 자본주의 체제를 구축하는 것으로 결판이 났다. 이 문명의 충돌은 제국주의의 자기 확장의 성격을 띤다. 이때, 서구의 자기 확장은 동아시아와 중국이 멸망이냐 생존이냐의 갈림길에 서게 만들었다. 왜냐하면 하나의 느슨한 문명체와 고도로 조직화된 국민국가의 만남이었기 때문이다. 서양의 국민국가는 정치체제에서도 매우 강하고 힘 있는 현대적 주권 정치와 통치 방식을 갖추고 있었다. 이러한 비대칭적 상황에서 강자와 약자가 만났을 때 약자가 살아남기 위해 취할 수 있는 선택지는 많지 않았다. 서구의 방식을 받아들여 서구에 대응한다는 방법을 취할 수밖에 없었다. 이 방법을 선택한 이상, 느슨한 문명체는 의식적으로 상대를 닮아가야 했다. 따라서 중국은 천하가 아닌 국민국가의 방식으로 자신들의 문명을 재조직해나갔다. 이과정에서 '중국'과 이민족으로 구성된 '비중국'의 요소가 함께 어우러져 구성되었던 정치 방식은 더 이상 유효하지 않게 되었다.[5] 어떤 면에서

5 〈對話 : 從民族到國家〉'劉擎의 발언',《何謂現代, 誰之中國—現代中國的再闡釋》, 許紀霖·劉擎 主編,《知識分子論叢》第12輯(2014年), 19쪽 참조. 그러나 청일전쟁의 패배와 중화민국의 출현으로 느슨한 문명 체제가 끝나고 국민국가가 시작되었느냐 하면 문제가 그렇게 간단하지 않다. 청

는 공자가 이상적인 사회로 꼽았던 화이부동和而不同이라는 공존의 형태는 서양과 중국의 충돌 이후에는 그 모습을 유지하기 어렵게 되었다.

사실 지식인들의 중국 인식에서 변화의 전기가 된 것은 1895년의 청일전쟁 패배였다. 청일전쟁으로 조선과 타이완의 지배권이 중국에서 일본으로 넘어갔고, 이는 중국 중심의 조공=책봉 관계가 해체되었음을 의미했다. 그리고 이념적으로는 사회진화론의 유입으로 중화 제국 체제를 떠받치고 있던 천天의 초월성이 어느 정도 박탈당했다.

중국과 동아시아의 근대는 서양의 방법을 취해 서양에 대응한다는 전략에서 방향성이 이미 정해졌다고 할 수 있다. '문명 중국'이라는 전통의 비판과 국민국가라는 근대의 지향이 바로 그것이다.[6] 여기서 근대

나라가 다민족으로 구성된 중화 제국 체제였던 만큼 내부를 제대로 들여다볼 수 있는 다면적 시각이 필요하다. 조지프 플레처에 따르면, 민족·민족주의 담론이 19세기 후반 중국에 진입해 20세기 초까지 지식계를 장악하게 되는데 그 주된 원인은 서구 세력 침략의 심화와 이에 따른 국민국가 창출을 위한 분투의 일환이었다고 할 수 있지만, 중국 내 소수민족의 입장에서 보면 이들에게 근대는 서구 제국주의가 들어오기 전부터 이미 식민화되는 과정이었다. 18세기에 빈번한 소수민족의 반란을 겪으면서 청조는 행정적 지배와 교육으로 소수민족을 한화漢化해 나갔으며 따라서 소수민족에게 근대는 한족에게 동화 또는 식민지화되어가는 과정이었다고도 할 수 있다. Joshep Fletcher, "Ch'ing Inner Asia C.1800," The Cambridge History of China Vol. 10, Part 1(Cambridge : Cambridge University Press, 1978), 35쪽. 유장근은 따라서 동아시아적 근대는 아편전쟁으로부터 시작된 것이 아니라 청제국의 팽창이 극에 달한 18세기 중기에 이미 시작되었고, 근대기의 민족주의 역시 서구 열강의 침입에 대응한 중국적 형태 이전에 중국의 팽창에 대한 소수민족의 저항에서 시작되었다고 본다. 바로 이 점에서 근대 중국은 조공국과 소수민족의 희생 위에서 발전한 측면이 있다는 것이다. 유장근, 〈아시아 근대에 있어서 중국의 위상〉, 《근대 동아시아 국제관계의 변모》(혜안, 2002), 47쪽. 신해혁명도 소수민족의 입장에서 보면 전혀 다른 모습으로 다가온다. 배경한은 신해혁명으로 만주족의 지배에서 벗어난 한족은 티베트와 몽골의 독립 요구에 대해서는 묵살했고 이 점에서 오히려 저항적 민족주의와 상반되는 팽창적 민족주의 모습을 보여주었다고 주장한다. 배경한, 〈19세기 말 20세기 초 중화체제의 위기와 중국 민족주의〉, 《역사비평》2000년 여름호.

6 단순하게 말하면 중국의 20세기는 국민국가화를 진행하는 세기였다고 해도 과언이 아니다. 니시무라 시게오西村成雄에 따르면 이 국민국가화는 중화 민족으로서의 응집과 국민국가로서의 응집이 어떤 국민을 창출할 것인가라는 과제를 매개로 상호 접합되는 과정이었다. 중국에서

국민국가는 다른 식으로 말하면 자본주의 체제를 의미했다. 국민국가를 단위로 했을 때에만 세계 자본주의 체제에 효과적으로 올라탈 수 있었다. 하지만 중국에서 근대 국민국가로 나아가는 길은 평탄하지 못했다. 이는 혁명이라는 단어가 자주 등장한 점을 통해서도 알 수 있다. 혁명은 서구 열강의 연이은 침략과 압박 속에서 나라 안팎의 산적한 문제를 근본적으로 해결하는 최종 수단으로 인식되었다. 바로 이런 이유로 1919년 5·4운동을 거쳐 1920년대에 중국의 여러 당파가 개혁과 혁명 중에 혁명을 근대 실현의 방식으로 채택한 것이다.

쑨원은 1905년 한 연설에서 중국이 '인위적 진보'를 통해 후발자의 이점을 살리면 "일본이 30년 동안 이룩한 것을 20년 또는 15년 만에 달성할 수 있다"고 했다. 또 "혁명으로 공화국을 건설하여 정치혁명과 사회혁명을 단번에 이룩하여 구미를 앞지를 수 있다"[7]고도 했다. 어떤 의미에서 강국의 꿈은 마오쩌둥 시대에도 계속되었다. 문화대혁명이 진행되는 과정에서도 베이징은 세계 혁명의 중심지로 여겨졌다. 4대 현대화를 실현하여 "영국을 추월하고 미국을 따라잡자", 그다음에는 혁명을 수출하여 "인류를 해방하자"는 목표를 설정했을 정도였다. 혁명이라는 단어가 중국 근현대를 통틀어 이처럼 자주 출현했던 것은 근대를 일거에 성취하려는 강한 원망顧望의 표출이었다. 동시에 그만큼 역사와 현

근대 국민국가의 창출은 다중성을 띠는 국가 관념을 상정하지 않으면 안 되는 현실적 조건 위에 있었다. 따라서 니시무라는 20세기 중국 사회는 국민국가로서 응집하는 힘과 중화 민족적 '네이션'에 응집하는 힘이 작동해왔고 이 이중성이 상호 침투하는 가운데 20세기 중국 국민주의의 특질이 각인되었다고 말한다. 西村成雄,〈二〇世紀からみた中國ナショナリズムの二重性〉, 西村成雄 編,《現代中國の構造變動-ナショナリズム-歷史からの接近》3(東京大學出版會, 2000), 30쪽.
7 孫文,〈民報發刊辭〉,《民報》第1號.

실에 뿌리박혀 있는 전통에 압도당하는 정도가 심하다는 점을 반증하는 것이다. 전통과 혁명은 이처럼 매우 복잡한 함수관계를 형성하고 있었다.

실천의 층위에서나 이론의 층위에서나 혁명은 사회주의와 더불어 전통과 대립하는 개념이자 사회 변혁 수단이었다. 혁명과 사회주의가 전통을 부정하고 서구 열강의 침략에 저항하는 수단으로 채택되었다. 그렇기 때문에 중국에서 또는 동아시아에서 사회주의와 혁명은 애초부터 전통과 서구 근대의 극복이라는 명분을 띠고 출발했으며, 이로써 서양의 근대는 추구해야 하는 목표이자 극복해야 하는 걸림돌이라는 이중의 성격을 띠게 되었다. 이 때문에 지식인 혁명가들의 사상 양태는 서구와는 다른 모습으로 나타났다. 서구의 기준으로 보면 서로 충돌하는 사상이 기묘하게 결합돼 있었다. 국제주의를 지향하는 마르크스주의가 민족주의와 만난다든지 민족주의가 반전통주의와 결합하는 식이다. 하지만 비서구 사회에서 사회주의를 받아들여 성공한 경우는 바로 마르크스주의가 민족주의와 결합하고 그 민족주의가 다시 자기 전통을 부정하는 궤적을 거친 것이었다. 자기 전통이 봉건 권력과 유착 관계에 있었던 상황에서 이는 불가피한 선택이었다. 이러한 측면이 근대 이행기 국면에서 비서구 사회의 인텔리겐차가 공통적으로 처한 아이러니한 조건이었다. 중국 공산주의자들 대부분이 공산주의를 받아들이기 전에 반전통의 신문화운동에 공명했고 사회주의자이면서 민족주의자가 되었던 이유가 바로 여기에 있다.

이렇게 복잡한 이론 지형 속에 있었던 전통, 근대, 혁명은 넓은 의미의 중국의 '근대'를 구성하는 핵심 담론이었다. 하지만 현실에서는 중국과 서양, 새로운 것과 오래된 것, 급진과 보수, 혁명과 반혁명 등 이항대립의 논쟁 형태로 단순화되어 나타났다.

공자는 죽지 않는다

중국의 문제는 역시 전통의 문제라는 말이 있다. 지금이나 100년 전이나 그것은 동일하다. 역사의 기점마다 전통 해석의 문제가 그 중심에 있었다. 이 책에서도 다룬 캉유웨이의 공자교 운동이나 5·4신문화운동, 마오의 비림비공批林批孔 문제도 정치적이든 비정치적이든 간에 모두 전통 해석의 문제와 관련된다. 중국에서 전통은 결코 쉬운 문제가 아니다. 오죽하면 평생을 전통 비판에 바쳤던 마오쩌둥마저 자신이 죽으면 유교가 다시 살아날 것이라 예언했겠는가.

그런 점에서 일본의 좌파 지식인 다케우치 요시미竹內好는 중국의 전통을 과소평가하고 중국의 혁명을 과대평가한 측면이 있다. 그가 보기에 전통을 가장 격하게 부정한 자가 전통을 가장 충실하게 담지한 자이다. 그리고 중국공산당은 가장 철저한 전통의 부정자라는 점에서 민족의 가장 높은 모럴의 체현자이다.[8] 다케우치는 전통의 부정 속에서 중국의 근대와 혁명의 특질을 포착하려 한다. 전통의 '성공적인' 부정을 통해 중국의 근대가 제대로 창출되었다고 가정한다. 하지만 이는 혁명에 지나친 기대를 한 나머지 중국의 전통이라는 리얼리티를 너무 가볍게 보았거나, 중국의 혁명에 일본의 구원이라는 자신의 욕망을 너무 지나치게 투사한 결과와 무관하지 않다.[9] 흥미로운 것은 미조구치 유조

---

8   [다케우치 요시미 선집 2] 다케우치 요시미, 〈일본인의 중국관〉, 《내재하는 아시아》, 윤여일(휴머니스트, 2011), 180~181쪽.

溝口雄三도 말한 것처럼 유교에 반대했던 마오쩌둥 혁명이 사실은 유교 윤리를 사회주의 윤리로 연결시켰다는 점이다.[10] 이러한 미조구치의 지적은 마오의 혁명이 가부장성은 그대로 둔 채 위치를 전도시킨 데 지나지 않았음을 말하는 것이다.

한나 아렌트Hannah Arendt도 〈전통과 근대〉라는 글에서 마르크스, 키르케고르, 니체의 전통 비판을 문제 삼으면서 전통에 대항한 반란이 성공한 예가 별로 없었다는 의견을 피력한 적이 있다. 전통에 맞선 반란 자체가 보통은 전통의 틀 내에서 이루어지기 때문이다. 물론 전통 비판의 심급 자체가 동서양이 같을 수는 없겠지만 기존의 위계나 가치를 재평가하여 어떤 전환을 시도한다는 측면에서는 동일할 것이다. 아렌트는 전통이 활력을 잃어가고 기원에 대한 기억이 희미해져감에 따라 낡아빠진 개념과 범주의 영향력이 점점 전제화되어간다고 했다.[11] 중국의 경우에도 2000년의 역사를 자랑하는 유교의 체제 이데올로기는 청말에 와서는 애초의 출발점에서 가지고 있던 원칙을 이미 상실한 지 오래였다. 리다자오와 루쉰은 신문화운동의 국면에서 바로 그것을 문제삼았던 것이다. 유교가 사람을 잡아먹는다는 루쉰의 말도 인간의 존엄성은 사라지고 유학의 껍데기만 남아 있다는 표현이었다. 거기에다 근대의 허무주의가 겹쳐 생명의 존엄성을 훼손하고 있다는 것이었다. 물론 중국의 경우에도 전통에 대한 집단적 비판은 다시 전통이라는 범주

---

9 마이스너는 이에 반해 청년 마오쩌둥이 첫 번째 문화운동인 신문화운동의 지적 산물이었다면 노년의 마오는 두 번째 문화운동인 문화대혁명의 정치적 추동자였다고 말한다. 혁명의 배반이라는 측면을 말하고자 한 것이다.
10 미조구치 유조,《중국의 충격》, 서광덕 외(소명출판, 2009), 211쪽.
11 한나 아렌트,〈전통과 근대〉,《과거와 미래 사이》, 서유경(푸른숲, 2009/2쇄), 41쪽.

의 틀 속에 구속되고 말았지만 그렇다고 해서 그때의 의의가 사라지는 것은 아니다. 아렌트는 출발점과 원칙을 상실한 전통에 대항하여 일어난 의식적 반란이 모두 자기 패배로 끝나야 했던 사실이 오히려 이런 작업의 위대성이라고 일갈한다.[12] 전통에 대한 반란이 결과적으로 전통의 틀 안에 머물고 말았다는 것은 문화대혁명이 갖는 역설이기도 했다. 사상사의 입장에서 보면 문제의 극복이 아닌 단순한 전통 뒤집기에 지나지 않았다고 볼 수 있기 때문이다.

중국에서 국민국가의 요구는 전통의 비판과 부정을 강화했다. 그러나 전통은 부정한다고 해서 부정되는 것이 아니었다. 그것은 마치 자본주의를 임노동과 자본의 관계로 단순화해 본 것과 같은 이치이다. 임노동만 철폐되면 자본주의의 문제가 사라질 것 같은 착각을 신문화운동 시기 유교 비판에 가담했던 지식인들은 똑같이 했다. 중국의 전통은 경전 체제經典體制로서 세계관이기도 하고 제도이기도 하다. 그리고 사유 양식이기도 하다. 청말까지 건재했던 이러한 경전 체제는 과거제가 폐지되면서 사라질 것 같았지만 그렇지 않았다.

전통을 비판해도 그 틀에서 벗어나기 쉽지 않다. 유학과 공자는 중국에서 이성만으로 극복할 수 없는 대상이라는 냉엄한 사실을 지은이는 말하고 싶은 것이다. 근대 국민국가 성립의 기초를 다지기 위해서건, 중화 제국을 재구축하기 위해서건 중국은 공자에서 떠날 수가 없다. 이말이 유학이 탈역사적으로 존재할 수 있다는 의미는 결코 아니다. 유교 자체보다는 '도덕화된 제도' '제도화된 도덕'으로서 구조화되고 신체화

---

12 한나 아렌트, 〈전통과 근대〉, 《과거와 미래 사이》, 47쪽.

된 유교, 즉 아비투스로서의 유교를 사유해야 한다는 것을 강조하고 싶은 것이다.[13]

내가 보는 나는 누구인가

전통의 무게가 남다르다고 하여 우리가 새로운 중국을 구상함에 있어서 근대 역사를 삭제한 전통으로 아무 매개 없이 무조건 복귀해야 하는가. 그렇지 않다. 그럴수록 중국 근대의 경험을 어떻게 해석할 것인가, 중국 '근대'란 무엇인가를 끈질기게 물어야 한다. 이때 동아시아 근대를 포획했던 다양한 이데올로기는 거의 모두가 서양으로부터 동아시아에 들어와 변용 과정을 거치는 과정에서 본래 의미를 탈각하고 새롭게 동아시아적 의미를 획득해가는 과정을 겪었다는 데 주목해야 한다. 물론 이러한 지식의 유통 과정은 초기에는 서양의 문화적 헤게모니 아래서 이루어진 단순한 전이 과정에 불과한 것처럼 보이기도 한다. 하지만 이러한 유통과 전이 과정이 수동적으로만 이루어진 것은 아니다. 민주주의, 자유주의, 사회주의 등 거의 모든 외래 사상이 중국적 의미를 획득해가는 과정은 매우 창조적이며 주체적이기도 했다. 이 과정 자체가 중국의 '근대'인 것이다.

하지만 중국의 '근대'에는 위의 범주에서 벗어난 경우도 존재한다. 예컨대 량수밍은 중국 사회가 개혁되어야 한다는 면에서는 신문화운동 집단과 의견 일치를 보지만 그들과 달리 '윤리 본위'의 사회를 구상했다. 사실 량수밍은 1915년을 전후하여 신문화운동이 일어났을 때 신청

---

13 물론 여기서 모든 전통이 '유학'으로'만' 수렴될 수 있는가라는 문제를 제기할 수 있다.

년 그룹의 주장에 대해 반대하지 않았다. 다만 량수밍은 신문화운동 집단의 문제의식에서 한 걸음 더 나아갔다. 동서의 힘의 비대칭적 상황에서 다수의 지식인들이 제시하는 동서 문화의 절충론과 조화론에 대해 근본적인 차원에서 문제를 제기한다. 동서 문화는 근본적으로 이질적이라는 것이다. 량수밍은 동서 문화는 근본적으로 이질적인데 서양이 우월하다고 하여 중국이나 동양을 버리고 저들을 좇을 수 있는지 물어야 하며 먼저 자신을 면밀히 검토해야 한다고 보았다. 바깥 사상과 문화를 받아들이기 위해서는 먼저 자신이 누구인지를 알아야 한다는 것이다. 이런 문제의식 아래 량수밍은 중국 근대 최초로 학문적 차원에서 타자성을 의식한 인물이라 할 수 있다. 이러한 량수밍의 의식은 신문화운동을 매개로 성립한 것이지만 민주와 과학에 근거한 신문화운동에 대립한 '또 하나의 5·4'로 인식되기도 한다.[14] 량수밍은 루쉰과 계통은 다르지만 '나, 중국이란 무엇인가'에 대해 '남, 즉 서양'의 시각이 아니라 나 자신의 시각에 의존해 판단을 내렸다.[15] 때로는 자기가 판단한 자기가 정확할 때가 있다. 이들은 나를 직시하고 자기 자신에 대해 비판적 성찰을 했다는 점에서 진정 근대성을 획득한 지성이라 할 수 있다.

동아시아의 전통과 서양 근대의 만남을 통해 형성된 동아시아의 근대, 그리고 동아시아 역내에서 이루어졌던 지식의 유통 양상, 일국 내에서의 지식인의 언설과 행위는 단순히 서양에 대한 거부와 수용이라는

---

14 필자는 량수밍에 이르러 신학문에 대한 즉자적 반발의 결과인 국학이나 봉건 정치권력에 의해 이용되는 국학이 아닌 이른바 '성찰적·국학'이 개시되었다고 본다.

15 량수밍은 서양인이 1차대전 이후 자신의 문화에 대한 반감을 갖고 동양 문화에 대한 흠모 차원에서 동양 문화를 예찬하는 것에 찬동하지 않았다. 특히 듀이와 러셀과 같은 사람들이 중국을 방문하여 동서 문화의 조화를 말한 것에 대해서도 매우 무책임한 행위로 보았다.

차원을 넘어서 복합적으로 접근할 필요가 있다. 그리고 중국 근대의 21세기적 재해석의 가능성은 이 모든 과정을 다양한 각도에서 연구할 때 열린다.

이제 혁명을 성찰하자

앞에서 말한 것처럼 근대 성취를 위한 수단으로 혁명이 운위되었고 그럼으로써 혁명 담론 또한 중국 근대의 구성요소에서 가장 중요한 부분 중 하나가 되었다. 최근 중국에서 새롭게 사회경제사의 시각을 가지고 일상생활, 지방 사회 등의 각도에서 20세기 중국 혁명의 복잡성, 풍부성, 연속성을 드러내려는 시도가 일고 있다. 이는 기존의 관행적인 혁명사 연구와는 차별화된다.[16] 이러한 새로운 시도들은 베이징대학교 왕치성王奇生 교수의 문제적 저서《혁명과 반혁명》에 힘입은 바 있다고 연구자들이 직접 밝혔듯이, 최근 혁명사 연구에서 중국 내의 패러다임이 변화하고 있다는 것을 감지할 수 있다. 기존의 노동자, 농민 등 기층민중의 당성에만 의존한, 즉 혁명과 반혁명으로 단순화되었던 역사 서술이 그동안 누락되었던 경제적, 인간적 관점으로 확대되고 있는 것이다.[17] 왕치성은 이 책에 관한 인터뷰에서 량치차오의 말을 소개했다. "한 국가가 혁명을 안 하면 그뿐이지만, 일단 혁명이 일어나면 두 번 세 번 끊임없이 반복적으로 일어난다. 결국 혁명은 다시 혁명을 낳는다(革命復産革命). 이것은 역사의 보편 법칙이다." 왕치성은 여기에 근거

---

16 그리고 이런 연구들이 집단 차원에서 대규모 토론회의 형태로 진행되고 이 결과가 지상 중계되기도 한다. 〈社會經濟史視野下的中國革命〉,《開放時代》2015年 2月.

17 王奇生,《革命與反革命：社會文化視野下的民國政治》(香港中和出版, 2011).

하여 '계속혁명'은 왕왕 혁명을 변질시킨다고 말한다. 중국인은 수십 년 동안의 혁명 경험으로 인해 혁명의 가치에 대해 이성적으로 인식하게 되어 이제는 혁명의 '탈신성화' 단계에 들어섰다는 것이다.[18]

혁명이든 사회주의든 그 체제가 20세기의 특징이라면 그것에 이제 세계사적 차원에서 접근해야 할 것이다. 그런 의미에서 지금 우리가 주목해야 하는 사상가는 한나 아렌트라 할 수 있다. 왜냐하면 이제 근대를 근원에서부터 사유해야 하기 때문이다. 아렌트는 20세기를 문제 삼으며 전체주의부터 거론한다. 하지만 공산주의 자체를 비판하거나 부정하려는 것이 아니라, 19세기에서 20세기에 걸친 세계사의 진행과 근대성 자체의 구조적 측면에서 전체주의를 문제 삼았다. 그녀는 전체주의를 서구 근대가 불가피하게 내포한 모순이 응축된 현상으로 본다.[19] 다시 말하면 근대적 국민국가의 형성과 제국주의가 전체주의의 생성과 밀접한 관련이 있다고 보는 것이다. 아렌트가 20세기 전체주의를 문제 삼을 때는 나치즘과 스탈린주의를 주로 염두에 둔 것이지만[20] 그녀의 문제의식은 중국으로도 확장이 가능하다. 아렌트는 20세기 후반기의 미국의 질서 구축을 꿈인 동시에 악몽으로 보고 있다.[21] 마찬가지로 사회주의 체제 또한 꿈인 동시에 악몽이었다.

아렌트는 나치스와 스탈린주의가 단적으로 드러내는 진부한 악의 본질은 숱한 사람을 죽였다는 사실 자체보다 자기들과 생각이 다른 이

---

18 王奇生, 〈爲什麽是革命與反革命?─王奇生敎授答〉, 《南方都市報》, 2010. 4. 7.

19 나카마사 마사키, 《왜 지금 한나 아렌트를 읽어야 하는가》, 김경원(갈라파고스, 2015), 43쪽.

20 川崎修, 《アレント : 公共性の復權》(講談社, 2005), 41쪽.

21 川崎修, 《アレント : 公共性の復權》, 14~15쪽.

질적인 것을 말살하여 언어적 '행위'의 여지를 없애고 '복수성'plurality을 소멸시킨 데 있다고 본다.[22] 사실 전체주의적 근대의 구조가 아돌프 아이히만과 같은 무사유적 인격을 만들어 아무 생각 없이 거대한 악을 실행할 수 있는 인간을 탄생시키는 구조라면 더더욱 문제가 된다.

이런 견지에서 보면 문화대혁명 시기의 소위 '대민주'로 불렸던 대명大鳴, 대방大放, 대자보大字報, 대변론大辯論은 비판적으로 재론해야 할 지점들이 적지 않다. 마오쩌둥이 대자보의 역할을 긍정적으로 여기자 문화대혁명 과정에서 대자보는 하늘을 가리고 땅을 덮을 만큼 중국 대륙 구석구석에 보급되었다. 당시에는 대자보를 얼마나 썼느냐를 가지고 한 사람과 한 조직의 '혁명성'의 정도를 측정하는 표준으로 삼았다.[23] 첸리췬은 '4대'의 핵심인 대자보는 대민주라는 차원에서 해석되기보다는 언어 독재의 측면에서 해석되어야 한다고 주장한 바 있다.[24]

근대를 넘어서는 상상력이 필요하다

이러한 문제들을 생각하면, 중국에서 담론이 유통되는 현실은 아쉬운 감이 없지 않다. 경제 발전에 도취되어 20세기에 대한 반성적 사유는 주류 지식인들에게서 찾아보기 힘들다. 전통은 무매개적인 복귀처가 된 듯하고, 근대와 혁명은 그 안에 들어 있던 해방의 측면과 이상주의는 거세된 채, '부강'으로만 수렴된 듯하다. 부강한 중국, 이제 이를 바

---

22 나카마사 마사키, 《왜 지금 한나 아렌트를 읽어야 하는가》, 96~97쪽.

23 진춘밍·시위옌, 《문화대혁명사》, 이정남·하도형·주장환(나무와 숲, 2000), 451쪽.

24 조경란, 〈중국 지식의 '윤리적' 재구성의 가능성—유학 '부흥'과 '비판'의 정치학에서 아비투스의 문제〉, 《중국 근현대사 연구》, 173쪽.

탕으로 '중국몽'으로 매진하기 전에 한숨 돌리고 자신의 과거를 살펴야 한다. 어떤 새로움도 평지돌출로 갑자기 우뚝 서는 것이 아닐 터, 대안을 말하기 위해서는 그 조건으로서 20세기에 대한 학문적 분석이 먼저다. 21세기 '중국몽'으로서의 인정仁政은 20세기 지식에 대한 반성에 기초해 수립되어야 한다. 20세기 중국에서 지식이 어떻게 탄생했고 어떻게 악몽이 되었는가에 대한 자각적인 검토가 필요하다. 근대에 대해 이처럼 집요하게 질문을 던질 때에만 근대를 넘어서는 21세기를 상상할 수 있다. 21세기의 '거대한 전환'은 저절로 이루어지는 것이 아니기 때문이다.

이 책에서 다루는 지식인들은 모두 열두 명이다. 캉유웨이, 옌푸, 량치차오, 쑨원, 루쉰, 후스, 천두슈, 리다자오, 마오쩌둥, 량수밍, 저우언라이, 덩샤오핑. 이들은 19세기 말부터 중국 근현대사를 통틀어 중요한 문제들과 대결하면서 현실에 개입했던 대표적 지식인이다. 지은이는 이 책에서 밋밋하게 사상가를 소개하는 것이 아니라 중국 근현대 사상의 주요 흐름과 쟁점이 무엇이었는지를 라이벌식 인물 설정을 통해 독자들과 함께 살피면서 고민해보려 했다. 이 책은 따라서 각 인물들이 처한 맥락과 상황을 충분히 고려하면서도, 지금의 시점에서 새롭게 제기될 수 있는 문제도 염두에 두면서 서술했다. 열두 인물 가운데 앞의 여덟 명은 중화인민공화국 수립 이전의 사상가들이며 뒤의 네 명은 이전과 이후를 모두 경험한 인물들이다. 뒤의 네 인물은 량수밍을 제외하고는 사상가의 정체성보다는 정치가의 정체성이 훨씬 강한 인물이다. 따라서 서술 방법을 조금 달리해, 사상보다는 정치 활동에 초점을 맞추어

서술했다.

　캉유웨이와 옌푸는 중화 제국의 해체를 맞아 시도했던 근대 기획의 방식에서 대비된다. 전자는 전통 사상 내부에서 개혁을 통해 위기를 해소하려 했고, 후자는 육경六經의 비판을 주장하면서 서양의 지식을 근대화를 위한 수단으로 받아들이고자 했다. 량치차오와 쑨원은 전통을 이해하는 방식에서도 달랐지만 체제 구상에서도 각각 입헌군주제와 공화국으로 갈린다. 하지만 이 둘은 누가 먼저랄 것이 없이 중화 개념을 민족 개념과 결부해 중화 민족이라는 신념을 만들었다. 루쉰과 후스는 전자가 봉건의 문제와 더불어 근대의 허구성에 대한 근원적 질문을 던지며 중국의 미래를 사유했다면 후자는 반봉건의 '자유주의 중국'이라는 방향을 비교적 뚜렷하게 제시했다는 점에서 비교된다. 천두슈와 리다자오는 중국 최초의 마르크스주의자로서 북이남진北李南陳이라는 조어가 만들어질 정도로 중국공산당 창당 시기에 쌍벽을 이루며 활동한 인물이다. 그러나 전통과 사회주의 해석에서는 입장이 뚜렷하게 갈린다. 마오쩌둥과 량수밍은 신분이 다른 상황에서 맞짱을 뜬 묘한 관계였지만 '계급 중국'과 '윤리 중국'이라는 중국 구상에서는 현격한 차이를 드러냈다. 저우언라이와 덩샤오핑은 중국 현대사에서 제갈량諸葛亮과 부도옹不倒翁으로 표상되는 인물이다. 이들은 라이벌 관계라기보다는 상호 보완하는 특수한 관계이다.

　열두 명 사상가의 라이벌 구도를 통해 20세기 중국 지식의 계보를 그리고자 나름대로 고심했지만, 아쉬운 점이 많다. 처음 구상할 때는 따로 장을 마련해 여성 사상가들을 다루고 싶었으나 결국 실현하지 못했다. 그 외에도 꼭 소개하고 싶었지만 다루지 못한 인물도 있고, 사상가를 선정하는 문제에서도 아쉬움이 남는다. 모두 지은이의 능력이 부족한 탓이다. 첫 시도에서 부족한 부분들은 앞으로 보완해나갈 것을 약속한다.

이 책이 모양을 갖추기까지 많은 분들의 도움이 있었다. 책세상 출판사와 함께 '라이벌 구도로 보는 중국 현대 사상사'라는 기획을 진행하던 중, 기회가 되어 《주간조선》에 2014년 1월부터 8월까지 "중국 지식인의 초상"이라는 글을 연재하게 되었다. 이 책은 이 연재 내용을 토대로 하되, 전체적으로 원고를 완전히 다시 쓰고 보완한 것이다. 사실 연재 당시에 정해진 마감 시간과 재촉이 없었다면 집필을 시작할 엄두를 내지 못했을 것이다. 글을 재촉해주고 또 멋진 제목을 붙여 독자를 만나게 해준 정장렬 기자에게 감사의 말을 전한다. 그리고 책세상 김미정 편집장은 이 책의 기획 초기부터 함께하면서 초고 완성 후 논리적으로 보완하도록 꼼꼼하게 지적해주었고 오랜 기간 인내하며 책을 마무리하도록 따뜻하게 독려해주었다. 이 자리를 빌려 마음 깊이 고마움을 표한다. 독자들의 날카로운 비판을 바란다.

2015년 11월
연세대 교정에서

1부 민주의 제도화와 공화제

1장

최후의 전통 수호자
캉유웨이

VS

최초의 근대 기획자
옌푸

들어가며

이 책의 첫 장에서 독자들이 만날 인물은 캉유웨이康有爲(1858~1927)와 옌푸嚴復(1853~1921)이다. 두 사람은 19세기 말, 20세기 초 서세동점의 시기에 거의 동일한 문제에 직면했다. 하지만 대응 방식은 조금 달랐고, 이는 서로 다른 근대 기획으로 나타났다. 유교의 보전이냐, 국가의 보전이냐? 이런 선택에 직면해 캉유웨이는 전자를, 옌푸는 후자를 택했다. 두 사람의 차이는 또 있다. 캉유웨이는 정치 행동에 치중했고 옌푸는 학문 연구에 힘을 쏟았다.

캉유웨이와 옌푸

근대의 서구적 정치체제 수립을 목표로 한 개혁 운동인 무술변법의 주요 기획자로서 캉유웨이는 전통 경전을 대담하게 해석했다. 이것이 기존 국가 주도 해석 체계의 정당성에 균열을 일으키면서 보수 관료들의 맹렬한 공격을 받았다.[1] 캉유웨이는 중국 근대 이행기 전통 사상의 마지막 보루이자, 신사상으로 나아가는 첫걸음을 상징하는 인물이다. 그의 사상은 전통과 근대의 교차점에 위치한다. 따라서 동서 사상이 만나는 근대 이행기의 전체 상을 알고자 한다면 캉유웨이의 사상은 반드시 넘어야 할 큰 산이다.

"캉유웨이 선생은 공교孔敎의 마르틴 루터다." 캉유웨이의 수제자이자 동료 지식인이었던 량치차오梁啓超의 말이다. 량치차오가 이렇게 루터와 캉유웨이를 유사하다고 평한 것은, 두 사람이 모두 거짓 경전(僞典)을 배척하고 경전의 참된 정신으로 돌아갈 것을 촉구했다고 보기 때문이다. 캉유웨이는 서양 사회에서 질서와 평화는 법이 아니라, 보이지 않는 힘이라 할 수 있는 종교에 의해 유지되고 있다고 보았다.[2] 사실 그는 중화 제국이 쇠퇴하는 상황에서 유학을 종교화하고 더 나아가 이를 국교화하는 방법으로 근대 국민국가 기획을 진행하려 했다. 캉유웨이는 국민국가의 가장 중요한 구성 부분인 균질적 국민을 형성하는 데는 '국혼國魂'이 담긴 유교와 공자가 가장 유효하고 현실적인 수단이라고 생각했다. 이러한 인식은 캉유웨이가 청말의 위기 상황을 유교를 핵심으로 하는 '문명 중국'의 상실로 받아들였음을 의미한다.[3]

---

1 幹春松, 〈儒家的制度化重建 : 康有爲和孔敎會〉, 《制度儒學》(上海人民出版社, 2006), 105쪽.
2 체스타 탄, 《중국 현대 정치사상사》, 민두기(지식산업사, 1985), 30쪽.
3 田島英一, 〈中國ナショナリズム分析の枠組みと實踐〉, 加加美光行, 《中國の新たな發見》(日本評論

최근 대륙에서 성행하는 신유가는 캉유웨이의 이러한 유교론과 국가 건설 측면에 지대한 관심을 표명하고 있으며, 어떤 이는 이러한 현상을 '신캉유웨이주의新康有爲主義'라고까지 표현한다. 그렇다면 캉유웨이의 사유가 왜, 다시, 지금의 중국 사상계에서 초미의 관심사가 되었을까. 무엇보다 유교의 종교화를 통해 '문명 중국'을 유지·보존하려는 구상을 했기 때문일 것이다. 경제성장을 바탕으로 거의 모든 문제를 유학의 눈으로 '다시보기'를 하고 있는 상황에서, 캉유웨이의 구상이 실현 가능한 가능성으로 받아들여지고 있는 것이다.

100년 전 캉유웨이의 위기의식은 '역전의 역전'을 경험하고 있는 오늘날의 중국 지식인에게 시사하는 바가 적지 않다. 유교를 기독교처럼 시민종교화하여 중국인의 문화 저변을 지배하는 규율로 자리매김하려는 일명 '대륙신유가'뿐만 아니라, 유교 문화를 바탕으로 하여 새로운 '문명 중국'의 재구축을 목표로 설정한 광범위한 주류 지식인들에게 캉유웨이의 구상은 더 이상 '유예된 목표'가 아니기 때문이다. 21세기 중국의 현실에서 서구식 '강국의 꿈(强國夢)' 단계를 넘어 '중국의 꿈(中國夢)', 즉 '문명 중국'을 어떻게 구상할 것인가가 중국 지식인들의 주요 관심사가 된 상황에서는 더욱 그러하다.

옌푸는 캉유웨이에 비하면 한국에 많이 알려진 인물은 아니다. 그러나 당시 영국과 미국에서 유행하던 허버트 스펜서Herbert Spencer와 토머스 헉슬리Thomas huxley의 사회진화론을 1898년 '천연론天演論'[4]이라는 제목으로 중국에 번역, 소개한 최초의 인물이라는 점을 알게 되면 이야

社, 2008).

4 《천연론》은 헉슬리의 책《진화와 윤리Evolution and Ethics》를 번역한 것이다.

허버트 스펜서와 토머스 헉슬리

기는 달라진다. 사회진화론은 주지하듯 자연계의 원리인 적자생존, 약
육강식의 법칙을 인간 사회에 적용한 이론이다. 이러한 사회진화론의
소개는 단순히 서양 사상 중의 하나를 소개한 것 이상의 의미가 있다.
우선 사회진화론의 소개는 중국 지식인들이 중화 제국 체제를 떠받치
고 있던 경전을 중심으로 한 유교적 세계관을 상대화하는 계기가 되었
다. 이로 인해 유교적 세계관에 심각한 균열이 생기기 시작했다. 이는
동아시아 또는 아시아 전체 지식 환경이 '경전 체계'에서 '지식 체계'로
이행하기 시작했음을 의미한다. 또 중국 사상이라는 측면에서는 지식
패러다임의 구조적 전환을 뜻한다.

　《천연론》 출판 이후 진화론의 핵심 단어인 경물競物(생존경쟁), 천택
天擇(적자생존), 우승열패優勝劣敗, 약육강식弱肉强食 등은 지식인들에게 일

서양 열강의 중국 분할을 풍자한 만평(1898)

상용어가 되다시피 했다. 이는 옌푸가 소개한 사회진화론에 대한 중국 사회의 반향이 그만큼 컸다는 이야기다. 적지 않은 지식인들이 자기 아이의 이름으로 경물, 천택 등의 단어를 애용했다는 사실은 이를 잘 말해준다. 후스胡適가 자신의 자字를 적자생존의 적適자를 따서 적지適之라고 지었던 것도 한 예이다.[5]

일단 옌푸에게 "가치, 제도, 사상 등 문화의 모든 내용은 그것이 국가를 보전하고 강화시킬 수 있는가 하는 유일한 기준에 입각해서 판단

---

5 胡適,《四十自述》, 郭湛波,《近代中國思想史》(龍門書店, 1942), 18쪽에서 재인용.

되어야 했다. 옌푸는 '교의의 보전'이라는 구호하에 언급된 유교 사상의 모든 흐름이 이러한 목표에 합치되지 않는다고 생각했다."[6] 그는 "자강을 구하려면 육경六經에조차 구속되어서는 안 된다"(《시무보時務報》)라고 주장하면서 유교적 덕목도 국가의 부강에 도움이 안 되면 유지해선 안 된다고 했다. 그렇다면 옌푸를 서구주의자, 또는 반전통주의자라고 할 수 있을까. 일단 그는 서구의 근대사상을 중국에 적용하는 것에 신중했다. 옌푸는 '발달한' 나라인 영국에 유학한 경험이 있었고 그런 눈으로 볼 때 서양의 근대와 중국의 현실은 커다란 격차가 있었다. 옌푸에게 전통이 지배하는 '중국이라는 압도적인 현실'은 서양의 근대와는 따로 고려해야 하는 무거운 과제였다.

캉유웨이 또한 중국이 진보해야 한다고 믿었다. 한데 중국은 유교의 개혁을 통해서 진보해야 하고 유교 자체를 떠날 수는 없다고 보았다. 캉유웨이는 중화 제국이 쇠퇴하는 상황에서 유학을 종교화하는 방법으로 근대 국민국가 기획을 수립하려 했다. 하지만 옌푸는 캉유웨이의 방식으로는 중국의 위기를 극복할 수 없다고 보았다. 100년 전 세기 전환기에 중국이 서양의 침략을 받아 위기를 맞았을 때 유교적 지식인들 사이에서는 천하가 아니라 국가를 강조하는 것이 공공적 가치로 통했다. 왜냐하면 세계는 이미 국가 단위의 경쟁체제로 변화하고 있었기 때문이다. 중국에서 천하가 아닌 국민국가 형성의 합리적 이유를 가장 먼저 강조한 이가 바로 옌푸이다.

하지만 100년이 지난 지금 다시, 문명 중국의 재구축을 위해 '프레

---

6   벤저민 슈워츠,《부와 권력을 찾아서》, 최효선(한길사, 2006), 95쪽.

임의 전환'을 꿈꾸고 있는 대다수 현대 중국 지식인들에게 더 이상 옌푸는 매력적인 사상가가 아니다. 서방에서 벗어나자는 슬로건이 일반적으로 받아들여지고 있는 현재의 지식계 상황, 그리고 천하 개념으로 다시 국가-민족의 틀을 극복해야 한다고 보는 중국 지식인들에게는 옌푸보다 캉유웨이가 더 매력적으로 다가온다. 이는 어찌 보면 당연한 현상인지도 모른다. 하지만 100년 전의 상황을 지금의 시각에서만 볼 것이 아니라 당시의 '맥락'과 '상황'에 입각해 분석할 필요가 있다. 그래야만 사상가 개인과 그가 살았던 시대에 진입하여 객관적으로 평가할 수 있을 것이다. 이제 이 둘을 차례대로 살펴보고 비교하면서 개별 사상의 특징을 살펴보자. 무술변법운동을 근대의 기점으로 설정하는 이유는 중국에서 처음으로 이때 민주주의 문제가 제기되었기 때문이다.[7] 다시 말해 민주주의적 제도 개혁론과 공화제 등을 주창하는 이들이 이때 나타났다.

1. 캉유웨이, 유학을 통한 개혁 꿈꾼 보수적 입헌군주론자

보수의 인생, 급진의 정치

캉유웨이는 1858년 광둥성廣東省 난하이현南海縣의 지주 집안에서 태어났다. 캉유웨이의 집안은 대대로 정주학程朱學(성리학)을 받들어왔다. 그는 전통 사대부의 자제였기에 대여섯 살 때부터 당시唐詩를 암송할 정

---

7 민두기, 〈근대 중국의 개혁과 혁명〉,《중국근대사론》(지식산업사, 1976), 51쪽.

주차기

도였고 사서에 대한 교육을 받았다. 1868년 캉유웨이가 11세 되던 해 부친 강달초康達初가 병약하여 사망하자 그는 조부인 강찬수康贊修 아래서 공부했다. 1876년 19세 때 향시에 낙방한 후에는 조부의 친구인 주차기朱次琦 아래에서 공부했다. 주차기의 학식은 고염무顧炎武, 왕선산王船山에 버금갔고 덕행은 그들을 능가했기에 캉유웨이는 그를 일생 동안 존경했다.[8] 당시 중국은 대외적으로는 아편전쟁(1840~1842)에 패배하여 서구 열강의 침략에 무릎을 꿇기 시작했고, 대내적으로는 태평천국의 난(1851~1864)으로 혼란에 빠지는 등 전근대적인 봉건 체제가 안에서 무너져가던 역사적 격동기였다.

캉유웨이는 외국과 접촉이 잦은 중국 대륙의 최남단 광둥 지방에서 자랐다. 이런 성장 배경은 다른 지식인에 비해 상대적으로 서양의 실상을 접할 수 있는 기회가 많았음을 의미한다. 하지만 캉유웨이가 서양 사상에 본격적으로 관심을 갖게 된 것은 홍콩으로 가서 서양의 문물을 직접 접한 다음부터이다. 그는 22세 무렵부터 유교 외에도 도교와 불교에 관심을 두게 되고, 서양 사상을 접한다. 캉유웨이는 당시 "서양에도 법

---

8   竹內弘行,《中國の儒教的近代化論》(研文出版, 1995), 69쪽.

양무운동의 중심 인물 리훙장이 세운 금릉조국

도가 있음을 비로소 알았다"고 했다. 이즈음 그는 양무洋務운동[9] 실패의
원인을 깨닫고, 중국과 열강 사이에 드러난 힘의 우열이 근원적으로 어
디서 비롯되었는지를 느끼게 되었다. 당시 캉유웨이 정도의 위치에 있
었던 지식인에게는 세계의 역사와 지리, 천문학, 과학 지식 등의 중요한
정보가 실린 웨이위안魏源의《해국도지海國圖志》나 잡지《만국공보萬國公
報》는 필독서였다.

　　이처럼 캉유웨이는 동서와 고금이 충돌하고 만나는 시공간에서 출

9　군사 과학 기술을 중심으로 이루어진 관료 주도의 근대화 운동이다.

생하고 성장하여 사유 또한 이것에 커다란 영향을 받았다. 입헌군주제에 대한 정치 구상과 《신학위경고新學僞經考》, 《공자개제고孔子改制考》 그리고 《대동서大同書》로 대표되는 철학 사상은 이러한 성장 배경과 관계가 있다. 《신학위경고》는 1891년에 출판되었다. 이 책은 고문경서를 전한前漢 말의 유흠劉歆이 조작했음을 논증하고 공자를 개제교주로 보는 공양학파의 입장을 내세우려 했다. 따라서 이 책은 고문학파를 비판하고 경학에서 금문경학의 입장을 앞세웠을 뿐만 아니라 유교의 침범할 수 없는 가치의 근원인 경서에 손을 댔다는 점에서 의미를 찾을 수 있다.

경서를 새로운 가치 기준에 기초해서 새롭게 평가한다는 것은 공자의 '성인의 도'를 현재의 상황에 적합하도록 고쳐 읽는 길을 열었음을 의미한다. 이렇게 해서 공양학은 종래의 '성인의 도'에서 자유로워질 수 있었으며 '성인의 도'를 새롭게 규정할 수 있었다. 《공자개제고》는 '성인의 도'에 새로운 내용을 부여할 수 있는 가능성을 열었고, 동시에 삼강오륜을 주 내용으로 하는 기존의 '성인의 도'를 뒤흔든 만큼, 관계官界나 사대부층 수구파의 격한 반발을 불러일으켰다. 그로 인해 출판 1년 만에 청조에 의해 발매 금지를 당했다.[10] 량치차오의 말을 빌리면 이 책이 출판된 이후 "청조 학술 정통파의 입각점은 근본부터 동요했고 (……) 일체의 고서古書는 모두 새롭게 조사, 평가받지 않으면 안 되었다".

1897년에 간행된 《공자개제고》에서는 공자의 '옛 것에 의탁해서 제도를 고친다(託古改制)'는 가르침의 의미를 명확히 함으로써 변법자강變法自强운동[11]과 캉유웨이 자신의 역할을 이론적으로 정초하려 했다.

---

10 野村浩一·伊東昭雄, 〈洋務運動と變法運動解說〉, 西順藏 編, 《原典中國近代思想史》(岩波書店, 1977), 36쪽.

금문학파는 고문학파와는 달리 경서, 그중에서도《춘추》를 단순한 역사 기록으로 보지 않고 개제[12]의 이상을 말한 것으로 보았다. '제도를 고치기 위해' '오래된 것에 의탁'할 필요가 있었는데 이는 '개제'의 이상의 근거를 옛것으로 설정함으로써 현실 비판에 근거와 설득력을 부여하려 한다는 의미가 있다.[13] 이러한 이상의 근거를 찾아 옛것으로 거슬러 올라가는 경향은 중국 사상에서 뿌리 깊은 전통이다.《공자개제고》는 결국 공자의 권위를 변법운동에 활용하려고 지은 것이었다. 량치차오는《신학위경고》가 회오리바람이라면《공자개제고》와《대동서》는 화산 폭발과 대지진이라고 보았다.[14] 이 말은 당시에는《공자개제고》가《대동서》에 비유될 정도로 파급력이 있었다는 의미일 것이다.

그렇다면 입헌군주제를 중심으로 한 캉유웨이의 정치 모델은 무엇이었을까. 캉유웨이의 변법자강운동의 모델은 입헌군주제를 실현한 일본의 메이지유신과 러시아의 표트르 대제의 정치 개혁이었다. 그가 말하는 입헌군주제는 통치권이 없는 군주를 둔 민주제라고 할 수 있는 허군공화제虛君共和制를 의미한다. 허군공화제는 전통적인 왕조 체제를 현재의 민주주의적 흐름과 타협시킴으로써 보존하려는 보수주의적 합성물이었다[15]고 해석하는 사람도 있다. 허군공화제를 염두에 두고 벌인

---

11 1898년 캉유웨이가 추진한 정치 운동이다. 캉유웨이의 변법자강 정책에는 과거제도 개혁, 조세 개혁, 탐관오리 혁파, 각종 경제 개혁 등이 담겨 있었고, 무술변법을 통해 이중 일부를 실행에 옮기기도 한다. 그러나 그의 변법은 광서제의 미약한 권위에 의존했고, 결국 서태후 등 반개혁파에게 패배해 캉유웨이 자신이 외국으로 망명을 떠나는 결과로 끝난다. 이로 인해 무술변법은 '100일 유신'이라고도 불린다. 량치차오, 탄쓰퉁 등이 함께 참여했다. (위키백과 참조)

12 량치차오는 '개제'의 의미를 정치혁명, 사회혁명으로 설명한다.

13 野村浩一·伊東昭雄,〈洋務運動と變法運動解說〉,《原典中國近代思想史》, 37쪽.

14 량치차오,《청대 학술 개론》, 이기동·최일범(여강출판사, 1987), 89쪽.

15 체스타 탄,《중국 현대 정치사상사》, 31쪽.

변법자강운동이란, 말 그대로 시대에 맞게 법을 바꾸지 않으면 열강에 패하고 말 것이기에 변화하여 자강해야 한다는 슬로건을 내건 운동이었다. 이 운동은 청조의 황제 광서제光緒帝에게 변법을 요구한 정치적 사건이며, 캉유웨이가 중심이 되고 제자 량치차오, 탄쓰퉁譚嗣同 등이 참여한 운동이다. 이 변법운동의 이론적 근거는 당시 새로 해석한 유교의 삼세설三世說과 서양에서 가장 유행했고, 중국에도 막 들어와 지식인들을 일깨우고 있던 사회진화론이었다.

이러한 캉유웨이의 구상에 기초를 둔 변법안이 1898년에 받아들여지는 듯이 보였지만 서태후西太后의 쿠데타로 100일 만에 실패로 돌아간다. 캉유웨이는 변법운동이 실패로 돌아가고, 생명에 위협을 느끼자 망명길에 오른다. 청조가 1900년 체포령을 내린 후에 그는 수배자 신분이 되었다. 이때부터 캉유웨이의 오랜 망명 생활이 시작된다. 그는 일본, 싱가포르, 베트남, 타이, 인도네시아, 인도, 캐나다, 미국, 유럽 등지를 거쳐 갔다. 이때 캉유웨이는 서구 유럽의 자본주의 실상을 피상적으로나마 접하게 되었고, 나중에 이를 토대로 각종 여행기를 내기도 했다. 특히 캐나다에서 보황회保皇會를 조직하는데, 보황회란 변법의 요구를 받아들이려 했던 광서제를 지켜주려고 만든 조직이었다. 그러나 이는 황제 제도를 인정하는 국가 체제를 지향했으며, 본질적으로는 봉건적 정치체제를 유지하려는 사람들의 모임이었다.

캉유웨이는 1911년 신해혁명 이후에야 중국으로 돌아갈 수 있었다. 1898년 변법운동이 실패한 뒤 실로 15년 만의 일이었다. 1916년 귀국 당시에는 위안스카이袁世凱에게 제제帝制(군주제)의 취소를 요구하기도 하지만 그것도 잠시, 1917년에는 군벌 장쉰張勳과 결탁하여 물러났

광서제

백일천하로 끝난 변법자강운동에 참여한 사람들의 모습

던 임금을 다시 제위에 올리는 복벽復辟 운동을 추진했다. 캉유웨이는 1927년 병으로 세상을 뜰 때까지 사상에서나 정치에서 보수화의 길을 걸었다.[16] 사실 이 시기에는 중국에서 신문화운동이 격렬하게 진행되었고 개혁 운동 세력의 세대교체가 이미 빠르게 진행되고 있던 터였다.

진화론적 시대 인식과 전통의 재구성

캉유웨이는 열강의 침략으로 나라가 망국의 위기에 빠진 상황에서 서양의 문명, 즉 근대 과학, 민권론 등으로부터 자극을 받고 전통 사상을 재조직함으로써 개혁의 원리를 창안하고자 했다. 하지만 그가 왕조 체제를 근대적으로 수정함으로써 존속이나 강화를 의도했는지, 아니면 입헌군주제와 명목상의 민권을 제시함으로써 근대적인 정치체제를 수립하려 했는지에 대해서는 분명히 말하기 힘들다.

그러나 아편전쟁 이후 서양에 대한 견해나 태도에서 캉유웨이는 리훙장李鴻章이나 장즈둥張之洞 같은 양무론자들과는 달랐다. 양무론자들은 서학西學의 수용을 주장하면서도 "중학中學의 부족한 점을 보충한다", "서학은 중학에서 나왔다" 같은 입장을 유지했다. 이는 중학에 견주어 서학을 부수적인 학문으로 간주해 억지로 끌어다 붙이려는 견강부회적인 방식이다. 그러나 캉유웨이는 서학을 촉매로 하여 전통 사상 자체의 의미를 전환해버리려 했다. 그렇게 함으로써 19세기 말 무너져가는 중국 전통 사상의 재생 가능성을 다시 한 번 '주체적으로' 타진하려 했다. 대표적인 예가 앞에서 나온 공양삼세설公羊三世說의 새로운 해석이다. 새

---

16 사실 공자교의 주창자인 캉유웨이와 그 실행자 위안스카이는 서로를 전혀 믿지 않았다고 한다. 竹內弘行, 《中國の儒敎的近代化論》, 114쪽.

로이 해석한 부분이란 삼세설에서 대동세를 상고시대인 하夏, 은殷, 주周 삼대가 아닌 미래로 설정한 것이다. 이러한 전환적 사고는 서학, 즉 사회진화론을 촉매로 활용할 수 있었기에 가능했을 것이다. 캉유웨이가 그만큼 새로운 사고에 열려 있었다는 이야기다.

캉유웨이는 《춘추공양전春秋公羊傳》과 《예기禮記》의 〈예운禮運〉편에 근거하여 역사의 발전을 거란세據亂世, 승평세升平世, 태평세太平世로 나누었다. 거란은 군주전제의 시대이며, 승평은 입헌군주제로 군민君民의 권리가 규정된 세상임과 동시에 소강小康 상태에 해당하며, 태평은 민이 주인인 평등한 대동 세상이다. 그는 자신의 개혁론을 이러한 유교의 삼세설에 근거하여 주장했다. 여기서 삼세설이란 거란세, 승평세, 태평세에 입각한 진화론적 역사 인식이다. 캉유웨이에 따르면, '거란세'는 혼란한 시대이고 이 난국을 거쳐 도래하는 조금 더 살기 좋은 세상이 승평세이며 이 시대를 거쳐야만 지극히 평화로운 태평 시대로 갈 수 있다. '승평세'는 군민君民의 권리가 규정되고 백성들의 생활이 안정된 소강 상태의 세상이며, '태평세'는 평등하고 이상적인 대동大同 세상이다. 현대적 의미의 정체政體에 대입하면 거란세는 군주전제, 승평세는 입헌군주제, 태평세는 민주공화제에 해당한다. 캉유웨이에 의하면 공자도 평등한 대동 세계를 바라지 않았을 리 없지만 순서에 따르지 않으면 민의 반란이 심해진다고 말했다. 캉유웨이의 이러한 단계설은 현재가 거란지세라면, 단숨에 승평세를 뛰어넘어 일거에 대동 세계로 나아갈 수가 없다는 점을 강조하고자 한 것이다. 이러한 점진적 단계설은 입헌군주제가 공화제보다 우월하다는 캉유웨이의 정치적 신념이 반영된 것이지만, 당시 쑨원 계열이 등장하면서 부상하고 있던 공화제에 대한 강한 경

계심을 드러낸 것이기도 하다.[17]

그런데 여기서 주목해야 할 것은, 앞에서도 잠시 언급했지만, 캉유
웨이가 대동(太平世)이라는 이상 단계를 과거가 아닌 미래에 설정했다
는 점이다.[18] 당시로서는 가히 혁명적인 시각이라 할 수 있다. 전통적으
로 성현의 치治, 이상적인 시대를 과거에 두었던 복고, 상고尚古 사상과
달리 진보의 목표를 미래에 두는 캉유웨이식의 삼세설은 서구 문명을
대동으로, 혹은 소강(혹은 승평)으로 설정해 중국의 변화를 역사적 필연
으로 보려 했다는 점에서 각별하다. 캉유웨이에게 변법운동은 바로 이
러한 '위대한' 역사적 사명과 신성한 공자의 유지를 집행하는 수단이었
다. 요즘식으로 보면 이 변법론은 유교적 근대화론의 전형[19]이라 할 수
있다.

캉유웨이는 서양 사상을 체계적으로 비판하거나 중국 전통 사상으
로 회귀하려 하지 않고, 오히려 서양 사상을 매개로 중국 전통 사상을
재해석·재구성해 대안을 찾으려 했다. 캉유웨이는 제도 변혁을 도모하
는 가운데 전통 가치관의 의의를 사고했다. 하지만 여전히 전통적 유가
사상의 틀 안에서 변혁의 길을 모색하고자 했다. 이것이 《신학위경고》
와 《공자개제고》를 쓴 이유이기도 하다.[20]

캉유웨이의 사상이 옌푸가 중국에 소개한 사회진화론과 충돌하는

---

17 康有爲, 〈答南北美洲諸華商論中國只可行立憲不可行革命書〉(1902年), 《康有爲政論集》上冊(中華書
   局, 1981), 476쪽.
18 캉유웨이는 《공자개제고》(卷12)에서 요순지세堯舜之世, 즉 요임금과 순임금이 다스리던 요순
   시대를 '민주 시대'로 보아 '태평세'로 규정했다.
19 竹內弘行, 《中國の儒敎的近代化論》, 68쪽.
20 幹春松, 〈現代性和近代以來中國人的文化認同危機與重構〉, 《制度儒學》(上海人民出版社, 2006), 216쪽.

것은 아니다. 캉유웨이는 서구 사상을 이용하여 전통을 되살리려 했고, 전통의 상징인 공자의 사상이 문화적 기반으로 작용해준다면 이를 통해 균질적인 국민 만들기가 가능하다고 생각했다. 여기서 전통을 재구성하는 수단으로 활용된 서양 사상의 핵심은 사회진화론에서 말하는 전진적 진화관이었다.

사실상 아편전쟁, 태평천국운동에 대해서도 많은 중국인들은 단지 일과성 혼란으로 간주하는 경향이 강했고 복고復古를 통해 혼란을 극복할 수 있다고 보았다. 어떤 사람은 건륭기의 번영을 목표로 했고 또 어떤 이는 멀리 상고시대의 태평성대로 상징되는 하, 은, 주 '삼대三代의 치治'[21]를 목표로 했지만, 양자는 공히 과거에 실재했던 이상사회를 지향했다. 19세기 말까지도 대다수 중국인들은 역사를 본질적으로 복고로 파악했다. 물론 당시 중국의 지식인 중에는《성세위언盛世危言》의 저자 정관잉鄭觀應처럼 중국의 역사가 '앞으로 전진하고 뒤로 퇴보하지 않는다'는 불가역적不可逆的 변동 과정에 들어섰다는 사실을 인정한 이도 있기는 했다.[22] 하지만 앞에서 말한 것처럼 캉유웨이가 처음으로 대동세를 미래에 설정하는 '창조적 해석'을 했고, 이를 현실 개혁론의 근거로 삼았다.

---

21 중국의 현실 정치에서 가장 이상적인 정치 형태로 제시되며 태평세 또는 대동세라는 이념형의 원형이다.
22 이를테면 정관잉은 1894년《성세위언》에서 인류가 수렵에서 농경으로 나아간 다음에는 격치格致 단계를 통해 문명이 발전한다고 말하면서 중국은 농경의 단계에서는 다른 나라보다 먼저 문명화되었으나 거기에서 정체되었고, 서양 제국은 격치 단계까지 부강을 실현했다고 주장했다. 따라서 중국의 당면 과업은 격치의 단계로 이끄는 개혁이고 그것이 '변變'의 의미라고 주장했다. 이에 대해서는 정관잉,《성세위언》, 이화승(책세상, 2003) 참조.

캉유웨이의 공자교와 그 시대적 의미

캉유웨이가 중국의 근대화를 위해 제시한 사상은 전통 유교를 기본으로 한 대동삼세설이었다. 그는 대동삼세설을 골격으로 하고 서양의 기독교나 일본의 신도를 참고로 하여 공자교라는 종교를 만들어 전국에 보급하여 근대화를 실현하려 했다. 그때까지 중국에서 유학은 종교로 이해되지 않았기 때문에 극심한 찬반 논란에 휩싸였다.[23] 캉유웨이가 유학의 종교화를 구상하게 된 까닭은 중화 제국 체제가 위태로워지면서 중국 문화의 위기를 느꼈기 때문이다. 그는 청불전쟁이 일어난 1884년 즈음부터 전 지구로 퍼져나간 불교나 기독교와 달리 공자의 가르침은 중국 밖으로 뻗어나가지 못하는 현실을 매우 안타깝게 여겼다.

《공자개제고》가 변법운동 과정에서 숱한 비난을 받았음에도 불구하고 캉유웨이가 이를 끝까지 고집했던 이유는 이처럼 문화적 위기의식과 그에 따른 정치 개혁의 필요성을 느꼈기 때문이었다. 공자개제의 신념은 대동의 이상과 결합되어 개혁의 당위성을 강화할 수 있다고 여겼다. 동시에 캉유웨이는 공자교를 통해 기독교에 대항하고 이를 제도 차원에서 모방하고자 했다. 유교를 의사종교화하여 상하 일체의 근대적 '국민'을 형성하려는 것이었다.[24] 개혁 추진을 위한 동력을 만들어내기 위해서는 공자교에 대한 주장과 대동사상을 연결해야 했다.[25] 캉유웨이는 공자의 도를 자신의 개혁 사상의 원점으로 삼았다. 여기서 공자

---

23 竹內弘行, 《中國の儒教的近代化論》, 112쪽.
24 島田虔次, 〈辛亥革命期の孔子研究〉, 小野川秀美 · 島田虔次 編, 《辛亥革命期の研究》(東京, 1978), 11쪽.
25 캉유웨이는 자신들의 출판 기관 이름을 대동역서국이라고 지었다. 이를 통해서도 공자교에 대한 주장과 대동은 밀접하게 연결되어 있음을 알 수 있다.

의 진정한 도는 대동의 세상이다. 대동은 《예기》의 〈예운〉편에서 다음과 같이 묘사된다.

> 큰 도가 행해지면 천하는 공공의 것이 되었다. 현명한 사람과 능력 있는 사람이 뽑혀 다스리게 되니 믿음과 화목이 이루어진다. 그리하여 사람들은 자기 부모만을 부모로 여기지 않고 자기 자식만을 자식으로 여기지 않게 된다. 노인은 편안한 가운데 생을 마감할 수 있고 젊은이는 직업이 있으며 어린이는 잘 성장할 수 있다. 홀아비, 과부, 고아, 자식 없는 사람 그리고 병든 사람은 모두 보살핌을 받을 수 있다. 남자는 각자 역할이 있으며 여자는 때맞추어 시집갈 곳이 있다. 재물이 땅에 버려지는 것은 싫어하나 반드시 자기 소유로 삼지 않는다. 사람의 육체적 힘도 자신만을 위해서 쓰지 않게 되고 남을 위해 쓰게 된다. 따라서 권모술수가 통하지 않아 독점이 일어나지 않기 때문에 도적이 재물을 훔치고 난을 일으키지 않는다. 이렇게 되면 사람들은 밖의 문을 닫지 않고도 살 수 있으니 이런 세상을 대동이라 한다.

여기서 말하는 대동은 앞에서 말한 것처럼 태평세에 이르러 드디어 실현된다. 이렇게 본다면 캉유웨이가 주장한 '성인의 도'인 대동에 근원을 둔 공교는 단순히 과거 회귀 사상이 아니라 미래 진화의 결과이자 목표였던 것이다. 다만 정치적 틀은 서양의 것을 차용하더라도 내용에서는 '성인의 도'라는 유교 문화를 묵수墨守함으로써 목표를 달성할 수 있을 터였다.

캉유웨이가 시도한 공교의 국교화는 이처럼 유학의 재구성을 통해 국민국가를 구축하려는 의지의 표명이었다. 청조 고증학의 연장선에서 '제자백가의 한 사람으로 격하된 공자', '종교적 인격으로서의 공자', '개명된 공자' 등 새로운 공자상이 생겨났고 이 셋을 종합한 것이 캉유웨이의 공교였다.[26] 이때의 공교는 단순히 보수와 진보의 척도로만 평가할 수 없는 복합적인 측면들이 있다. 여기에는 문화적 자기 확산의 측면보다는 오히려 보종保宗 또는 보교保敎라는 최소한의 시대적 명분이 들어 있었다.

청말 민초는 내우외환이 극심했고 중국 역사상 국가가 가장 약화된 시기였다. 그런 만큼 당연히 국가가 지식인을 통제할 만한 힘도 없었다. 오히려 거꾸로 국가의 존망에는 필부, 즉 사대부에게도 책임이 있다고 하는 필부유책匹夫有責의 전통에 따라 지식인이 주체가 되어 국가와 민족의 재건에 대한 책임을 다해야 한다고 생각했다. 캉유웨이에게 공교는 국민 문화의 저변을 형성할 수 있는 핵심 정서이자 균질적 국민을 만드는 데 가장 기초적인 정서였다. 국민국가 체제가 세계적으로 파급되는 과정에서 청제국의 국민국가화는 청말 사인층士人層을 대표하는 캉유웨이에게도 피해갈 수 없는 '시대적 과제'였던 것이다.

하지만 캉유웨이의 유교의 종교화에 대한 시도는 지식계의 상당한 반발을 샀다. 대표적으로 장빙린章炳麟의 경우 캉유웨이에 반대했는데 이들 사이에는 정치적 입장의 차이 말고도 고문경학과 금문경학의 입장 차이가 있었다. 캉유웨이가 공자를 개제의 교주로 내세우려 할 때 장빙린은 이와는 반대 방향에서 공자를 '탈주술화'하려 했다. 그는 공

---

26 高柳信夫, 〈梁啓超の'孔子'像とその意味〉, 《中國における近代知'の生成》(東方書店, 2007), 213쪽.

자를 한 사람의 역사가 또는 교육자로 묘사했으며 성공하지 못한 정치가로 간주했다.[27] 신문화운동으로 인해 과학주의와 진화주의가 유행하면서 캉유웨이의 주장에 대한 지식계의 반발은 더 거세지게 되었고 그는 보황 세력의 대변자로 인식되었다. 캉유웨이와 군벌의 복잡한 관계 및 공교 국교화를 위한 여러 시도 때문

장빙린

에 그는 시대에 뒤떨어진 인사로 비쳤다. 이로 인해 종교화의 노력은 결국 실패로 돌아갔다.[28]

근대 이행기 공교 운동을 어떻게 바라볼 것인가. 이에 대해서는 먼저 학술사적 차원에서 접근해야 마땅할 것이다. 그럴 때 우선 캉유웨이의 시도를 중국 근대사상사에서 어떻게 규정할 것인가가 중요해진다. 여기서 다케우치 히로유키竹內弘行의 평가는 참조할 만하다. 첫째, 국민 형성의 비원悲願이 응축된 강고한 통일의 모색이었다. 둘째, 공자교에 의한 위로부터의 통일 시도이고 중국 전통의 관료 국가적인 발상의 소

27 이에 대해서는 幹春松, 〈儒家的制度化重建 : 康有爲和孔敎會〉, 《制度儒學》, 180~186쪽 참조.
28 幹春松, 〈儒家的制度化重建 : 康有爲和孔敎會〉, 《制度儒學》, 105쪽. 특히 천두슈와 리다자오 등 《신청년》을 대표하는 청년 지식층은 공교를 더 격렬하게 비판했다.

산이다. 셋째, '종교'로 주장되고 있지만, 내용은 교육, 교화를 겸하고 있고 신앙의 자유나 반봉건주의 등으로 나아갈 광범위한 가능성도 있었다.[29]

《대동서》가 말하는 것

《대동서》는 캉유웨이의 대표작으로 캉유웨이는 여기서 공양삼세설에 기초하여 대동의 이상을 주장한다. 이 책은 1884년부터 쓰기 시작했으나 1901년에 완성했다고 전해진다. 하지만 한참 뒤에 출판되는데, 1913년에 일부인 2부까지만 잡지에 실렸고, 저자 사후 8년이 지나 1935년에야 전문이 간행되었다.

《대동서》의 구상 시기를 두고는 다양한 견해가 있다. 일본 학자 히로유키는 1894년 청일전쟁보다 앞선 1884년 청불전쟁의 충격이 캉유웨이가 《대동서》를 구상하게 된 계기였다고 주장한다.[30] 하지만 일반적으로는 캉유웨이가 무술변법에 실패하고 나서 (샤오궁취안蕭公權처럼 무술변법 이후 받은 타격으로) 대동을 구상하게 되었다고 본다.[31] 변법운동 시기에 이 책을 구상했을지 모르나 실제 집필은 한참 이후의 일이다. 따라서 이 책의 내용 일체가 변법운동 시기 캉유웨이의 사상을 보여주는 것이라고 말하기 힘들다. 예를 들면 변법운동 시기 캉유웨이는 이 시대를 소강＝승평의 시대로 보았지만 《대동서》에서는 오히려 거란세로 보고 있다.[32]

29　竹內弘行,《中國の儒教的近代化論》, 148~149쪽.

30　竹內弘行,《中國の儒教的近代化論》, 70쪽.

31　蕭公權,《康有爲思想硏究》, 江榮祖(新星出版社, 2005), 281쪽.

《대동서》

　《대동서》가 집필된 후 이를 가장 먼저 읽은 량치차오는 앞에서 말
한 것처럼 대동서의 영향을 "화산이 분화하고 대지가 진동한 것"에 비
유했다.[33] 그는 캉유웨이도 이 책이 천하를 혼란에 빠트릴 것을 우려하
여 출판을 하려고 하지 않았다[34]고 썼다. 캉유웨이 본인도 이 책이 사상
적 위험성을 안고 있음을 확실히 알고 있었다. 량치차오는 여러 번《대
동서》를 인쇄하여 유포하기를 청하였지만 캉유웨이가 허락하지 않았
다는 것이다.[35]

　그렇다면 이 책에 어떤 내용이 담겨 있었기에 저자가 출판을 이리

32 西順藏 編, 〈大同書(抄)解說〉,《原典中國近代思想史》, 172〜173쪽.

33 량치차오,《청대 학술 개론》, 최일범·이기동(여강출판사, 1987), 129쪽.

34 량치차오,《청대 학술 개론》, 92쪽.

35 잡지《불인不忍》에 삼분의 일이 실렸지만 잡지 발행이 중단되고 말았다. 량치차오,《청대 학술
　개론》, 93쪽.

도 두려워했던 것일까. 이 책의 전반부를 차지하는 갑부甲部의 핵심 요
지는 이렇다.

'이 세상의 모든 생물은 즐거움을 구하고 괴로움에서 벗어나려 한다(去
苦求樂).' '인간이 가는 길(人道)'에는 괴로움을 구하고 즐거움을 버리려
는 것은 없다. 따라서 즐거움을 구하고 괴로움에서 벗어나려는 것은 인
간 본성의 기본 욕구이며 인도人道의 최고 법칙이다. 인간의 정신과 육체
의 각종 욕구가 만족되는 것이 즐거움이요 만족되지 못하는 것이 고통이
다. 인간의 모든 활동은 모두 심신의 만족을 추구하며 이로 인해 사회가
발전하는 것이다. 더구나 사람은 하늘이 낳은 것이기 때문에 부모 마음
대로 되는 것이 아니다. 이것은 하늘이 부여한 인권의 이치이다.[36]

즉 고통을 피하고 즐거움을 추구하는 인도와 하늘이 부여한 인권이
라는 구절에서 캉유웨이가 차별 없는 평등한 세상을 희구했음이 드러
난다. 그리고 이러한 사상의 실현을 사회의 발전으로 해석한 데서 진화
사관을 수용했음을 알 수 있다. 루소의 천부인권설과 옌푸의 사회진화
론의 흔적이 엿보이는 대목이다. 그리고 이점이 《대동서》에서 캉유웨
이가 보여주려는 근대사상의 한 단면이라 할 수 있다.

그렇다면 궁극적으로 즐거움을 구하고 괴로움에서 벗어나기 위해
서는 괴로움의 근원을 알아야 한다. 《대동서》에서 말하는 괴로움의 근
원은 국계國界, 급계級界, 종계種界, 형계形界, 가계家界, 업계業界, 난계亂界,

---

36 캉유웨이, 《대동서》, 이성애(민음사, 1991), 43, 129쪽 참조.

유계類界, 고계苦界 등 아홉 가지 경계와 구분이 있다. 이 아홉 가지의 구분은 차별과 불평등을 의미하기에 여기서 고통이 생겨난다. 그렇다면 즐거움을 추구하기 위해서는 이 아홉 가지 차별을 없애야 한다. 캉유웨이는 다음 아홉 가지 대책을 제시한다.

"첫째, 국계를 없애고 대지를 합한다."(지구상의 모든 국가의 경계를 없애고 전 세계를 유일한 공정부로 통합한다.)

"둘째, 급계를 없애고 민족을 평등하게 한다."(모든 계급을 없애고 무계급 사회를 건설한다.)

"셋째, 종계를 없애고 인류를 똑같이 한다."(인종을 개량하여 전 인류를 동일한 우량 인종으로 만든다.)

"넷째, 형계를 없애고 독립을 보존한다."(남녀의 완전한 동등권을 보장한다.)

"다섯째, 가계를 없애고 천민天民이 되게 한다."(가족제도를 파기하고 생활에 필요한 시설은 모두 공영으로 한다.)

"여섯째, 산계를 없애고 생업을 공공으로 한다."(생산과 분배의 모든 기구를 공영으로 하고 사유재산에 기초를 둔 불합리한 점을 제거한다.)

"일곱째, 난계를 없애고 태평을 다스린다."(난계란 앞에서 말한 여섯 개의 계를 통틀어 말하는데, 이 난계를 없애고 태평의 상태에 이르게 한다는 뜻이다.)

"여덟째, 유계를 없애고 중생을 사랑한다."(인류 평등의 이상이 달성된 후 인류계뿐 아니라 모든 생물계에 자비가 베풀어지도록 한다.)

"아홉째, 고계를 없애고 극락에 이르게 한다."(앞의 모든 고뇌를 제거하고

지상에 극락 세계를 세운다.)[37]

이것이 바로 앞에서 말한 이상사회, 즉 대동사회를 이루는 기본 조건이다. 앞서《예기》의 〈예운〉편에서 소개했던 천하를 공유물로 보는 사회이기에 홀아비, 자식 없는 노인, 고아 등 기층민중이 모두 보살핌을 받을 수 있는 평화로운 세상과 통한다. 그러면서도《예기》의 〈예운〉편이 상상하는 대동사회의 내용을 훌쩍 뛰어넘고 있다. 즉 유교의 근간인 가족제도의 파기를 주장하는 대목은 지나치게 급진적이고 비현실적이다.

캉유웨이는 이런 기본 조건을 형성하는 데 필요한 사회 개혁의 방법도 세부적으로 밝힌다.

국가를 인정하지 않고 전 세계에 하나의 총정부를 두어 약간의 구역으로 나눈다. 총정부 및 구정부는 모두 인민의 손으로 뽑는다. 가족을 인정하지 않고 남녀 동거는 1년을 넘길 수 없으며 기한마다 교체해야 한다. (……) 죽은 자는 화장해야 하고, 화장터 부근에는 비료 공장을 설치해야 한다.

더 나아가《대동서》에는 아주 시시콜콜한 내용도 눈에 띈다. 즉 머리카락에서 수염, 눈썹에 이르기까지 모두 깎아버린다, 온몸의 털을 다 깎되 오직 코털만은 먼지와 더러운 것들을 막기 위해 약간 남겨둔다. 임

---

37 캉유웨이,《대동서》.

부가 좋은 곳을 택하여 거주하고 엄격한 태교를 실시하면 나쁜 형질이 도태되기 때문에 결코 폐인이나 병자가 생기지 않는다. (……) 또 다른 곳에서는 과학 기술의 발달로 인류가 윤택한 생활을 하고 인간은 각자 하고 싶은 일을 하면서 살 수 있다는 등 소외되지 않은 삶의 형태를 그려 보인다.

캉유웨이가 가족을 인정하지 않으면 사유재산을 소유할 일도 없으니 국가도 자연히 소멸하는 세상이 인류 진화의 궁극이라 보는 데 반해, 량치차오는 구체적인 실천 방안을 말하지 않았다며 비판한다. 그럼에도 불구하고 량치차오는 "캉유웨이가 《대동서》를 지었을 때는 아무도 동조하는 사람이 없었지만 30년 전의 그 이상과 오늘날의 세계주의, 사회주의와는 부합하는 점이 많으니 그는 참으로 뜻이 높은 호걸지사이다"[38]라고 말한다. 하지만 《대동서》에 서술되어 있는 내용은 실현 가능성이 전혀 없는 것도 적지 않다. 캉유웨이는 무술변법기의 변법론의 내용을 뛰어넘어 세계 만국과 문명의 합일까지도 언급했다. 일단 이것을 관념상의 진전으로 봐야 할까? 그러나 량치차오가 지적한 대로 《대동서》에는 태평세에 도달하는 과정에서 발생할 국가 간의 대립이나 불평등을 제거하는 방법이 명확히 제시되어 있지 않다.

그럼에도 불구하고 이 《대동서》라는 책은 '성인'='교주'의 입장에서 느낄 수 있는 민중의 온갖 고통과 이의 근원인 대립과 차별을 서술한 역작이다. 아울러 이 대립과 차별을 제거하여 대동의 세='태평세'를 실현하는 데 필요한, 캉유웨이 나름으로는, 제도나 조치를 창안하려고 하

---

38 량치차오, 《청대 학술 개론》, 92쪽.

였다. 이는 위로부터 시행되는 일방적인 배려이긴 해도, 고통받는 민중을 해방시키려는 책임감과 의욕의 발로라 할 것이다.[39]

그렇다면《대동서》를 구성하는 사상 요소를 무엇으로 봐야 할까? 공양삼세설, 〈예운〉편의 대동소강설大同小康說을 기초로 하여 불교의 자비 평등설, 루소의 천부인권설, 기독교의 평등 자유설, 유럽의 사회주의 학설, 무정부주의, 옌푸에 의해 소개된 진화론 등이라고 볼 수 있다.

당시 중국의 불만스런 현실로 인해 캉유웨이 같은 사대부가 출신들은 계층을 뛰어넘는 근원적 사고를 하게 되었다. 협애한 중화 의식에서 벗어나 전 우주를 포함하여 대승적 차원에서 사고한 것이다. 물론 이는 캉유웨이의 유, 불, 도를 뛰어넘어 서학까지 섭렵한 폭넓은 독서 덕분에 가능했다. 어떤 책이든 저자의 생각과 당시의 시대상을 반영하게 마련이지만《대동서》는 특히 당시 캉유웨이의 사상과 시대가 얼마나 복잡한지를 잘 드러내준다. 이 책 안에서 전통이라는 현실과 근대라는 이상은 극한의 형상으로 드러나는데, 이는 사상의 절충성에서 비롯되는 것으로 보인다. 중국 사회의 모순이 그만큼 중첩돼 있음을 사상 차원에서 보여준 것이다.

---

39 野村浩一・伊東昭雄, 〈洋務運動と變法運動解說〉,《原典中國近代思想史》, 39쪽 참조.

2. 옌푸, 사회진화론으로 중국을 바꾸려 한
보수주의적 개혁론자

번역에 몰두한 정치적 '국외자'

옌푸는 푸젠성福建省의 허우관현候官縣에서 1853년 태어났다. 옌푸의 집안은 당대唐代까지 거슬러 올라가는 지위 높은 진신縉紳 가문이었다. 그는 아편전쟁 발발 10여 년 후에 태어났다. 아직 사대부들이 전반적으로 중국의 위기를 자기 위기로 인식하지 못하고 있던 때였다. 이들은 아편전쟁 이후 50여 년이 지나 일어난 청일전쟁에서 패배하고 나서 비로소 사태의 엄중함을 깨닫게 된다. 따라서 옌푸도 14세까지는 가정교사를 두고 유교식 교육을 받았다. 그러나 아버지가 갑자기 세상을 떠나자 관직으로 나아갈 길이 막히게 되었다. 19세기 말에는 관직의 길이 막히면 '서양의 기술을 배워서(洋務)' 먹고사는 길을 마련하는 수밖에 없었다.

옌푸는 배를 만드는 기술을 가르치고, 영어로 수업을 진행하는 푸저우福州 선정船政학당에 들어가 5년간 공부했고 1회 졸업생이 되었다. 선정학당에 입학하기로 한 선택은 이후 옌푸의 일생을 결정지었다고 할 수 있다. 옌푸는 영어를 습득해 영국 유학을 떠났고 서양 근대사상에 폭넓게 접근할 수 있었다. 옌푸는 영어뿐 아니라 기하학, 대수학, 물리학, 역학, 지질학, 항해술, 천문학 등 과학 전반을 배웠다. 미국의 독보적인 중국 연구자 벤저민 슈워츠Benjamin I. Schwartz에 의하면 옌푸는 이 학교에서 자연과학을 직접 접하면서 '과학'에 대한 열정을 키웠고, 한학 공부로 갈고닦은 정확하고 엄밀한 감각을 서양 과학의 규칙 및 정확성과 결합했다.[40] 서양 근대사상에 대한 옌푸의 방대하면서도 체계적이고 엄밀한 번역 작업은 슈워츠의 이런 분석을 뒷받침해준다고 할 수 있다.

옌푸는 학교를 졸업하고 직접 바다로 나가 항해 경험을 쌓았다. 이때의 근무 태도가 영국인 해군 중위 트레이시의 눈에 들었고 그는 옌푸가 영국에서 공부하도록 도움을 주었다. 옌푸는 1877년 영국 그리니치 왕립 해군학교로 유학을 갔다. 이 대목에서 청말 중국의 청년들이 해외 유학을 했을 때 공히 드러냈던 심리 상태에 주목해볼 필요가 있다. 그는 비록 해군 학교로 유학을 갔지만 실용 지식에만 몰두할 수 없었다. 중국이라는 나라와 유학 온 나라의 엄청난 차이를 목도하면서 자신의 전공에만 몰입할 수가 없었다. 이는 당시 해외로 유학한 동아시아, 중국 청년이라면 거의 보편적으로 겪은 심리적 경험이었다. 서구가 부강하게 된 원인은 어디에 있는가. 특히 대영제국이 부강하게 된 비결은 무엇인가. 이런 치열한 문제의식은 곤경에 처해 있던 중국의 현실에 대한 각성 없이는 나올 수 없었다. 따라서 옌푸는 서양의 실용 지식 습득으로 만족할 수 없었으며 영국의 정치, 경제, 사회, 사상 등 제도 전반에 관심을 갖게 되었다.

이런 전반적인 관심 때문에 옌푸는 유학 시절 학교에 가기보다는 법정으로 '출근'하여 재판 과정을 관람했다. 이 과정에서 중국의 초대 주영공사 궈충다오郭崇燾를 알게 된 이야기는 유명하다. 나이와 지위에서 큰 차이가 났지만 이들은 "중국과 서양의 사상 및 정치 제도의 차이점과 유사점을 논하느라 자주 밤낮을 잊었다"[41]고 할 정도로 문제의식

---

40 벤저민 슈워츠, 《부와 권력을 찾아서》, 71~72쪽. 이 책은 옌푸 연구에서는 독보적인 저술이며, 세계적으로 인정받고 있다.

을 공유하고 있었다. "유럽의 여러 국가들이 부강한 이유는 바로 공공성과 정의가 나날이 신장되고 있기 때문"이라는 옌푸의 소감에 귀충다오는 마음 깊이 동의했다고 한다.

사실 옌푸는 영국 유학 전에 이미 중국의 전통 사상 이해에서 상당한 수준에 도달해 있었다. 유학이라는 기회는 서양 사상을 중국의 필요에만 입각해 선별적으로 이해하는 데서 그치지 않고 총체적으로 이해하도록 유도했다. 서양 근대사상 전반을 이해함으로써 중국의 전통 사상을 재점검하고 재인식할 기회를 얻은 셈이다. 이를 통해 옌푸는 동서양을 대립 구도로 파악하지 않고 상호 보완 관계로 볼 수 있었다.

유학을 마치고 1879년 중국으로 돌아가 후저우 선정학당의 교사를 거쳐 1880년 북양수사학당北洋水師學堂의 고급교사가 되었으며 1890년에는 총장總辦까지 지냈다. 하지만 그는 귀국 이후 줄곧 행복하지 않았다. 리훙장李鴻章에게 발탁되지만 사실 정책 결정에 영향을 줄 수 있는 요직을 얻지 못하고 항시 '국외자'로 머물러야만 했다. 이는 옌푸가 유학을 갔다 왔어도 여전히 과거시험을 통과한 전통적 지식인이 주요 직위를 차지하고 있던 사회 분위기와 밀접하게 관련이 있다. 옌푸는 잠시지만 아편에 중독된 적도 있었다. 아마도 끝내 과거에 급제하지 못했던 데서 오는 자괴감 때문이었을 것이다. 옌푸는 유학에서 돌아와서도 몇 차례 과거에 응시했으나 끝내 꿈을 이루지 못했다. 이런 불우한 경험 때문에 1895년 이후 줄곧 과거제도를 격하게 공격했는지도 모른다.

이와 관련하여 주목해야 하는 것은 옌푸가 서양 근대의 저작들을

---

41 벤저민 슈워츠, 《부와 권력을 찾아서》, 73에서 재인용.

주로 어렵기로 소문난 동성파桐城派 고문[42]으로 번역했다는 사실이다. 아마도 평생 과거에 급제하지 못한 콤플렉스가 작용했을 가능성이 있다. 과거에 급제하지 못했기에 고문으로 번역해야만 중국의 사대부들에게 무시당하지 않을 수 있다는 심리가 작용했을 터이다.[43] 실제로 후스는 "옌푸의 문장은 상당히 어려워 젊은이들이 그에게서 받은 영향은 량치차오만큼 크지 않았다"[44]고 말한 적이 있다. 옌푸가 사상적으로나 사회적으로나 자신의 목소리를 내기 시작한 것은 청일전쟁 이후였다. 한맺힌 응어리를 풀어내듯이 (다음 장에서 살펴보는 것과 같이) 여러 번역서와 시사성 있는 글을 매우 체계적이고 왕성하게 쏟아내기 시작했다.

신해혁명 이후 1915년에는 군주제 회복과 군주입헌제 실행을 공개지지했던 정치단체인 주안회籌安會에 참여했다. 만년에는 존공독경尊孔讀經을 제창하고 5·4신문화운동에 반대했다. 1921년 10월 고향에서 병으로 사망하였다.

---

42 송학과 당송 8가를 존경하는 청대 산문의 주류. 이 문예론은 안후이성의 동성에 거주하던 방포方苞, 류대괴劉大櫆, 요내姚鼐, 일명 3조三祖라 불리는 문필가에 의해 완성되었다. 이때 "천하의 문장은 동성으로부터 나오는가"라는 말이 나왔고 동성파라는 말은 여기서 유래했다. 이 학파는 당시 융성했던 고증학과 대립했다. 이 학파가 단순한 문학의 학파 이상으로 영향력을 가졌던 것은 정통 교학의 옹호자, 복고주의자로 등장했기 때문이다. 동성파는 요내의 제자 방동수方東樹, 동성파를 중흥시킨 증국번曾國藩, 증국번의 제자 오여륜吳汝綸, 오여륜의 제자 옌푸로 계승되었다. 5·4운동 시기에는 구도덕 사상으로 지목당해 철저하게 비판받았다. 日原利國 編,《中國思想辭典》(研文出版, 1984), 330쪽.

43 이와 관련하여《孫文評傳》저자 시프린에 의하면 쑨원도 외국에서 교육을 받았기 때문에 국외자 처지에서 경전에 결코 대범할 수 없었다. 쑨원은 5·4운동 시기에도 문어체 폐기에 반대했다. 정통 신사 교육을 받은 자만이 신사상의 세례를 받은 급진주의자만큼 전통에 대범할 수 있었을 것이라고 시프린은 추측한다.

44 胡適,《四十自述》.

중체서용론 비판과 서양 문물 수용의 합법성

19세기 말 20세기 초 동아시아의 가장 큰 변화는 정치적으로는 국민국가, 경제적으로는 자본주의 체제의 수용을 계기로 촉발되었다. 서두에서 말한 것처럼 당시는 유교의 보전이냐, 국가의 보전이냐라는 선택지를 두고 단연 후자가 대세를 점했다. 옌푸의 시사적 논설과 사회진화론을 비롯한 서구 사상의 번역, 수용은 기본적으로 국가 보전을 위한 작업이었던 것이다. 서구의 근대사상은 이처럼 중화 제국 체제의 국민국가로의 변환이라는 목표를 달성하기 위해 수용되었다. 천하에서 국가로 지식 패러다임을 바꾸는 것이 목표였고 당시에는 절대적인 가치였다.

1895년 청일전쟁에서 패하자 옌푸는《직보直報》라는 잡지에 〈논세변지극論世變之亟〉, 〈원강原强〉, 〈구망결론救亡決論〉, 〈벽한辟韓〉 등의 논문을 발표했다. 이 글들에는 옌푸가 이후 진행할 번역 작업의 기초가 되는 사상이 모두 표현되어 있다. 그는 정글과 같은 국제사회 속에서 중국이 살아남기 위해서는 중화 제국 체제가 아닌 국민국가의 형태를 만들어야 한다고 생각했다. 중국이 세계체제하에서 살아남기 위해서는 천하가 아니라 국가를 형성해야 한다는 것이었다.

1896~1909년 옌푸는 서양 또는 영국의 부강을 이끌었다고 생각한 근대사상의 명저들인 토머스 헉슬리의《천연론天演論》, 애덤 스미스의《국부론原富》(1901), 스펜서의《사회학 연구群學肄言》(원제: Study of Sociology, 1903), 몽테스키외의《법의 정신法意》(원제: De L'esprit des lois, 1904), 젠크스의《논리학 체계穆勒名學》(원제: A System of Logic, 1905), 밀의《자유론群己權界論》(원제: On Liberty, 1903)을 번역하여 중국에 알렸다.

번역한 글에 안어按語를 덧붙였다. 안어는 案語라고도 하는데, 번역자가 원문에 대해 자기 나름의 평을 덧붙이는 특이한 방식의 번역이다. 옌푸는 위의 번역 작업에서 신信, 달達, 아雅라는 번역의 기준을 제시하기도 했다. 옌푸는 《천연론》의 '일러두기'에서 자신의 번역 방침을 '원문의 정확한 이해(信)', '의미를 통하게 함(達: 의역)', '고아한 문장(雅)' 등으로 정한 뒤 이를 위해 자신은 적어도 '피상적 이해(淺嘗)'는 하지 않고, 이에 따라 '편협한 수용(偏至)'도 피하며 그럼으로써 진화론의 '주체적 검토(辨之者少)'와 수용을 도모할 것이라고 밝힌 바 있다. 또 원문의 뜻에 어긋나지 않게 하겠지만 문장의 해석에서 때로는 거꾸로 번역해서 보탬이 되게 하고 구차하게 자구에 얽매이지는 않을 것이다[45]라고 말하고 있다. 이중 달지達旨라는 번역 방식은 옌푸의 모든 번역에서 시종일관 관철되는 원칙이다. 이러한 번역 지침은 이후 중국에서 서양서를 번역할 때 기준이 되었다.[46]

그렇다면 지식인들에게 옌푸의 논설과 번역 작업들이 먹혀들었던 이유는 무엇일까. 무엇보다 중국이 이제 더 이상 세계의 중심이 아니라 일개 국가에 불과하다는 인식, 19세기 말 중국이 처한 상황에 대한 냉정한 인식 때문이었다. 양무파의 화이관華夷觀과는 질적으로 다른 이러한 객관적 상황 분석이 당시 중국의 지식인들에게 충격적 메시지로 전달될 수 있었던 것이다. 청일전쟁의 패배를 옌푸는 치욕으로 느꼈지만 이러한 감정 단계에 머물지 않았다. 일본의 부강과 서양의 부강, 그리고 중국 약세의 근원은 어디에 있는가를 궁구하고 진단했다. 옌푸는 서양

---

45 嚴復,《天演論》(中州古籍出版社, 2000), 26쪽.
46 《동북아 역사 사전》에서 예푸 부분 인용했음.

은 정신적인 측면에서는 중국에 못 미치며 단지 군사·과학·기술 등 지엽말단적인 분야에서만 뛰어나다고 하는 양무파의 발상에 동의하지 않았고 문명과 강약은 결코 별개가 아니라 밀접한 관련이 있다는 사실을 인식했다. 옌푸가 전통적 화이관에 매몰되어 있었다면 이런 인식 자체를 할 수 없었다.[47]

1840년의 아편전쟁에서 중국의 패배는 자본주의 체제에 동북아시아 지역의 강제 편입을 의미함과 동시에 서양 문명과 유교 문명의 충돌을 상징했다. 하지만 중국의 독서인은 아편전쟁 패배 이후 50년이 지나도록 위기임을 깨닫지 못하고 있었다. 이들이 중국의 위기를 자신의 위기로 받아들이게 된 것은 1894~95년 청일전쟁 패배 때문이었다. 옌푸 역시 이를 계기로 사회진화론을 소개하게 된다.[48] 청일전쟁의 패배는 옌푸에게 무엇보다 큰 충격이었다. 옌푸는 일본이 전쟁에서 승리한 것은 서양의 군사·과학·기술을 수용했기 때문이라고 여겼다. 옌푸는 서양의 군사·과학·기술의 우월함 자체가 형이하학의 지엽말단에서 비롯되지 않고 서양의 사상과 학술이라는 이른바 형이상학에서 비롯되었다고 여겼다. 이는 서양의 뛰어난 점이 오직 형이하학적이고 공리적인 데에 있다고 하는 양무파의 중체서용적 발상에 대한 거부이자 비판이었다. 사실 중체서용이란 논리적 힘이 아니라 당위의 힘, 역사의 힘의 표현이다. 새로운 것을 주체적으로 받아들이는 중국식 수용과 흡수의 논리라 할 수 있다.[49] 옌푸는 "중학中學에는 중학의 '체와 용體用'이 있고 서학

---

47 嚴復, 〈論世變之亟〉, 王栻 主編, 《嚴復集》 第1册(中華書局, 1986), 2쪽.
48 嚴復, 〈論世變之亟〉, 王栻 主編, 《嚴復集》 第1册, 1쪽.
49 민두기, 《중국근대사론》, 123쪽.

西學에는 서학의 체와 용이 있다. 나누면 아울러 설 수 있으나 합하면 양쪽 다 망한다"고 하였다.[50]

위와 같은 인식의 바탕 위에서 옌푸는 서양 사상 수용의 합법성을 확보하려 한다. 학술에서 허위를 물리치고 진실을 존중하며 형법과 정치에서 사私를 누르고 공公을 실현하는 것은 서양이나 중국이나 동일하다. 차이가 있다면 그것을 관철할 수 있으냐 없느냐에 있다고 함으로써[51] 중국과 서양의 내적 동질성을 찾으려 한 것은 이런 작업의 일환이었다. 그러나 이러한 서양 사상 수용의 합법성을 확보한 후 옌푸가 좀더 소리 높여 강조한 것은 실행의 측면에서 나타나는 양자의 차이점이었다. 이는 서양 사상 수용의 필요성을 역설하기 위한 당연한 작업이었다.

사회진화론의 중국적 변용

옌푸는 《천연론》이라는 제목으로 서양의 사회진화론을 번역 소개했다. 이 책의 저본은 영국의 생물학자이자 사상가인 토머스 헉슬리 (1825~95)의 《진화와 윤리》이다. 헉슬리가 이 책을 쓰게 된 동기는 주로 인간 사회의 도덕적 원리까지도 생물 진화의 원리에 의거해서 서술한 사회진화론자, 스펜서를 비판하기 위해서였다. 따라서 스펜서와는 반대로 헉슬리의 책은 우주 자연과 인간 사회의 진화 법칙을 대립항으로 파악해 자연법칙에 맞서 인간 사회가 투쟁해야 한다는 것이 핵심이다.[52]

---

50 嚴復, 〈與外交報主人書〉, 王栻 主編, 《嚴復集》第3冊, 558~559쪽.
51 嚴復, 〈論世變之亟〉, 王栻 主編, 《嚴復集》第1冊, 2쪽.
52 T. H. Huxley, *Ethics and Evolutio*(Princeton University Press, 1989), 38쪽.

그러나 옌푸의《천연론》은 단 순한 번역물이 아니라 또 하나의 창작물이라는 것이 중국학계의 일 반적 인식이다.[53] 옌푸는 헉슬리의 저작을 자신의 생각을 덧붙여 헉 슬리와는 대립되는 스펜서의 입장 에서 번역하고 해석했다. 옌푸는 본래 스펜서의 저작을 번역하려 했다. 하지만 스펜서의 저작은 너 무 방대하여 섣불리 번역에 착수 하기가 쉽지 않았다. 그런 점에서 옌푸가 헉슬리의 저서를 선택한

《천연론》

것은 스펜서를 소개하기 위한 징검다리로 생각한 결과라고 할 수 있다. 슈워츠는 "헉슬리는 말하자면 스승인 스펜서를 더욱 돋보이게 하는 역 할을 담당한 것이다"[54]라고 적고 있다. 그렇다고 원저자인 헉슬리를 모 두 지워버린 것은 아니었다. 옌푸는 헉슬리는 물론이고 자기 입장의 주 요 논거로 삼고 있는 스펜서 이론조차도 필요할 경우 과감히 개조했다. 이 경우 기준이 된 것은 멸망의 위기에 처한 중국의 현실이었다.

옌푸《천연론》의 독창성은 바로 중국의 현실을 직시한 사고의 구체 성에서 비롯되었다고 할 수 있겠다.《천연론》의 '일러두기'에서 달達(의 역)을 강조한 것도 중국의 현실을 의식한 결과일 가능성이 높다. 이뿐

53 李澤厚,〈論嚴復〉,《論嚴復與嚴譯名著》(商務印書館, 1982), 130쪽.
54 B. Schwartz, *In Search of Wealth and Power*(Cambridge: Havard University Press, 1964), 111쪽.

아니라 "원문의 뜻에 어긋나지 않게 하겠지만 문장의 해석에서 때로는 거꾸로 번역해서 보탬이 되게" 하겠다고 말한 대목에서도 우리는 중국 지식인들이 외부 사상을 받아들일 때 보여주는 대담성을 확인하게 된다. 물론 모든 번역이 어느 정도는 '창조적 오역'이라는 측면이 있기는 하지만 말이다.

엔푸가 이처럼 주체적인 태도를 견지할 수 있었던 인식론의 토대는 무엇일까. 중국의 당면 현실과 서양 근대사상에 대한 역사적인 인식이라고 본다. 특히 엔푸는 중국 사회를 해명할 적당한 입론의 근거를 적자생존을 강조하고 유기체를 말하는 스펜서에게서 발견할 수 있었다. 이를 바탕으로 엔푸는 《천연론》을 중국 고전에 대한 해박한 지식을 동원하여 중국의 언어로 소개했다. 이런 요인 때문에 당시 지식인들에게 그만큼 무게 있는 저작으로 받아들여졌다.

헉슬리의 진화론은 엔푸가 해석한 중국이라는 스펙트럼을 통해 스펜서적으로 변화했고 스펜서 이론 또한 다시 중국식으로 변화하는 이른바 이중의 변화를 겪었다. 따라서 엔푸가 단순히 스펜서의 입장에서 헉슬리를 번역했다고 말해서는 안 된다. 이런 의미에서 루쉰은 《천연론》은 엔푸의 창작이다"라고 말했던 것이다. 진화론에 관한 한, 특히 사회진화론에서 적어도 헉슬리, 스펜서 그리고 엔푸의 의도와 생각은 각각 달랐다. 즉 엔푸의 진화론은 헉슬리도 스펜서도 아닌 제3의 사상이었다고 보는 것이 타당할 것이다. 어떤 면에서 보면 서양 근대사상과 중국의 구체적 현실의 대결은 이때부터 시작되었는지도 모른다. 사실 마루야마 마사오가 전통과 유럽 학문이 매개 없이 병존한 일본은 진정한 의미에서 유럽 정신과 대결한 적이 한 번도 없었다고 말한 것[55]은 바로 중국을 의식한 발언이다.

엔푸는 서양 근대사상과 중국 현실의 커다란 괴리를 자각하면서 사회진화론 번역 작업에 착수했다. 그는 경제적 개인주의 또는 반反국가주의라는 이른바 자유주의에 입각한 스펜서의 사상을 중국 상황에 개조하여 응용한다면 매우 쓸 만하다고 생각했다.[56] 다시 말하면 엔푸는 스펜서가 중요하게 여기는 자본주의적 개인의 경쟁을 아직 자본주의가 발달하지 않은 중국에서는 국가를 부강하게 해주는 수단으로 전환하여 사용할 수 있다고 보았다.[57] 이러한 인식 경향은 일본에서도 비슷하게 나타난다. 스펜서 이론은 처음에는 자유 민권 운동의 이론으로 수용되다가 얼마 안 있어 가토 히로유키加藤弘之, 아리가 나가오有賀長雄 등에 의해 반민권적 국가 이데올로기로 바뀐다. 1880년대와 1890년대에 영국에서 지식인 대다수는 스펜서의 극단적 개인주의를 케케묵은 것으로 인식했다. 따라서 스펜서의 사상은 좌파 자유주의자들에게 많은 비판을 받았다. 그러나 아직도 자유방임과 자유기업이 발달하고 있던 미국의 상황은 영국과 달랐다. 미국에서는 스펜서의 인기가 떨어질 줄 몰랐다. 당시 미국에서는 착취와 빈곤조차도 자본주의를 발전시킬 수만 있다면 사회진화론의 논리로 정당화될 수 있었다.

스펜서의 사회진화론이 부강의 수단으로 파악된 이유로는 스펜서의 개인주의에 기초한 사회진화론을 자본주의와 연결해 받아들일 만한 토대가 아직 마련되어 있지 않았기 때문이다. 엔푸가 생각하기에 중국

---

55 마루야마 마사오, 《전중과 전후 사이 1936~1957》(휴머니스트, 2011), 150쪽.
56 루이스 A. 코저, 《사회사상사》, 신용하(일지사, 1990), 194~195쪽 참조.
57 高田淳, 〈天人の道と進化論〉, 《中國の近代と儒敎》(紀伊國屋新書, 1970), 156쪽.

에는 아직 부르주아계급이 존재하지 않기 때문에 오히려 국가를 진화의 주체로 삼아 힘을 강화해야 한다는 발상의 전환이 필요했다. 근대국가의 창출은 유럽의 침략으로부터 자기를 지키려는 중국에는 필수 과제였다. 따라서 옌푸는 개인의 동기와 에너지를 충분히 발휘해야 한다는 스펜서의 주장에는 동의했지만, 이것이 국가의 힘을 제한함으로써 가능하다는 주장에는 반대하게 된 것이다.

하나의 문화 담지자인 중국보다 하나의 국가society-nation인 관념화된 중국을 모색하고 있던 옌푸에게 생물 유기체와 거의 유사한 사회 유기체는 가장 선명한 국가 이미지를 부여하는 관념이었다.[58] 옌푸는 스펜서의 사회 유기체 관념을 받아들여 인간이 육체와 정신으로 이루어져 있듯이 사회도 힘과 도덕으로 구성된다[59]고 생각했다. 하지만 옌푸는 스펜서를 그대로 받아들이지 않았다. 스펜서가 궁극적으로 사회를 개인의 목표를 증진시켜주는 도구로 파악한 반면, 옌푸는 개인을 사회(국가)의 목표를 증진시켜주는 도구로 파악했다.

따라서 옌푸는 민과 군群 또는 국가를 유기적(上下通)으로 파악하면서도[60] 群(사회) 또는 군학群學(사회학)을 더 중시했다. 개인과 사회 또는 국가 중에서 사회와 국가를 더 중요하게 여긴다.[61] 옌푸는 이렇게 말한다.

가난한 백성이 있는 곳에 부국은 없고 약한 백성이 있는 곳에 강국 없으

---

58 B. Schwartz, *In Search of Wealth and Power*, 56쪽.

59 嚴復,〈原强修訂稿〉, 王栻 主編,《嚴復集》第1冊, 17쪽.

60 嚴復,〈國聞報 論文選輯〉, 王栻 主編,《嚴復集》第2冊, 453쪽.

61 嚴復,《天演論》論十五 '演惡'의 '復案', 王栻 主編,《嚴復集》第5冊, 1393쪽.

며 난민亂民 있는 곳에 '다스려지는 나라(治國)' 없다. 나라가 강하고, 약하고, 가난하고, 부자이고, 다스려지고, 어지러운 것은 민력, 민지, 민덕 이 세 가지의 있고 없고가 증명해준다. 이 세 가지가 갖추어진 후에야 비로소 정법政法도 따르는 것이다.[62]

즉 옌푸에 의하면 유기체의 세포인 국민 개개인의 지, 덕, 력은 국가 부강을 위해 반드시 갖추어야 하는 것이다. 이는 국가의 생존을 해치지 않는 범주 내에서만 개인의 자유를 허용하자는 국가 지향적 발상과 무관하지 않다. 이 점에서 필자는 사회 유기체 이론에 관한 한, 옌푸가 스펜서가 아니라 오귀스트 콩트Auguste Comte에게서 영감을 받은 것이 아닌가 생각한다. 콩트는 사람들이 사회 세계에서 집합적으로 행동하기 위해 사회법칙을 탐구하는 거라는 점을 강조했다. 이에 반해 스펜서는 사회법칙을 연구하는 것은 집합적으로 행동하지 '않기' 위해서라고 말했다.[63]

옌푸는 스펜서의 사회진화론을 소개함으로써 역사 변화의 필연적 추세를 적극적으로 인정하게 되었다. 이는 기존의 순환론에 대한 전면 비판을 의미하는 것이었다. 옌푸는 이처럼 전진적 성격의 사회진화론을 구체적으로 국가의 존망 문제와 연관 지어 인식하였다. 그래서 사회진화론은 변법운동의 이론적 근거가 될 수 있었다. 사회진화론은 중국의 현실적 필요에 의해 소개되었지만 사실 이데올로기적으로는 서양 제국주의의 중국 침략을 정당화하는 구실을 한 것도 사실이다. 중국에

---

62 嚴復,〈原强修訂稿〉, 王栻 主編,《嚴復集》第1冊, 25쪽.
63 루이스 A. 코저,《사회사상사》, 156쪽.

서 사회진화론은 초기에 반이성의 이데올로기가 아닌 과학과 진보를 믿는 계몽주의의 역할을 했다. 진화가 진보로 해석되어 사회진화론에서도 운동 개념은 목적과 의지를 내포한 것으로 이해되었다.[64] 이로 인해 사회진화론은 중국 지식인들의 세계 인식과 역사 인식을 변화시키는 계기로 작용하게 되었다. 따라서 중국의 현상에 불만과 위기감을 느낀 젊은 지식인들은 거의 전면적으로 사회진화론을 받아들였다. 19세기 말 20세기 초에 중국, 나아가 동아시아 식민 체제에서 나타난 거의 모든 개혁론과 혁명론이 진화론을 자기 논리의 근거로 삼고 있는 바, 이는 결코 우연이 아니다.

엔푸가 사회진화론을 소개함으로써 중국 사상계는 다음과 같은 변화를 겪는다. 첫째, 진화의 개념을 매개로 하여 사회의 역사 인식을 한층 명확히 할 수 있었다. 역사를 한 번은 다스려지고 한 번은 혼란스러운 시대가 반복 순환한다는 일치일란一治一亂의 성격을 띤 것으로 보지 않고 일직선으로 진행되는 것으로 인식하고 이를 통해 개혁 운동에 새로운 전망을 열었다. 둘째, 사회적 변동의 동인으로서 모순의 계기를 생존경쟁, 자연도태라는 사회진화론적 관념을 통해 파악했다. 특히 지식인들은 당시 망국 멸종의 위기에 놓여 있던 중국의 지위를 사회진화론을 통해 객관적으로 인식할 수 있었다. 셋째, 중체서용론적 사유 구조가 이론적으로 해체될 수 있었다. 이로 인해 성인 자체가 부정당하진 않았지만 전통적인 '성인의 도道'가 상대화될 수 있었다. 이에 따라 새로운

---

64 이러한 인식은 중국뿐 아니라 일본의 경우도 동일하다. 井上哲次郎, 〈哲學上より見たる進化論〉, 《明治哲學史研究》(ミネルヴァ書房, 1959), 324쪽. 그러나 진화를 진보로 인식하는 경향은 다윈이나 스펜서 그리고 헉슬리에게서도 이미 나타난다.

왕조 개혁 원리의 기초가 마련되었다. 이러한 변화들은 사회진화론의 영향 중 대체로 긍정적인 측면이라 할 수 있다. 하지만 제국주의와 관련된 사회진화론의 이론적 한계 또한 뚜렷했다.[65]

옌푸의 '보수주의적' 자유관

옌푸는 적어도 학술적으로는 자유와 민주를 매우 일찍 주목한 사상가이다. 그는 부강을 먼저 이루고 앞서 가는 서양과 중국의 사고방식과 학술의 차이를 통해 문제의 근원을 찾기 시작한다. 그는 서양이 부강할 수 있었던 근원에는 자유를 체로 하고 민주를 용으로 하는 제도가 있다고 보았다. 옌푸가 이렇게 생각한 까닭은 자유와 민주가 보장될 때 개인의 능력과 에너지가 충분히 발휘될 수 있다고 보았기 때문이다. 더 나아가 그는 자유 개념 자체에 대한 동서양의 차이에 주목한다. 옌푸에 의하면 서양의 자유가 타인과 상호작용하는 가운데에서도 항상 자기 중심인 데 반해 서양의 자유 개념과 비교되는 중국의 서恕(같은 마음이라는 뜻으로, '내가 원하지 않는 것은 남에게도 하지 말라[己所不欲 勿施於人]'는 구절은 서의 뜻을 가장 잘 표현한 것이다) 또는 혈구지도絜矩之道(곱자를 가지고 재는 방법이라는 뜻으로, 자기의 처지를 미루어 남의 처지를 헤아리는 것을 비

---

65 중국에서는 옌푸와 량치차오같이 사회진화론의 논리를 전면 수용하는 흐름에 반대하여 장빙린과 루쉰 등 사회진화론의 동일성 논리를 비판하는 새로운 흐름이 나타났다. 중국은 정치 개혁이 성공하지 못하고 사회 모순이 깊어지면서 사회진화론에 반발하는 이른바 반근대성 흐름이 이미 1900년대 초반부터 나타났다. 반면, 일본은 정치 개혁이 비교적 순조롭게 진행되었기에 근대에 대한 반성적 흐름이 나올 수 없었다. 따라서 사회진화론의 논리가 어떤 반전의 계기를 맞지 못하고 제국주의 침략의 논리로 현실화할 수 있었다고 하겠다. 이에 대해서는 조경란, 〈進化論의 中國的 受容과 歷史認識의 轉換─嚴復, 梁啓超, 章炳麟, 魯迅을 中心으로〉(성균관대학교 박사학위 논문, 1995) 참조.

유하는 말이다)는 타인과의 관계에 초점이 맞추어져 있다.[66] 자유에 대한 이와 같은 관념의 차이는 진화가 이기심에 기초한 경쟁에 의해 이루어진다고 보는 옌푸에게는 특별한 의미가 있다. 왜냐하면 서양이 중국보다 진화한 이유는 자기 중심의 자유 관념이라는 특성에 힘입은 바가 크다고 생각하기 때문이다.

그런데 이러한 자유 개념의 차이는 좀더 근원적인 데서 유래한다고 옌푸는 생각한다. 중국 역대의 성인은 자유라는 말을 두려워하여 이를 근본으로 한 가르침을 전혀 행하지 않았다. 이와 달리 서양은 천부인권적 자유 관념을 밑바탕으로 하여 자신의 자유는 물론 타인의 자유를 침해하는 행위는 천리에 어긋난다고 인식한다.[67] 옌푸는 자유의 성격이 다름에 따라 많은 차이를 낳는다고 본다. 이를테면 중국은 삼강三綱을, 서양은 평등을 중시한다. 중국은 친족을, 서양은 능력을 중시한다. 중국은 효에 의거해 다스리지만, 서양은 공에 의거해 다스린다. 재해가 있으면 중국은 천명에 맡기지만 서양은 인력을 믿는다는 것이다. 옌푸는 이와 같이 중국과는 다른 서양의 자유 관념이 부강의 원동력이라고 생각한다.

옌푸에 의하면 자유 개념만 다른 것이 아니다. 양자의 가장 큰 차이점은 문화 전반에서 발견된다. 중국인은 '옛 것을 좋아하고(好古)', '현재의 것을 소홀히 여기며(忽今)', 서양인은 '현재에 힘쓰고(力今)', '오래된 것을 극복하려 한다(勝古)'. 또 중국인은 일치일란—治—亂, 일성일쇠—盛—衰를 자연(天行)과 사회(人事)의 법칙으로 여기는데, 서양인은 끊임없

66 嚴復, 〈論世變之亟〉, 王栻 主編, 《嚴復集》第1冊, 3쪽 참조.
67 嚴復, 〈論世變之亟〉, 王栻 主編, 《嚴復集》第1冊, 2~3쪽.

이 진보하고, 한 번 번성하면 다시 쇠퇴하지 않고, 한 번 다스려지면 다시 혼란에 빠지게 되지는 않는다고 보아 이를 학술과 정치의 근본 원칙으로 삼는다.[68] 옌푸의 이런 인식에는 서양 문화를 토대로 하여 자기 문화를 반성적으로 파악하려는 의도가 들어 있다. 하지만 그는 서양의 원리를 그대로 중국에 적용하는 문제에서는 신중한 태도를 보인다.[69] 왜냐하면 옌푸가 보기에 당시 중국은 국가의 힘을 강화할 필요성이 있고 국가의 힘을 제한함으로써 보장할 수 있는 자유는 아직 많은 유보 조건이 필요하기 때문이다.

옌푸는 우선 서양의 지식 자체를 목적으로 삼기보다는 중국의 부와 강의 추구, 즉 근대화의 수단으로 이해하려 했다. 그렇기 때문에 부강을 통한 근대화가 아무리 시급하다고 해도 국정國情, national spirit을 감안해 이를 추진해야 한다고 믿었다. 문화적으로는 유학에 근거해야 한다고 주장했다. 그래서 옌푸는 캉유웨이와 량치차오의 1898년 변법운동에 비판적이었다. 옌푸는 근대화에는 반대하지 않았지만, 오래된 관료 시스템은 가혹하게 비판했다. 그는 서구 문화와 기술이 중국에 간단히 이식될 수 없으며 중국 전통 안에서 공명할 수 있는 부분을 찾아야 한다고 보았다. 근대화는 중국 고유의 문화에 기반한 요소들의 성장, 발전, 성숙에 기초해서 이룩해야 한다고 생각했다.[70]

옌푸의 보수성은 교육을 통한 구국론에서도 확인된다. 그는 교육을

---

68 嚴復, 〈論世變之亟〉, 王栻 主編, 《嚴復集》第1冊, 1쪽.
69 嚴復, 〈論世變之亟〉, 王栻 主編, 《嚴復集》第1冊, 3쪽 참조.
70 Joseph Fewsmith, *China since Tiananmen–from Deng Xiaoping to Hu Jintao*(New York: Cambridge University Press, 2008)(Second Edition).

민권의 신장이 아니라 국권 확립의 차원에서 파악한다.[71] 교육을 통한 구국론에서는 당연히 민지民智가 중요시된다. 민지는 옌푸에게서 부강의 전제이다. 민지가 열림으로써 부강해지고 그때 비로소 민덕民德도 제고된다고 보았다. 민지는 결국 부강으로 연결되고 이를 토대로 민덕도 높아진다는 이른바 민지에서 민덕으로의 발전은 부강을 연결고리로 해서 성립한다. 이처럼 옌푸는 민지의 계발을 통해 인심人心을 개선함으로써 사회진화가 촉진된다고 믿었다. 그리고 완전한 평등은 민지의 계발에 의한 개인 역량의 향상을 통해서만 가능하기에, 지금 당장은 불가능하다고 하였다.

옌푸는 중국 역사상 거의 최초로 교육에 의한 민의 각성과 자발성의 환기에 주력했다고 할 수 있다. 이러한 교육구국론의 밑바탕에는 현실론에 근거한 민권에 대한 불인정과 자유 개념의 한계에 대한 강조가 있다. 정통 유교 윤리의 기본 가르침인, 사익 추구를 악의 근원으로 보는 원리를 부정하고 여기에 서양식 개인의 자유 개념을 결부했던 옌푸는 이제 중국의 현실에서는 자유를 시급히 국가에 돌려주어야 한다고 말하게 된다. 이러하니 옌푸 사고 체계에 루소의 천부인권론과 같은 자연권에 바탕한 자유 관념이 비집고 들어갈 여지는 별로 없었다.[72]

옌푸는 사회진화론에 의한 현실 인식에서 '선 부강 후 자유'라는 사상 구도를 제시하여 결국 봉건을 상징하는 청조의 존재를 긍정하는 사상 지향을 보였다. 옌푸의 사유는 이처럼 현상유지에 머물렀다. 만년에는 정치적으로 봉건전제를 긍정하는 등 역사의 흐름과는 거리를 두게

---

71 옌푸의 이러한 교육론은 량치차오에게로 이어진다.
72 嚴復, 《〈民約〉平議》, 王栻 主編, 《嚴復集》第2冊, 337쪽.

되었다. 그럼에도 불구하고 옌푸가 사회진화론을 소개해 중국 사상사에서 누구도 필적할 수 없는 역할을 수행한 점은 결코 과소평가할 수 없다.

나오며

1840년에 일어난 아편전쟁에서 중국이 영국에 패했음에도 중국의 지식인들은 이런 재앙의 근본 원인을 알려고 하지 않았다. 이 재앙에 대한 최초의 응답이 양무운동이다. 양무운동은 말 그대로 서양의 군사기술을 도입함으로써 서양 세력에 대응한다는 전략에서 나온 것이다. 즉 오랑캐의 방식을 배워 오랑캐에 대적한다는 이이제이以夷制夷 방식인 것이다. 그런데 이 경우 오랑캐에 대한 인식에는 제도와 사상이 포함되어 있지 않았다. 그러나 1895년 청일전쟁 패배는 서양에 대한 인식과 중국 사회 문제에 대한 처방을 바꿔놓는 계기가 되었다. 즉 중국이 서양과 일본의 침략을 극복하고 살아남기 위해서는 서양의 제도와 사상에 주목해야 한다는 것이었다. 1장에서 다룬 옌푸와 캉유웨이는 여기에 주목한 최초의 지식인이었다.

세계 인식의 기초 위에서 청일전쟁의 패배의 의미를 총체적으로 인식했던 이는 옌푸였다. 그는 당시 중국의 위기는 이전의 북방 오랑캐의 침략으로 인한 위기와는 질적으로 다르다는 점을 강조했다. 그리고 중국이 더 이상 세계의 중심이 아니며 일개 국민국가에 불과하다는 사실을 중국 지식인들에게 역설했다. 그가 맘먹고 쓴 시사적 논설과 사회진화론 번안 작업은 그때까지도 세상의 변화를 인지하지 못하고 있던 유교적 지식인들에게 현실을 직시하라는 강한 메시지를 보내려는 특별한 의도에서 나온 것이었다. 옌푸는 중화 제국 체제가 무너지면서 중국이 국민국가 체제에 적응해야 살아남을 수 있다는 현실론을 힘주어 강조했던 것이다. 결국 옌푸는 중국의 지식인을 근대 서구사상과 연결한 최초의 사상가라 할 수 있다. 이러한 점들 때문에 옌푸를 빼놓고는 중국 20세기 지성사를 논할 수가 없다.

진화론은 중국 지식인에게 중학中學과 등가等價의 수준으로 인식된 최초의 서양 사상이다. 그렇기 때문에 사상 측면에서 진화론의 영향 또한 이전과는 수준 자체가 달랐다. 진화론으로 인해 순환론적으로 해석되었던 춘추공양학은 전진적前進的이고 단선론적인 사상으로 재구성됨으로써 역사 인식의 변화를 초래했다. 이제 비로소 기존의 전통적, 순환론적 역사관을 상대화해서 볼 수 있게 되었다. 이처럼 실제로 진화론은 중국의 전통적 사고인 천불변天不變, 지불변地不變, 도역불변道亦不變이라는 불변적 가치 인식에 커다란 변화를 가져왔다.[73] 결국 진화론의 등장으로 '천'의 초월성이 박탈당한 것이다. 그러면 그 자리를 무엇이 대신하게 되었을까. 서양의 근대국가가 기독교를 대신하여 세속종교로서 민족주의를 발견한 것처럼 청나라 말기 중국에서도 '천'을 대신할 규범 원리가 필요했다.[74] 그 민족주의의 기초를 만든 것이 바로 옌푸의 사회진화론이었다.

정치적으로 어떻게 평가되든, 옌푸는 사회진화론과 서양 근대사상

---

73 嚴復, 〈救亡決論〉, 王栻 主編, 《嚴復集》 第1冊, 50쪽.
74 村田雄二郎, 〈20世紀システムとしての中國ナショナリズム〉, 西村成雄, 《現代中國の構造變動-ナショナリズム-歷史からの接近》 3, 59쪽.

에 대한 번역 작업을 통해 자기를 상대화하고 낯설게 보게 만들었다. 이는 누구도 필적할 수 없는 업적이라고 생각한다. 사회진화론에 근거하여 민족주의적 결집을 역설한 옌푸는 민족을 집단 진화의 최종 구현체로 보았다. 옌푸는 자신의 정치사상의 근거를 몰도덕적인 민족에서 찾고 있다. 이런 연유로 옌푸는 근대 사회과학의 정형을 사회학(群)에 두었다. 옌푸의 사상과 인생은 간단히 정리할 수 없다. 중국의 현실과 서양의 근대 사이에서 배회한 깊이를 헤아릴 수 없는 사상가이기 때문이다.

캉유웨이의 대표 저작들은 하나의 체계로서는 불완전해 보이는 면이 있지만, 나름대로 시대적 요구를 담고 있다. 이는 캉유웨이가 처해 있던 지정학이 영향을 미쳤을 뿐만 아니라 이에 대한 감수성이 발휘되었음을 말해준다.《대동서》등에서 살펴보았듯이 그의 학문에서 보이는 비체계성과 불완전성이야말로 이러한 시간과 공간을 살아간 캉유웨이라는 사상가가 처했던 상황의 복잡다단함을 여실히 보여주는 증거일 수도 있다. 캉유웨이가 궁극적으로 꿈꾸었던 것은 양무운동과는 성격이 다른 제도 개혁이었다. 각종 번역서를 통해 서양의 역사와 제도를 알고 있던 캉유웨이는, 그럼에도 기본적으로는 유자儒者였다. 캉유웨이는 전통 제도의 정신과 가치를 깊이 이해하고 폭넓은 견해에 기초해 이를 (서양의 근대사상을 통해) 재구성하고 옹호하려 한 '급진주의적' 행동가이자 '보수주의적' 사상가였다.

캉유웨이는 지금 중국에서 재조명되고 있다. 100년 전 중화 제국이 처했던 공전의 위기 상황에서 유교의 비판과 폐기가 아닌 유교의 온존과 재해석을 통해 근대 국민국가를 기획해야 한다는 캉유웨이의 굳은 신념이 재평가받고 있는 것이다.[75] 일본의 어느 연구자는 청말 위기의 이중성은 문명 환상의 상실과 혈통 환상의 발흥으로 구성되어 있다고 했다.[76] 여기서 문명 환상은 캉유웨이로, 혈통 환상은 쑨원으로, 계급 환상은 마오쩌둥으로 대변될 수 있다. 지금은 마오쩌둥으로 상징되는 '계급 중국'이 방기되는 현실 속에서 문명 중국의 모델과 혈통 중국의 모델이 충돌하고 있는 형국이다. 중국 정부는 혈통 중국을 떠올리게 하는 대중민족주의를 견제하고 있지만 이와 달리 공정公定민족주의(여기서 '公定'이란 관청에서 정한다는 뜻이다)에 대해서는 그렇지 않다. 공정민족주의는 곧 '문명 중국'의 구상과 맞아떨어지기 때문이다. 중국인이 자기 정체성을 다시 세우려 한다면 무턱대고 유학을 저주하거나 그 존재를 무시해서는 안 된다[77]는 인식은 이미 중국에서 유파와 관계없이 공감대를 형성하고 있다. 그렇다면 캉유웨이는 공자가 지속적으로 부상하는 한, 중국에서 지속적으로 주목받는 사상가로 자리매김될 것이다.

전통과 근대가 대립하기 시작하고 패러다임이 전환하는 시기에 사회 활동을 했던 캉유웨이에 대해서는 지금도 평가가 엇갈리고 있다. 캉유웨이는 법에 의한 통치의 부당성을 주장했고 민권은 국권과 양립할 수 없다고 보았다. 이는 입헌군주제가 공화제보다 낫다는 오랜 신념에

---

75 일명 대륙 신유가로 일컬어지는 유파의 일원인 캉샤오광康曉光이라는 학자도 유교의 국교화를 주장한다. 그러나 유교의 국교화에 대해서는 유보적이면서 미국의 종교문화학자 로버트 벨라의 시민종교 논의와 유사하게 유교를 시민종교로 간주하려는 천밍陳明 같은 학자도 있다. 陳明, 〈儒教研究新思考—公民宗教與中華民族意識建構〉, http://www.aisixiang.com/data/31632.html. 陳明, 〈儒教之公民宗教說〉, 《二十一世紀》网络版 , 2003年 3月号, 總第 12集, http://www.cuhk.edu.hk/ics/21c/supplem/essay/9501079g.htm 참조.
76 田島英一, 〈中國ナショナリズム分析の枠組みと實踐〉, 加加美光行, 《中國の新たな發見》.
77 余英時, 《現代儒學論》(上海人民出版社, 1998), 42쪽.

서 비롯된 것이다.[78] 그럼에도 위잉스余英時 같은 학자는 캉유웨이를 중국 근대 급진주의의 시조로 본다. 캉유웨이를 중심으로 한 변법운동 과정에서 감당할 수 없는 서양의 언어들이 범람하면서 빚어낸 급진적 분위기는 무시할 수 없다는 의미일 것이다. 하지만 무엇보다도 중국에서 변법운동을 근대의 기점으로 보는 이유는 중국에서 처음으로 명목상으로나마 민주주의가 제기되었기 때문일 것이다.[79] 반면, 일반적으로 캉유웨이를 보수주의자로 보는 것은 신해혁명 이후에도 공교회를 주장하는 등 캉유웨이의 인생 후반기에 보여주었던 일련의 보교적, 보황적 활동에 주목한 결과이다. 지금 중국 지식계는 캉유웨이가 활동했던 시대만큼이나 그에 대한 시각도 복잡다기하다.

캉유웨이와 옌푸, 이 두 사상가를 전통, 근대라는 문제와 관련하여 어떻게 보아야 할까. 우선 사회진화론이 캉유웨이가 새롭게 해석한 삼세설과 함께 변법운동의 이론적 근거 역할을 했다는 데 주목해보면 캉유웨이와 옌푸는 대립하는 관계라기보다는 서로 보완하는 관계로 보인다. 옌푸는 사회진화론을 중국에 소개한 사람이고 캉유웨이는 변법운동을 이끈 인물이기 때문이다. 또한 두 사람 모두 입헌군주제를 구상했다는 점에서도 유사해 보인다. 그러나 이 둘은 절체절명의 위기에서 유교를 어떻게 다룰 것인가를 두고는 적지 않은 차이를 드러냈다. 캉유웨이는 전통의 재구성이라는 방법을 강구했지만 결과적으로 유교를 놓지 않았다. 반면, 옌푸는 중국의 위기 해결에 도움이 된다면 육경六經조차도 비판해야 한다는 입장을 견지했다. 이것만을 보면 전자는 보수요, 후

78 체스타 탄, 《중국 현대 정치사상사》, 31쪽.
79 민두기, 〈근대 중국의 개혁과 혁명〉, 《중국근대사론》, 51쪽.

자는 진보로 생각될 수 있다. 그러나 이러한 기준으로만 이들의 입장을 가를 수는 없다. 캉유웨이도 대동사상과 공교를 근거로 했지만 서양의 정치제도를 강하게 의식하면서 개혁 드라이브를 걸었음을 간과해서는 안 된다.

도식화를 무릅쓰고 이들의 차이를 정리하자면 옌푸는 학문적으로는 경전을 적극적으로 비판했지만 현실 정치의 측면에서는 당분간은 부득이하게 군주제를 유지해야 한다는 입장을 보였다. 캉유웨이는 이와 반대로 학문적으로는 유교를 포기하지 않았지만 현실 정치의 측면에서는 수사에 머물렀을지언정 정치제도의 변화를 추구했다는 점에서 급진적 면모를 보여주었다.

이 장에서 다룬 두 사상가는 모두 아편전쟁, 청불전쟁, 청일전쟁으로 이어지는 위기가 중국 역사에서 나타났던 역성혁명으로 해결될 수 없음을 깨달았다. 중화 제국 체제를 떠받치고 있던 유교 문화의 본질적 위기라는 사실을 알아챘다. 정관잉의 《성세위언》을 비롯해 옌푸의 《천연론》 그리고 캉유웨이의 《공자개제고》나 《대동서》는 이러한 미증유의 변화에 맞춰 '중국'이라는 개념의 재편성을 요구한 것이었다. 즉 중국이라는 '천하'가 국민국가 관념을 수용해야 하는 상황에서 캉유웨이와 옌푸는 공히 이러한 시대적 요구에 부응하려 한 인물이었다. 이들은 국가와 민족을 강조하면서도 '중화' 또한 포기할 수 없음을 강조함으로써 '중화 민족'이라는 개념이 생성되는 데 일정한 기초를 마련했다고 할 수 있다.

2장

입헌군주제의 주창자
량치차오

VS

공화국을 건설한 국부
쑨원

들어가며

량치차오(1873~1929)와 쑨원孫文(1866~1925), 두 사람은 전통을 이해하는 방식도 체제 구상도 달랐다. 량치차오는 입헌군주제를, 쑨원은 공화국을 주창했다. 하지만 이 둘은 누가 먼저랄 것이 없이 중화 개념을 민족 개념과 결부해 '중화 민족'이라는 개념을 발명했다. 국민국가의 기본은 영토의 범위와 국민의 범주를 확정하는 것이었다. '중화 민족'의 발명은 청나라가 만들어놓은 제국의 판도를 국민국가로 재편성

량치차오와 쑨원

한다는 중차대한 과제 수행의 일환이었다. '중화 민족'이라는 개념은, 조금 다른 각도에서 말하면 천하적 세계와 깊이 연결되어 있는 '중화'나 '중국'에서 문화주의적 색채를 약화하고 국가 또는 국민으로서의 실체를 강화하려 한 것이다.[1] 량치차오는 학술적·문화적 측면에서, 쑨원은 정치적·제도적 측면에서 역할을 분담하여 이 일을 수행했다고 할 수 있다.

20세기 중국의 계몽은 량치차오를 빼놓고는 서술 자체가 불가능하다. 근대 이행기 한국에도 많은 영향을 주었던 그의《신민설新民說》은 중국에서 '계몽의 바이블'로 통한다. 신민설에서 신민新民은 곧 국민을 의미한다.《신민설》은 '국민 만들기' 프로젝트를 핵심 내용으로 하는 량치차오의 대표 저작이다. 량치차오는 여기서 국가에 걸맞은 국민을 어떻게 창출할 것인가에 골몰했다. 노예 의식에 찌든 백성이 아닌 국가 의식을 가진 국민의 형성이 급선무였다. 즉 애국심을 갖는 국민이 어떻게 자치 능력을 키우고 국가사상을 양성할 것인가에 천착했다. 근대 국민국가가 전제하는 국민의 관념은 한스 콘Hans Kohn이 말한 것처럼 결코 자연스럽게 생겨나지 않는다. 가족이나 향리에 품는 자연적인 애정의 단순한 연장, 확대는 아니다. 향리나 가족에 대한 사랑은 일상에서 구체적으로 경험할 수 있으나, 국가 또는 국민에 대한 의식은 한층 차원 높은 추상 개념이다. 그러한 국민을 창조하는 것은 동아시아에서도 지식인의 책무였다.[2]

---

1 자세한 내용은 村田雄二郎, 〈20世紀システムとしての中國ナショナリズム〉,《現代中國の構造變動-ナショナリズム-歷史からの接近》3, 59쪽 참조.
2 [日本近代思想大系 10] 松本三之介(まつもとさんのすけ), 〈新しい學問の形成と知識人〉,《學問と

20세기 초 근대 기획을 과제로 삼았던 이들에게《신민설》은 정치적, 사상적 방향성을 명확히 제시해준 지침서였다. 후스胡適는 량치차오의 이 책이 "청년층의 가슴에 적지 않은 혁명의 씨앗을 뿌렸다"[3]고 말할 정도였다. 확실히 1900년대 초반까지의 량치차오의 국민국가 담론은 청년 지식인이 전통 사유에서 벗어나 근대 사유로 진입하는 데 매우 중요한 역할을 했다. 쑨원에게는 안된 이야기지만 1911년 신해혁명은 량치차오의 사상과 계몽의 힘이 없었다면 불가능했다고 해도 과언이 아니다.

중국식 조공 체제에서 서양식 조약 체제로 변화해가고 있었던 과도기 상황에서 조선의 청년 지식인에게도 량치차오가 제시하는 계몽의 방향은 여전히 주목의 대상이었다. 20세기 초에 일본에 유학한 몇몇 지식인이 '중역重譯'된 서구의 지식을 전하기 전에는 조선의 지식인들은 중국이라는 창을 통해 서양을 이해하고 있었다. 이러한 창의 역할을 한 이가 바로 량치차오였다. 그는 옌푸와 캉유웨이에게서 사회진화론을 전수받았지만 1898년 일본 망명 이후에는 후쿠자와 유키치福澤諭吉, 가토 히로유키加藤弘之의 일본식 '번역'에 더 주목했다. 즉 헌법이나 국가사상에서 독일을 벤치마킹하고 있던 일본의 근대 기획이 상대적으로 유사한 동아시아 사회의 특성으로 보아 중국에 참고가 된다고 여겼기 때문이다.

량치차오는 일본의 유키치, 히로유키 등의 저작을 읽고 중국에 위기의식을 불러일으켰는데, 관련 잡지가 한국에도 들어와 광범위하게

知識人》(岩波書店, 1990), 424~425쪽 참조.

3 胡適,《四十自述》(北京聯合出版公司, 2014).

읽혔다. 량치차오는 한국의 신채호를 비롯하여 구한말 사상가들에게 적지 않은 영향을 주었다고 알려져 있다. 그러니까 량치차오는 한국과 중국의 계몽주의 전파 과정에서 가교 역할을 한 매우 중요한 인물인 셈이다.

그런데 량치차오의 계몽주의가 청년 대중에게 인기가 있었던 일과 관련해 지나쳐서는 안 되는 것이 바로 량치차오의 글쓰기 방식이다. 량치차오는 19세기 말 당시에 고문투가 아닌 백화문으로, 고문을 모르는 사람들도 쉽게 읽을 수 있게 글을 썼다. 량치차오의 이러한 문체를 자칭 보장체報章體, 신문체新文體라고도 부른다. 물론 량치차오가 인기가 있었던 것이 단순히 글이 쉬워서가 아니었다. 여기에는 동아시아 정세의 변동도 작용했다. 량치차오가 변법운동에 실패하고 일본으로 건너간

후쿠자와 유키치와 가토 히로유키

1898년 이후는 1894년 청일전쟁으로 일본이 이미 동아시아 패권을 장악한 시기였던 것이다. 옌푸의 진화론 번역 용어가 량치차오식 용어로 급속히 바뀌었는데 이는 정치적 패권의 변동이 학문 패권에도 그대로 반영된 증거였다. 당시 일본의 도쿄에서는 서양 사상이 매우 개방적이고 자유롭게 논의되고 있었다.

량치차오의 초기 사상이 이처럼 중차대한 위치를 점하고 있음에도 불구하고 1990년대 이후 일본을 포함한 중국 학계에서 량치차오에 대한 관심과 평가는 초기 사상의 핵심 주제인 계몽성보다는 만년의 사상에 맞춰져 있다. 이는 량치차오가 오랜 일본 망명 생활에서 1912년 돌아온 후에, 그리고 1차대전 이후 유럽을 방문하고 1920년 돌아와서 줄곧 국성國性이나 중국 사상이 서양과 어떻게 다른가에 주목해왔던 결과이다. 그것이 지금 동아시아, 중국이 부상하는 국면에서 재평가받고 있다. 량치차오는 쑨원의 동맹회파에게 사상적 전위의 위치를 빼앗긴 이후에도 '한물 간 보수'로 머무르려 하지 않았다. 량치차오가 이때 보여준 전통에 대한 고민의 양태는 연로한 연구자에게서 흔히 나타나는 단순한 전통 회귀가 아니었다. 그는 죽기 직전까지 전통 '다시보기(重思)'를 시도했다. 이런 점을 의식하면서 량치차오의 사상을 살펴야 한다.

쑨원은 서구에는 세례명인 이셴逸仙으로 더 알려져 있다(세례명은 원래 르신日新이었다. 이셴逸仙은 런던의 중국인 기독교 장로가 쑨원에게 준 별호이다). '가운데 있는 산'이란 뜻의 중산中山(일본명 나카야마)은 그가 일본에 체류할 때 신분을 위장하기 위해 사용한 이름이었는데 결국 호가 되었다. 이후 쑨중산孫中山이 중국에서 가장 잘 알려진 이름이 되었고 그의 고향인 샹산현은 중산현으로 이름을 바꿀 정도였다.[4] 쑨원은 신해혁명에서 왕조를 타도하고 공화제를 연 혁명가이자 '국부國父'로 통한다. 그는 중국 대륙, 타이완, 그리고 홍콩, 세 지역 모두에서 찬양받는 인물이다. 그런 인물로는 중화권에서 쑨원이 유일하다. 중국공산당에는 제1차 국공합작을 성립시킨 주인공으로, 타이완의 국민당 정권에는 당의 시조이며 정권의 정통성을 상징하는 인물로, 홍콩에는 홍콩대학 의대[5]를 나온 '홍콩인'으로 각인되어 있다.

특히 1925년 쑨원이 서거하면서 남긴 유언 "혁명은 아직 성공하지 못했다"라는 말은 부인 쑹칭링宋慶齡의 매력적인 이미지와 함께 '혁명 쑨원'이라는 상징을 만드는 데 중요한 역할을 했다. 국공합작에 성공하고 군벌과 대항하여 싸우던 와중에 서거하면서 쑨원의 혁명 이미지는 국민당과 공산당 모두에게 극대화될 수 있었다. 국부로서의 이미지로 인해 쑨원은 중국 현대사에서 공자조차도 누리지 못한 명예를 누릴 수가 있었다. 중국 근현대사 전 시기를 걸쳐 끊임없이 부침을 겪었고, 특히 1960~70년대 문화대혁명 시기에 완전히 철퇴를 맞은 공자와 비교하면 중국 역사에서 쑨원은 정말 예외적인 '행운아'라 하지 않을 수 없다.

그런데 쑨원이 중국에서 혁명의 상징으로 소비되고 있지만 사실상 그가 공화주의 실현을 위한 신해혁명에 얼마나 기여했느냐를 두고는 논쟁이 벌어지곤 한다. 한국 최고의 중국 근대사 연구자인 민두기에 의하면 사실 중국의 근현대사에서 쑨원의 진정한 가치는 그로부터 비로소 '민주'라는 단어가 실제 내용성을 띠고 등장했다는 데 있다. 민주라

---

4 시프린, 《孫文評傳》, 민두기(지식산업사, 1990), 63쪽.
5 쑨원은 1887년에 세워진 서의서원西醫書院의 제1기생이다. 서의서원은 1913년에 홍콩대학 의학부로 승격되었다.

는 지향의 문제가 공화제라는 제도의 문제와 연결되면서 봉건 권력에 대한 저항이 뚜렷한 형태를 띠고 등장한 것이다.[6] 이 점이 쑨원을 살펴볼 때 신해혁명 자체만큼이나 중요하다고 할 수 있다. 쑨원의 가치는 빈부의 불균등을 극복해야 한다는 평등 의식과 더불어 실제 지향에서도 당시 혁명파의 일반적 슬로건인 종족혁명론이나 정치혁명론을 뛰어넘는 사상적 깊이를 보여준다는 점에서 찾을 수 있다. 많은 현실의 장애에도 불구하고 쑨원의 영도력이 상황에 적응하면서 오래 지속할 수 있었던 데는 이런 요인이 크게 작용했다.[7]

하지만 쑨원에 대한 평가는 '국부 만들기'라는 용어에서 보이듯이 과대평가된 측면이 있다. '국부 만들기'는 쑨원이 죽은 1925년 이후 곧바로 장제스에 의해 진행되었다. 쑨원＝총리＝중화민국 국부라는 서술 공식이 성립했고 청말부터 알려졌던 기존의 '워싱턴 신화'[8]가 영향을 미쳤다.[9] 쑨원 숭배는 1924년에 죽은 소비에트연방의 레닌 숭배 양상과 유사하다. 쑨원의 '유훈'은 일종의 정치 종교가 되었고 쑨원 숭배 행동은 사람들의 일상생활에 침투할 정도였으며 나중에는 쑨원 자체가 하나의 정치 코드가 되어 당국 체제黨國體制[10] 통치에서 최고의 상징이 되었다.[11] 지금 타이완과의 통일을 최대 과업으로 여기고 있는 중국 정부로서도 국부로 이미지화된 쑨원은 심리적 가교로서 가장 큰 활용 가치

6 이것이 수사에 머물렀던 캉유웨이의 주장과 차별화되는 지점이다.
7 민두기,《辛亥革命史》(민음사, 1994), 63쪽.
8 미국이 생기게 된 것이 워싱턴의 공로 때문이라는 신화이다. 중국인이 세계와 미국 정세를 더욱더 잘 이해하면서 워싱턴의 모범적 이미지는 점차 확산되었다.
9 판광저,《국부國父 만들기》, 고영희·손성준(성균관대학교출판부, 2003), 235~237쪽.
10 당국이라는 말은 당과 국가라는 뜻으로 국민당 통치 시기에 사용했던 말이다.
11 판광저,《국부國父 만들기》, 223쪽.

장제스

가 있다고 여길 것이다.

그렇다면 량치차오와 쑨원은 어떤 점에서 라이벌 관계라고 할 수 있을까. 양자는 민주와 평등 의식에서 현격한 차이가 난다. 이들의 생각 차이는 1907~09년에 사회주의를 두고 벌어진 논쟁을 통해 매우 극명하게 드러났다. 토지혁명론과 사회혁명론이라는 본질적인 문제에 대해 이들은 생각이 달랐다. 량치차오에게 혁명은 민주와 평등을 실현하는 데 혼란을 야기하는 걸림돌이기 때문에 피해야 하는 것이었다. 반면 쑨원은 혁명의 필요성을 역설했다. 따라서 이들은 중국 사회를 전망할 때 공화제에서 사회주의에 대한 입장에 이르기까지 많은 차이를 드러냈다.

하지만 주변 사람들은 량치차오와 쑨원의 합작을 고대했다. "쑨원의 과감하면서도 주밀한 정치 감각에다 량치차오의 문장과 이론, 그리고 국내외 중국인으로부터 받는 위엄과 명망이 합쳐지면 성공을 거두지 못할 까닭이 없다."[12] 이것이 당시 많은 사람들의 공통된 생각이었다. 그러나 역사는 그런 이상적인 조합을 허용하지 않았다. 량치차오는 논

---

12 서강, 《량치차오─중화 유신의 빛》, 이주노·김은희(이끌리오, 2008), 266~267쪽.

적인 쑨원을 만나고 나서 "자본가를 싫어하고 빈부의 격차가 나는 것을 싫어하는 사람"이라고 평했다.[13] 둘은 사회주의 요소의 수용에서부터 생각이 달랐으며, 이 차이는 현실에서 혁명의 인정과 불인정이라는 더 큰 차이를 만들어냈다.

1. 량치차오, 중국 청년의 가슴에 혁명의 씨앗을 뿌린 계몽주의자

매혹적 글쓰기로 여론을 장악하다

량치차오는 격동의 시대 1873년 광둥성廣東省 신후이현新會縣에서 태어났다. 어렸을 때부터 워낙 수재여서 11세에 과거를 보았으나 실패하고 15세에 과거에 합격하여 거인舉人이 되었다. 이후 얼마 안 있어 캉유웨이가 설립한 서당인 만목초당萬木草堂에 들어가 그의 수제자가 된다. 캉유웨이와의 만남 자체가 향후 량치차오의 운명이 순탄치 않음을 암시하는 사건이었다. 이후 무술유신(변법운동)의 거사를 비롯한 거의 모든 중요한 정치운동을 캉유웨이와 함께한다. 캉유웨이의 《신학위경고》와 《공자개제고》 그리고 《대동서》는 량치차오의 초기 사상에 가장 큰 영향을 준 저작이다. 캉유웨이는 중요한 저작을 내면 제일 먼저 량치차오에게 읽혀 반응을 보았다.

량치차오는 과거 급제 2년 만에 자신보다 네 살 많은 리후이셴李蕙仙

---

13 梁啓超, 〈雜答某報〉, 《新民叢報》第86號, 26〜27쪽.

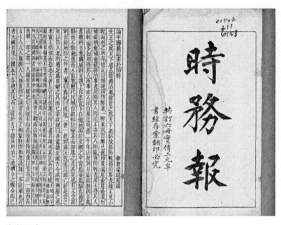

《시무보》

과 결혼했다. 광둥에서 치러진 향시에 시험관으로 왔던 미래의 처남이 량치차오의 답안지에서 비범함을 보고 자신의 누이동생을 소개했다. 베이징의 명문가 출신 여성과의 결혼은 량치차오에게는 일거다득이었다. 정치계와 문화계의 유명인사들과 자연스레 교류할 수 있는 기회를 얻었고, 통역사도 구한 셈이었으니 말이다. 그는 광둥성 출신이라 베이징에서 의사소통이 자유롭지 못했다. 심지어 당시에는 음식점에서 주문조차도 쉽지 않을 정도였다고 한다.

량치차오는 1896년 상하이에서 《시무보時務報》를 발행하면서부터 유명해졌다. 《시무보》는 열흘에 한 번씩 간행하는 순간旬刊이었는데 열흘마다 4,000~5,000자에 이르는 논설을 량치차오가 썼다. 이 신문은 24세의 량치차오를 일약 전국적인 인물로 만들어주었다. 그는 〈변법통의〉라는 글에서 지식인들을 향해 이렇게 주장했다. "온 세계가 들끓고 있으며 대세가 급박하다. 우리가 스스로 변화를 추구하면 당연히 변화하지만 변화를 추구하지 않더라도 변하게 된다. 변화를 스스로 추구하면 변화를 추구하는 권리를 스스로 가질 수 있어서 국가를 보존하고, 민족을 보존하고, 유교를 보존할 수 있지만 변화를 거부하다가 변화를 맞이하면 변화를 추구하는 권리는 타인에게 양도당하게 된다."[14] 변화의 필요성과 변화에 임하는 자세를 설득력 있게 호소한 것이다.

량치차오는 문필력에서 이미 스승 캉유웨이를 뛰어넘었다. 이후 정치에 관한 입장을 진술한 〈만언서萬言書〉를 썼을 뿐 아니라 캉유웨이와 함께하는 동안 거의 모든 연설문을 도맡았다. 당시 변법파는 과거 응시생 1,000여 명에게 서명을 받아 '공거상서公車上書'라는 집단 상소를 올리며 개혁 운동을 추진했는데, 이 상소문을 작성한 이도 량치차오였다. 몇 차례에 걸친 공거상서는 모두 실패했지만 이는 변법운동의 시작이나 다름없었다. 캉유웨이, 탄쓰퉁과 함께한 변법유신은 실패로 끝났는데 탄쓰퉁은 서태후가 변법파를 잔혹하게 진압했을 때 도망가지 않고 남아 동료 개혁가 다섯 명과 함께 처형당했다. "떠나는 자가 없다면 장래를 도모할 수 없으며, 죽는 자가 없다면 성군께 보답할 수가 없지요……제가 죽음으로 나아가는 것은 개혁이 붉은 피를 원하기 때문입니다." 탄쓰퉁이 마지막 순간에 남긴 말이다. 량치차오는 탄쓰퉁의 유언을 되뇌며 천신만고 끝에 일본에 피신했다. 14년에 이르는 장기 망명 생활이 그렇게 시작되었다.

26세에서 39세까지, 14년이라는 긴 망명 생활 동안 량치차오의 삶은 실로 다사다난했고, 그만큼 사상도 많이 변화했다. 망명지인 도쿄에

---

14 梁啓超, 〈變法通議〉, 《飮冰室文集》第1册 1卷(臺灣中華書局, 1984), 8쪽.

서 그는 중요한 인물들을 많이 만났다. 청말 혁명가이자 도쿄에서 "설문해자" 강의로 유명했던 장빙린, 중국혁명을 성공시킨 쑨원 등을 이때 만났다. 그들과 벌인 유명한《신민총보新民叢報》,《민보民報》사이의 사회주의 논쟁(1905~07)도 망명 생활 중에 있었던 일이다. 당시 일본에 머물던 중국인 유학생과 망명객이 1만여 명이나 되었으니, 청조의 요주의 인물은 대부분 일본에 체류하고 있었다고 보면 된다.

량치차오가 처음 일본에 망명했을 때 놀란 것은 일본 학계와 문화계의 번역 상황이었다. 서양 학문의 번역 수준과 범위가 중국에서는 상상할 수 없는 정도였기 때문이다. 군사학이나 응용과학 분야뿐 아니라 경제학, 정치학, 철학, 사회학 등 전 분야를 망라하고 있었다. 량치차오는 일본어 독해가 가능해지자 엄청난 양의 독서를 해나갔다. 변법운동 실패 후 신민=국민의 형성을 위해서는 민지의 계발이 급선무라고 생각했던 량치차오에게 이 독서는 계몽적 글쓰기의 수준을 더한층 높여주었다. 망명지에서 발행한《청의보清議報》와《신민총보》에는 일본 시절 독서의 질과 양이 고스란히 반영되어 있다.

사실 당시에는 중국어로 된 잡지가 중국보다 일본에서 더 많이 발행되었다고 한다.《청의보》와《신민총보》같은 경우는 청나라 정부가 판매를 금지했음에도 불구하고 중국 내에서 발행되는 잡지와 신문보다 더 많은 판매부수를 자랑했다. 상하이에서 발간한《시무보》에 이어 도쿄에서 발간한《청의보》,《신민총보》때문에 량치차오는 망명객이었음에도 불구하고 '중국의 여론을 장악한 지도자'로 불리기도 했다.[15] 1902년

---

15 서강,《량치차오—중화 유신의 빛》, 214쪽

량치차오가 개인적으로 발간한 반월간지《신민총보》

창간된 반월간《신민총보》의 경우 1903년에는 1만 4,000부 정도가 팔려나갈 정도였으니 그럴 만도 했다.

망명 생활에서 빠트려서는 안 될 것이 도쿄에서 1905년 쑨원이 결성한 혁명 단체인 동맹회[16]의 출현을 전후하여 량치차오의 사상이 크게 변했다는 점이다. 량치차오는 1903년 미국을 방문하여 화교를 직접 대면하면서 그들의 일상적 보수성을 재확인하게 되었다. 이를 계기로 중국의 국민성을 재고하게 되었고 중국에서 공화제 실현 가능성을 낙관할 수 없다고 생각하게 되었다. 미국 방문 직후에 쓴 〈정치학 대가 불른칠리의 학설〉, 〈개명전제론〉에서 혁명의 불가능성과 국가유기체설을 강조한 것은 결코 우연이 아니다.

이러한 사상의 변화를 더욱 굳힌 정치적 계기는 새로운 의제를 제시한 동맹회파(혁명파라고도 함)의 출현이었다. 동맹회의 출현으로 량치

---

16 1905년 8월 20일, 쑨원이 일본 도쿄에서 조직한 저항 운동 비밀결사의 명칭이다. 동맹회는 한족漢族의 애국지사, 공화주의자, 사회주의 활동가들이 공동의 목표로 함께 뭉쳐, 기존의 반청反淸, 반외세를 지향하는 단체들인 흥중회興中會, 화흥회華興會, 광복회 등의 단체를 통합해 결성한 조직이다. (위키백과 참조)

차오와 캉유웨이를 중심으로 하는 변법파의 역사적 역할과 운명은 바뀔 수밖에 없었다. 이른바 토인비가 말한 '역할의 전도'인 셈이다. 사실상 변법운동의 실패는 중국 근대 이행기에 지식인 엘리트 상층부가 주도한 '위로부터의 개혁'의 실패를 의미했다. 쑨원의 동맹회파의 출현은 그러한 점진적 개혁이 중국 사회에 맞지 않고, 이제 방법을 바꾸어야 한다는 것을 의미했다. 사실 이는 점진적인 방법으로 문제를 해결할 수 없을 만큼 중국 사회의 모순이 깊어졌기 때문에 '아래로부터의 개혁'인 기층민중의 혁명을 강구해야만 한다는 것을 의미했다.

량치차오와 혁명파의 대립점은 결국 중국이 어떤 길로 갈 것인가, 사회주의인가, 자본주의인가의 문제였다. 따라서 핵심 쟁점은 토지 소유의 균등이라는 문제였다. 량치차오는 중국 사회의 급선무는 자본주의의 발전과 생산의 증대이지 토지 문제가 아니라고 생각했다. 오늘날의 용어로 말하면 결국 '국가자본주의', 즉 국가가 주도하는 자본주의 체제 발전과 경제성장을 도모한 것이다.

1912년 량치차오는 망명에서 돌아와 1917년까지 위안스카이, 두안치루이段琪瑞 정부에서 사법총장, 재정총장 등을 지낸다. 이후 모든 정치활동을 뒤로한 채, 1918년 12월 1년간 유럽 여행을 떠났다. 1차대전을 매듭짓는 파리강화회의에도 참석할 요량이었다. 량치차오의 유럽 여행은 자신의 명망을 이용해 중국 정식 대표단에 힘을 실어주려는 목적이 있었다. 국내 여론 역시 량치차오가 멸사봉공의 자세로 임해주기를 희망했으며 베이징 정부는 특별히 6만 원의 경비를 지급했다.[17] 량치차오

---

17 서강,《량치차오—중화 유신의 빛》, 528쪽.

는 파리강화회의에서 원래는 독일이 칭타오를 중국에 반환해야 하는데, 모종의 밀약이 있었음을 알게 된다. 두안치루이가 칭타오의 권익을 내주는 대가로 2,000만 원의 차관을 얻어 무력으로 중국 남방을 정벌하려 한 것이다. 일본이 이 밀약을 통해 얻어낸 것은 산둥에 철로를 부설할 수 있는 권리, 칭타오와 지난에 군대를 주둔할 수 있는 권리였다. 량치차오는 이러한 내용을 담은 전보를 1919년 3월 중국에 띄웠다. 이런 사실이 신문을 통해 보도되자 국민들은 들끓기 시작했다. 이 긴박한 순간에 량치차오는 국내에 강화회의의 진척 상황을 알리고 서명 거부를 주장하면서 운동을 일으키라는 전보를 띄웠다. 이것이 5·4운동의 도화선이 되었던 것이다.[18] 이 점에서 량치차오의 5·4운동에 대한 기여는 특별히 기억할 만하다.

량치차오는 1920년 3월 5일 상하이로 돌아왔고 유럽 여행기인《구유심영록歐遊心影錄》을 썼다. 이제 량치차오는 중국이 어디로 가야 하는지를 두고 이전과는 다른 구상을 하게 되었다. 1차대전 후 유럽의 실상인 실업, 빈부격차 문제 등을 목도한 그에게 서양은 더 이상 귀감의 대상이 아니었다. 1920년대에 그가 유난히 중국 사상의 특질에 주목하게 된 것은 바로 이처럼 장기간의 유럽 여행과 관련이 있다.

량치차오는 석학 지도교수로 칭화국학연구원清華國學硏究院에 초빙되어 1925년부터 1928년 봄까지 일했다. 1929년 1월 56세를 일기로 세상을 뜰 때까지 왕궈웨이王國維, 천인커陳寅恪, 자오위안런趙元任 등 국학대사들과 함께 학생들을 가르쳤고, 몇 년 동안 매우 행복한 세월을 보냈다.

---

18 서강,《량치차오—중화 유신의 빛》, 543~547쪽.

신민설과 사회진화론

사실 량치차오의 사상은 자주 변했다는 평가를 받는다. 모든 사상가들이 변화를 경험하지만 량치차오의 경우에 이런 평가를 받는 데는 특별한 이유가 있다. 우선 다작이다. 다음으로 초기, 중기, 후기의 변화양상이 뚜렷하다. 량치차오는 자신이 각료로 일했다 하더라도 물러나면 기존 정부를 가차 없이 비판했다. 예컨대 위안스카이 정부에서 물러난 후에는 "봉건의 황제가 물러나자 공화의 황제가 그 자리에 앉은 격"이라고 일갈할 정도였다. 비일관성인가, 아니면 시시각각 반성을 잘한 탓인가.

량치차오의 사상 기조는 3기로 나누어 볼 수 있다. 첫째, 신민설 시기이다. 둘째, 신해혁명 이후이다. 셋째, 1차대전 이후이다. 차례대로 살펴보자.

신민설이 실렸던 《신민총보》의 발간사는 이렇게 시작한다. "본보本報는 《대학大學》 '신민新民'의 의義를 취한다. …… 국민의 공덕公德은 결핍되어 있고 지혜는 열려 있지 않다. 이에 대처하기 위해 중국과 서양의 도덕을 합하여 도덕 교육(덕육德育)의 방침이 되게 하고 정치학 이론을 망라함으로써 지식 교육(지육智育)의 근본을 삼게 하는 것을 의무로 한다."[19] 여기서 량치차오는 중국 위기의 근본 원인을 단순한 제도 결함이나 군사력 부족이 아니라 공공 도덕이 부족하고 지식이 열리지 않은 정신 상황에서 구하고 있다. 량치차오는 멸망 위기에 놓인 중국을 구하고자 하는 구국(救亡)의 일환으로 청조 정부를 향해 개혁을 요구했으나 여

---

19 梁啓超, 〈本報告白〉, 《新民叢報》第1號, 1쪽.

의치 않자 '백성의 지혜(民智)' 부족이라는 국민성 상태에서 원인을 찾으려 했다. 덕육과 지육이라는 처방전은 여기서 나온 것이다. 그러니까 량치차오의 '신민'이라는 개념은, 대외적으로 서구 열강의 간섭에 대한 독립국가의 비전과, 대내적으로는 국가를 받쳐줄 국민 형성을 통한 내부 통합이 시급히 필요하다는 문제의식에서 비롯된 것이다.

1900년을 시점으로 독서인들도 청조의 무능을 절감하게 되었다. 개혁과 혁명의 필요성이 운위되는 가운데 이론적으로도 청조 타도의 당위성과 공화주의의 이론적 정당성을 주장하는 글들이 대량 발표되었다. 이런 상황에서 전제 타도의 당위성을 주장하는 량치차오의 명문은 계몽의 역할을 하기에 충분했다. 이때 량치차오의 현실 인식에서 사상적 패러다임은 다름 아닌 사회진화론이었다. 이것이 량치차오의 초기 정치사상과 계몽사상에 일관되게 흐르는 원리이자 법칙이었다. 량치차오의 사회진화론은 대체로 캉유웨이의 공양삼세설, 옌푸의 진화론, 루소의 천부인권설, 그리고 영국의 사회학자 벤저민 키드Benjamin

장 자크 루소, 벤저민 키드, 요한 블룬칠리

Kidd(1858~1916)의 사회진화론이 결합되어 형성되었다. 또 일본으로 망명간 이후에는 일본 도쿄대학 초대 총장이자 사회진화론을 강권強權으로 해석한 히로유키를 통해 스위스 출신의 국가주의적 법률가이자 정치가 요한 블룬칠리Johann Bluntschili(1808~81)의 영향을 많이 받았다.

량치차오의 사회진화론은 국민국가의 형성에 초점을 맞추었다. 이를 위해서는 국민·신민의 존재가 필요불가결한 요소였다. 따라서 량치차오는 '국민 만들기' 프로젝트를 가장 중요한 과제로 인식했다. 여기서 '국민 만들기'는 민이 노예 상태로부터 벗어나는 것인데, 이는 민지가 계발될 때 가능하다. 이때 민지의 존재 여부는 민이 부민部民(혈연적 지연적 유대에 의한 군거群居 상태에 있는 민)이냐 국민이냐를 가늠하는 기준이 된다.

량치차오는 중국 사회 후진성의 원인을 (국민과 부민을 대비하는 가운데) 부민의 상태에서 찾았다. 국민은 스스로 정치를 할 수 있는 자치 능력이 있고 그것의 통합체는 국가로 구현된다. 국민이 창출되지 않는 한 제국주의 시대에 독립을 보존하기란 불가능한 일이다. 사실《신민설》도 부민으로부터 어떻게 국민을 창출할 것인가, 노예성에 지배받고 있는 민의 자치 능력을 어떻게 높일 것인가, 국가사상을 어떻게 양성할 것인가를 탐구한 것이다. 거기에서 량치차오는 국가의 혁신은 인민의 각성에 의한 자치, 자존, 단결(合群), 공덕公德[20] 등에 의해 성공할 수 있다고 진단했다. 각성하기 전의 민에게는 전근대적인 천하 사상이나 왕조에 충성하는 사상은 있어도 근대적인 국가의 구성원이라는 사상은 결

---

20 梁啓超, 〈新民說〉, 《飮氷室專集》第3冊 第1卷(臺灣中華書局, 1984), 12쪽.

여돼 있다고 생각했다.

사회진화론은 다른 사상에 앞서 근대 중국에 최초로 수용된 서양 사상이다. 이 때문에 여타의 서양 사상은 진화론의 대유행을 바탕으로 수용되었고 진화론의 필터를 통해 이해되었다. 루소의 천부인권론이나 사회계약론 등도 예외는 아니다. 이러한 시간적 역전 현상 때문에 중국인들은 천부인권론이 내건 자유나 평등 같은 이상을 처음부터 약간 미심쩍게 바라보았다.[21] 이 문제를 일본의 경우와 비교해보면 흥미롭다. 일본은 중국과 달리 루소의 사상이 진화론보다 먼저 수용되었다. 루소의 사상은 자유 민권 운동에 사상적 기반으로 작용하는 등 일본의 사상계에 큰 영향을 미쳤다. 하지만 다수의 일본 지식인들은 새로이 수입된 사회진화론을 현실 인식의 수단으로 채택했다. 루소의 사상이 먼저 수용된 상태에서도 진화론이 들어오자 루소의 천부인권론 사상은 맹렬히 거부되었다.[22] 하물며 중국에서는 사회진화론이 먼저 소개되었으니 루소의 사상이 제대로 받아들여지기는 더 어려웠을 것이다. 이는 지식인 개인의 취향의 문제라고 할 수는 없을 것이다. 당시 중국이 처했던 국가적 위기 상황이라는 조건이 크게 작용한 탓이다.

량치차오가 루소의 사상을 받아들일 시기에는 옌푸의 《천연론》을 중심으로 한 사회진화론이 소개되어 중국 사상계는 이미 강권強權에 의해 세계가 움직인다는 것을 부정할 수 없는 '사실'로 인정하고 있었다. 이러한 점을 고려해볼 때 량치차오는 변법운동 실패에 대한 하나의 대안으로서 형식적이고 표면적으로 루소의 사상을 받아들였을 가능성이

---

21 佐藤愼一, 〈中國における進化論〉, 《東北大學日本文化研究所研究報告》, 1988, 140쪽.
22 船山信一, 《明治哲學史研究》(ミネルヴァ書房, 1959), 297~298쪽.

높다. 다시 말하면 량치차오가 국가의 제도 개혁에 실패하고 민에 관심을 돌리면서 이를 계기로 루소에 주목했을 뿐 진정으로 그의 사상에 동의하진 않았다는 것이다. 량치차오는 이렇게 말한다.

> 루소의 민약론은 하나의 회사를 세우기에는 족하나 국가를 세우기에는 족하지 않다. 민약론은 국민과 사회를 구분하지 못한다. 민약론을 주장하는 무리는 국민과 사회의 구분을 알지 못하고 국민이 곧 사회라고 인정한다. 그것은 민약론의 폐단이다. 국민과 사회는 같은 것이 아니다. 국민은 다양하면서도 하나로 모아지는 일정부동一定不同의 전체이고 사회는 변화하면서 한 곳에 고정되지 않는 변동불거變動不居의 집합체일 따름이다. 국민은 국가와 상대하고 그것과 잠시라도 떨어질 수 없다. 사회는 다수 사인私人의 결집에 불과하다.[23]

이에 대한 노무라 고이치野村浩一의 명쾌한 분석은 이렇다. 량치차오가 블룬칠리의 국가학 속에서 읽은 것은, '국민'은 '응축성'을 상징하고, '사회'는 '분산성'을 상징한다, 그리고 이 양자는 상호 대립한다는 것이다. 만일 국민과 사회의 차이가 여기에 있다면 부민에서 국민으로 전환하는 길을 일관되게 모색하고 있던 량치차오가 루소에서 블룬칠리로 전환한 것은 오히려 필연이었다. 량치차오에 의하면 국민의 창출은 모든 과제에 우선하는, 중국의 위기를 구하는 방책이었던 것이다.[24] 애국 의식과 단결 의식을 갖는 국민이 창출되어야 명실상부한 국가가 탄생

---

23 梁啓超, 〈政治學大家伯倫知理之學說〉, 《飮氷室文集》3冊 13卷(1903), 67~68쪽.
24 野村浩一, 〈民族革命思想の形成〉, 《近代中國の政治と思想》(筑摩書房, 1964), 177쪽.

할 수 있을 것이기 때문이다.

　1905년 쑨원의 혁명파가 유력한 정치 세력으로 성장하자 그들과 대결하는 가운데 량치차오는 입헌군주제를 주장하던 데서 후퇴해 개명전제를 주창했다. 그는 "개명전제는 실로 입헌의 과도이고 입헌의 준비"이며 보통의 국가는 반드시 그 시기를 경과한 후에 입헌으로 나아간다. 이것이 국가 진보의 순서라는 견지에서 중국의 현실에는 개명전제가 적합하다고 주장했다.[25]

공자, 계승하되 상대화하라

　량치차오 사상에서 두 번째 변화는 신해혁명이 일어나고 1912년 일본에서 돌아온 이후 나타난다. 이 시기 량치차오는 공자와 국성國性에 주목하게 된다. 앞에서 말한 것처럼 개명전제의 필요성을 역설하던 1905년 무렵부터 량치차오의 사상 기조는 변화하고 있었다. 그런 가운데 귀국해보니 혁명 이후의 중국의 사회적, 정치적 분위기는 많이 달라져 있었다. 중화민국이 수립되고 차이웬페이蔡元培가 교육총장으로 취임하면서 새로운 교육 방침이 발표되었다. 충군忠君은 공화정체에 합치하지 않으며 존공尊孔은 신교의 자유와 다르다며 유교 교육을 학교교육에서 배제하려는 움직임이 나타났다. 이에 대해 존공독경尊孔讀經의 부활을 요구하는 단체들이 조직되고 대표 조직으로 공교회가 설립됐다. 새로운 움직임이 강한 만큼 거기에 거부감을 느낀 사람들의 움직임도 드셌다. 1913년 6월에는 공자를 만세사표로 받들고 공자를 기리는 의

25　梁啓超,〈開明專制論〉,《飲氷室文集》第3冊 第17卷(臺灣中華書局, 1984), 36, 38, 39쪽 참조.

식을 행하는 존공사공령尊孔祀孔令이 공포되었다. 이때 공교의 국교화 문제가 대두되었다. 바로 이런 상황에서 신문화운동 진영이 유교를 비판하고 나선 것이다.

이즈음 량치차오는 중국 사회가 가치의 혼란 상태에 빠져 있다고 강하게 질타하면서 1912년 12월 잡지《용언庸言》창간호에 〈국성편〉을 발표했다. 그는 사람이 사람인 이유와 국민이 국민인 이유를 추구해야 한다고 생각하여 공자를 끌어들인다. 량치차오는 나라가 세워진 이유는 국성國性이 있기 때문이라고 규정하고 개개인이 독자적인 성격을 가지고 있듯이 국가도 독자적인 성질, 즉 국성에 기초하여 성립하는 것이라고 주장한다. 또한 이렇게 주장한다. 국성의 구체적 형태로는 국어國語, 국교國敎, 국속國俗이 있다, 중국은 이미 역사가 오래된 국성이 형성되어 있다, 중국이 망할 가능성이 있다면 타자의 침략 때문이 아니라 중국 국민 스스로 자신의 국성을 방기해버리기 때문이다, 국성은 오랫동안 역사 속에서 무의식적으로 형성되었기에 금일 인간이 다시 창조할 수도 버릴 수도 없지만 그냥 지키는 것만이 능사는 아니다, 국성에는 부패하고 시세에 적합하지 않은 것도 있기에 교정·개량하는 것은 당연하다.[26]

신해혁명 이후의 량치차오는 공자를 진리의 담지자로 보지는 않았지만 공자를 중국 문명의 유일무이한 상징으로 보고 특별한 권위를 부여한 것 같다. 1900년대에 공자를 의식적으로 상대화했던 것에 비하면 큰 변화라 하지 않을 수 없다.[27] 그러나 공자를 무비판적으로 계승하자

---

26 梁啓超,〈國性篇〉,《飮氷室文集》第29권(臺灣中華書局, 1984), 84쪽.
27 高柳信夫,〈梁啓超の'孔子'像とその意味〉,《中國における'近代知'の生成》(東方書店, 2007), 224쪽 참조.

는 주장은 아니었다. 량치차오는 공자의 교지를 발전시키려 한다면 무엇보다 우선해야 하는 것은 공자에 충실해서는 안 된다는 점이라고 했다.[28] "나는 스승을 사랑한다. 그러나 나는 진리를 더욱 사랑한다." 이것이 량치차오의 신조이다. 특이하게도 량치차오는 공자의 가치를 먼저 상대화한 다음 공자의 진정한 가치를 다시 확정하는 이중의 작업을 하려 했다. 그는 이것을 진정한 의미에서의 존공이라고 생각했다.[29]

'지식-서양'과 '윤리-중국'의 분리 기획

량치차오 사상의 세 번째 변화는 1919~20년 파리강화회의 참석을 겸해서 유럽을 방문한 다음에 찾아온다. 이후 1929년 세상을 뜰 때까지 중국 사상 부문의 묵직한 저작들을 연달아 내놓는다. 《구유심영록》, 《공자》, 《노자철학》, 《유가철학》, 《묵자학안》 등이다. 량치차오는 1920년대 들어 중국 사상의 특질에 주목하는데 서양의 철학이 사람과 물物의 관계에 치중한다면, 중국의 사상은 사람과 사람의 관계에 주목한다는 것이다. 따라서 중국 사상을 사람이 사람인 이유인 도를 추구하는 행위의 학문으로 본다.[30]

량치차오는 1차대전의 참상을 드러낸 유럽을 방문하고 돌아와서 중국 철학 전통을 다시 보려 한다. 물론 이때 이미 중국은 근대적 고등교육 연구기관들이 정비되고 있었고 후스 등에 의해 중국 사상에 대한 학술 연구들이 진행되고 있던 때였다. 그는 계몽을 포기하진 않았지만

---

28 高柳信夫, 〈梁啓超の'孔子'像とその意味〉, 《中國における'近代知'の生成》, 232쪽.

29 高柳信夫, 〈梁啓超の'孔子'像とその意味〉, 《中國における'近代知'の生成》, 221쪽.

30 梁啓超, 〈儒家哲學〉 第1章 '儒家哲學是什麼', 《梁啓超哲學思想論文選》(北京大學出版社, 1984), 488쪽.

방법과 과정은 되돌아봐야 한다고 생각했다. 그는 사상 연구의 중요성을 제도와 연관 지어 강조하고 사상의 자유가 사회발전의 불가결한 조건임을 역설했다. 즉 전통(사회적 유전성)의 집적 및 완성은 제도에 의한 것이고 사상은 제도의 원천인 것이다. 그렇기 때문에 사상의 개조야말로 중국 사회 변혁의 관건이 된다. 따라서 량치차오에게 사상 연구는 중국인의 무의식 속에 있는 전통의 고갱이를 의식화하는 의미가 있다고 할 수 있다.[31]

량치차오는 미국 방문 후 생각이 바뀌어 '동양 정신, 서양 물질'이라는, 지금 보면 고답적인 생각을 하게 되는데 1920년대에 벌어진 '과현 논쟁'과 '동서 문명 논쟁'에서 이런 생각이 잘 드러난다. 이런 주장들은 당시 국가적 위기와 정체성 문제에 직면하여 중국 문화 고유의 가치를 내세우면서 문화적 민족주의로 대응하려는 태도를 엿보인 것이라고 할 수 있다. 량치차오는 서양 자본주의의 역사적 결과를 1차대전의 결과와 동일시하면서 유가 윤리에 기초한 새로운 근대사회를 구상하려 했다. 이는 21세기 유가 부흥 세력의 문제의식과 맞닿아 있다.

공자에 대한 이해에서도 량치차오는 1910년대와는 조금 다른 결을 보여준다. 공자는 조화를 주장하고 자신과 다른 입장을 배척하지 않았다면서 그를 사상의 자유를 존중한 인물로 평가한다. 유가가 중국 사회에서 주류가 될 수 있었던 이유도 바로 사상의 자유에 대한 존중 때문이었다고 본다.[32] 이 연장선에서 량치차오는 만년에 사상가의 인격을 매우 중시하는데, 가치 있는 사상과 학설이라고 해도 악한 인격에 의해 이

---

31 高柳信夫, 〈梁啓超と〈中國思想〉〉, 《中國-社會と文化》 19號(2004), 299쪽.
32 梁啓超, 〈孔子〉, 《飮冰室專集》(三十六, 1920), 56쪽.

용된다면 사회적으로 문제가 될 수 있다고 보았다. 사상과 학술의 내용과 사상가의 인격은 상대적으로 독립되어 있지만 인격을 학설보다 우위에 놓는다. 인격 면에서 러시아혁명을 이끈 레닌의 각고의 정신과 이념에 충실한 정신을 높이 평가한다. 또 겸애설을 주창한 묵자를 영원한 실천가라는 점에서 중국뿐 아니라 세계에서도 찾아볼 수 없는 인격의 화신으로 본다. 승패와 득실을 고려하지 않고 타자를 위해 적극적으로 행동하는 사람을 최고의 인격을 구현한 존재로 보았다.

　량치차오는 이런 인식에 기초하여 서양과 중국의 학문을 지식을 쌓는 학문과 행위적 학문으로 나누어 보았다. 따라서 전자로 후자를 연구한다면 오해를 불러일으킬 수 있고 유가의 모든 특징을 다 밝힐 수는 없다고 주장했다. 또 량치차오는 중국학의 연구를 문헌학 학문과 덕성적 학문으로 나누어 접근해야 한다고 보았다. 그러므로 유가철학의 가장 좋은 명칭은 도학道學이나 도술道術이며 이를 통해 가장 정확하게 중국의 학문을 개괄할 수 있다고 했다.[33] 그런데 량치차오가 이처럼 만년에 '지식'에 편중한 서양 학문을 비판한 배경에는 1920년대 시점에서 학문의 장인 학교가 "사람이 되는 것"을 배우는 장소가 아니고 '지식판매소'가 되어버렸다는 문제의식이 짙게 깔려 있었다.

33　梁啓超, 〈儒家哲學〉, 《梁啓超哲學思想論文選》(北京大學出版社, 1984), 490쪽.

2. 쑨원, 실패에서 힘을 얻은 이상주의적인 직업혁명가

모두에게 사랑받는 혁명의 상징

쑨원은 1866년 광둥성廣東省 주장珠江 삼각주의 샹산현香山縣 추이헝 촌翠亨村에서 태어났다. 쑨원은 10대 때 서양식 교육을 받아 여타 정치가와 다른 길을 걷게 되었다. 그의 형 쑨메이孫眉는 17세 때 하와이로 건너가 농장에서 일을 해 큰돈을 모았다. 이를 토대로 동생을 공부시켜 훌륭한 사람으로 키우겠다는 꿈을 실현할 수 있었다. 쑨원은 1879년 이올라니Iolani 학교에 입학했다. 그는 형님 덕에 서구식 교육을 받고 1883년 추이헝으로 돌아왔다. 기독교에 마음을 빼앗긴 쑨원이 세례를 받으려는 것을 알고는 형이 고향으로 돌려보냈던 것이다. 그는 고향에 돌아와서는 서양 귀신이라는 뜻의 '젊은 양귀자(洋鬼子)'로 불렸다. 1884년 미국 선교사로부터 세례를 받고, 그해 다시 추이헝으로 돌아가 결혼했다. 이후 홍콩으로 가서 홍콩의대 전신인 서의서원西醫書院을 다녔다. 영국에서 교육받은 변호사인 허치何啓 박사의 영향과 도움을 받았다. 1892년 좋은 성적으로 의대를 졸업한 쑨원은 이후 마카오에 의원을 차렸는데, 가히 문전성시를 이루었다. 가난한 사람들을 무료로 치료해주었기 때문이기도 하다. 그런데 쑨원의 말에 의하면 이 일로 포르투갈 국적 의사들이 시샘을 하여 배척 운동이 일어나 마카오에서 광저우로 옮겼다.[34] 1894년 하와이로 다시 건너가 흥중회興中會를 조직했다. 그해 12월에 다시 홍콩으로 돌아와 거사했으나 실패하고 일본, 미국을 거쳐 유럽으로

---

34 진순신,《홍콩의 기나긴 밤》(우리터, 1997), 143쪽.

동맹회 성원들. 아랫줄 맨 왼쪽이 쑨원, 뒷줄 중앙이 미야자키 도텐이다
동맹회의 기관지《민보》

갔다.

하와이에서 고향으로 돌아오고 얼마 되지 않아 일어난 청불전쟁에서 중국은 굴욕적으로 패배했다(1884~85). 19세에 쑨원은 결혼했는데 같은 해에 일어난 청불전쟁은 실로 잊을 수 없는 사건이었다. 쑨원은 청불전쟁 후 비로소 혁명에 뜻을 두게 되었고, 민국 창건의 뜻을 품었다고 말한 적이 있다.

쑨원을 세계적 명사로 만들어준 것은 1896년 런던 피랍 사건이다. 쑨원은 해외에서 혁명 지지자들을 모으기 위해 런던으로 갔다가 런던 주재 청나라 공사관 관헌에게 붙잡혔다. 당시 쑨원은 주영 공사관에 12일간 구금되었다. 영국 당국이 개입하지 않았더라면 비밀스럽게 중국으로 압송돼 처형당했을지도 모르는 일이었다. 이 사건이 1897년《런던 피랍기Kidnapped in London》로 출판되어 결과적으로 쑨원의 이름을 세계에 알리는 계기가 되었다. 그는 1898년 일본으로 돌아가 미야자키 도텐 宮崎滔天 등 일본의 정객들과 사귀었다.

1905년에는 일본에서 동맹회를 결성하고 기관지《민보民報》를 창간했다. 쑨원은 창간사에서 처음으로 뒷날 삼민주의라 불리는 강령인 민족, 민권, 민생의 3대 주의를 제시했다.《민보》제1호 첫머리 도판에는 '중국 민족 개국의 시조 황제', '세계 제일의 민권주의의 대가 루소', '세계 제일의 공화국 건설자 워싱턴', '세계 제일의 평등박애주의의 대가 묵자墨子', 이 네 사람의 초상을 실었다. 이는 각각 만주족 타도를 표방한 민족주의적 혁명, 민권 신장·공화정체 수립을 표방하는 민권주의적 혁명, 그리고 평등 사회를 지향하는 민생주의적 혁명을 나타낸 것이었다.[35]《민보》는 창간 즉시 혁명 이론을 확산시키기 위해 당시 엄청난 영향력을 자랑하던《신민총보》를 집중 공격하는 전략을 구사했다. 량치차오는 즉시 '개명전제론'으로 반격했다. 이리하여 두 진영 간의 논쟁이 시작되었다. 논쟁의 핵심 논제는 공화혁명론이었다. 량치차오는 이를 계기로 초기 루소의 인민주권 사상에서 블룬칠리의 국가유기체론으로 옮겨 갔다. 그의 논리는 이랬다. 혁명이 일어나면 혼란이 일어날 테고 이를 구실로 서구 열강이 중국 내정에 간섭하게 된다, 이 때문에 전제 체제에서 갑작스럽게 공화제로 옮겨 갈 수 없다.

쑨원은 중국으로 돌아와 1915년 26세나 어린 쑹칭링과 두 번째 결혼을 했다. 쑨원이 1925년에 죽었으니 결혼 생활은 겨우 10년 했을 뿐이었다. 잘 알려져 있다시피 칭링의 언니 아이링靄齡이 쑨원의 비서 역할을 했으나 당시 중국의 4대 재벌 중의 하나인 쿵샹시孔祥熙와 결혼하면서 대신 칭링이 맡았다. 미국에서 대학을 막 졸업하고 귀국한 칭링은 쑨원의 비서 일을 맡았다가 그와 사랑에 빠지게 되었다. 칭링의 아버지

35 민두기,《辛亥革命史》, 55쪽.

말년의 쑨원(1924)
쑨원 초상이 있는 옛 타이완 지폐

송지아수宋嘉樹는 쑨원의 절친으로 혁명 자금을 대기도 했지만 쑨원과 칭링의 결혼으로 둘의 우정에도 금이 갔다. 칭링의 동생 메이링美齡은 1927년 쑨원의 후계자 장제스蔣介石와 결혼했다.

쑨원의 경력에 한 이정표가 된 것은 1923년의 쑨원-요페 선언이었다. 이해 1월 소련 외무부 대표 아돌프 요페와 상하이에서 발표한 이 공동 선언으로 소련과 중국 국민당 간의 협력 기반을 마련하고, '국가 통일'과 '국가 독립'에 관한 러시아의 지원을 약속받았다. 1924년 쑨원은 그의 구삼민주의에 '소련과 연합하고(聯蘇)', '공산주의 주장을 수용하며(容共)', '노동자와 농민을 돕는다(扶助農工)'는 내용의 3대 정책을 새롭게 삽입했다. 삼민주의의 업그레이드판인 신삼민주의가 탄생한 것이다. 소련공산당과 코민테른이 파견한 밀사들과 무수히 만나 밀고 당기는 협상 과정을 통해 얻어낸 결과다. 이러한 일은 이후 쑨원을 사회주의자로 자리매김하는 데 크게 한몫했다. 이러한 열린 활동으로 쑨원은 사후에도 국민당과 공산당 양쪽에서 칭송받는 인물이 되었다.

1925년 쑨원이 사망했을 때 마치 레닌이 죽었을 때와 같은 현상이 벌어졌다. 1924년 레닌이 서거하자 스탈린, 지노비예프, 트로츠키가 모두 자신과 레닌의 친분을 과시하면서 사상적 유산을 경쟁적으로 계승하려 한 바 있었다. 왕징웨이王精衛, 후한민胡漢民, 장제스 등이 서로 협력과 경쟁을 통해 쑨원이 상징하는 희망을 독점하려 했다.[36] 출판계에서는 쑨원 관련 책들과 기념품들이 쏟아져나왔고 이른바 쑨원으로 먹고 사는 업종까지 생길 정도였다. 사실 그가 죽기 몇 년 전인 1922~23년 베이징대학생을 대상으로 한 "현재 살아 있는 사람 중 가장 존경하는 사람은 누구인가"라는 여론조사에서 연속 1위(2위는 중국공산당 초대 서기인 천두슈)를 기록했다. 쑨원은 중국의 젊은이들에게 가장 존경받고 있던 시점에 사망한 것이다. 그런데 쑨원에 대한 신망은 오히려 사후에 절정으로 치달았다. 1925년 쑨원이 사망하자 자발적인 애도의 물결이

---

36 판광저,《국부國父 만들기》, 202~203쪽 참조.

전국을 뒤덮었다. 국민당 정부는 굳이 공자라는 구태의연한 문화 코드를 이용할 필요가 없었다. 하지만 당시 지식인 중에는 국민당이 추동한 이러한 정치 문화의 '오염'을 공개적으로 거부한 이도 있었다. 대표적으로 후스는 중국을 명교 국가로 만들 뿐이라고 하면서 이를 비판했다. 그는 "사상과 언론은 완전히 자유를 잃었다. 신은 부정할 수 있지만, 쑨원은 비판해서는 안 된다. 예배는 드리지 않아도 되지만, 총리의 유훈은 읽지 않으면 안 된다"라고 신랄하게 비판했다. 이후 그의 발언이 게재된 잡지가 발행 금지되기도 하였다.[37]

삼민주의─민족, 민권, 민생

쑨원의 사상을 세 부분으로 나누어 살펴보자. 첫째, 삼민주의이다. 둘째, 사회주의 또는 민생주의 경향이다. 셋째 대아시아주의이다. 먼저 삼민주의를 알아보기 전에 그가 죽기 전에 쓴 유서遺囑의 내용을 소개한다.

나는 국민혁명에 힘을 기울이기 무릇 40년, 목적은 중국의 자유와 평등을 구하는 것이었다. 40년의 경험을 쌓은 결과 이 목적을 달성하기 위해서는 민중의 잠을 깨우고 세계에서 우리를 평등하게 대우하는 민족과 연합하여 함께 분투하지 않으면 안 된다는 것을 깊이 깨닫게 되었다. 혁명은 아직 성공하지 못했다. …… 건국방략 삼민주의 ……에 기본해서 계속 노력하여 관철해야 한다. …… 진심으로 이것을 뒤에 맡긴다.[38]

---

37 판광저,《국부國父 만들기》, 226~227쪽.
38 孫文,〈孫文遺書〉,《孫文全集》上, 洪泰植(삼성출판사, 1974).

여기에서 "혁명은 아직 성공하지 못했다"는 유훈으로 인해 쑨원은 사후에도 영원한 혁명가로 기억되었다. 중국의 자유와 평등을 구하기 위해 40년 동안 힘을 기울였다는 말에는 삼민주의의 핵심이 들어 있다. 결국 쑨원은 살아생전 이를 이루지 못했고 후세의 몫으로 남겼다.

원래 쑨원의 삼민주의는 1924년 1월부터 8월까지 광저우에서 행한 강연에서 유래했다. 민족주의, 민권주의, 민생주의를 내용으로 하는 삼민주의는 중국 근대화의 목표였다. 그런데 쑨원이 이 삼민주의를 갑자기 구상한 것은 아니다. 이는 쑨원이 런던에서 피랍되었던 1896년으로 거슬러 올라간다. 이때 쑨원을 구해준 의사 캔틀리에 의하면 쑨원은 이 사건 이후 영국박물관의 도서관에 59일간을 매일 출근하다시피 하면서 정치와 과학 서적을 맹렬히 탐독했다. 이때 사회주의, 민족주의, 자유민주주의를 한꺼번에 실현시키려는 삼민주의를 구상했다.[39] 이러한 구상은 쑨원이 영국에서 근대화의 성과와 부작용 모두를 목도한 결과 나온 것이다.

이 구상은 후에 《민보》 창간호의 발간사에서 처음으로 활자화되었다. 쑨원의 가장 충실한 추종자 후한민이 기초한 것으로 알려진 발간사에서 쑨원은 구미가 진화한 이유를 민족, 민권, 민생이라는 삼대 주의에서 찾는다. 민족, 민권, 민생이라는 슬로건이 여기서 처음 등장한 것이다.

외국으로부터 핍박을 당하지 않기 위해서는 민족주의와 민권주의는 잠시라도 늦추어서는 안 된다. 하지만 민생주의에 대해서는 구미는 사회문

---

39 시프린, 《孫文評傳》, 58쪽.

제가 오래되고 심각하여 고치기 힘들지만 중국에는 아직 깊숙이 영향을 받지 않았기 때문에 쉽게 문제를 제거할 수 있다. (……) 우리가 민생주의를 잘 다스리면 먼저 발달할 수 있고 문제점을 미리 알아서 그 싹을 잘 라버린다면 정치혁명과 사회혁명을 한 번에 처리할 수 있게 되어 서양을 앞서가게 될 것이다.

삼민주의의 핵심 내용은 이미 1896년에서 (동맹회가 출현하는) 1905년에 이르는 시기에 싹이 트고 있었다. 그러면 이제 삼민주의에서 민족주의와 민권주의, 민생주의를 어떻게 서술하고 있는지를 차례로 일별해보자.

삼민주의란 구국주의救國主義를 말한다. 주의란 무엇인가. 주의란 일종의 사상이고, 신념이고, 힘이다. 대개 인간이 어느 사물에 대해 거기에 포함되는 도리를 연구하게 되면 우선 사상이 발생하는 것이다. 그리고 그 사상이 분명해지면 신념이 생기고, 신념이 생기면 힘이 생기는 것이다. (……) 그렇다면 왜 삼민주의를 구국주의라고 하는 것일까. 그것은 삼민주의가 중국의 국제적 지위의 평등, 정치적 지위의 평등, 경제적 지위의 평등을 촉진하고 중국을 영구히 세계와 어깨를 겨루고 살 수 있도록 하는 것이기 때문이다.[40]

민족주의란 무엇인가. 민족주의란 국족주의國族主義이다. 중국인이 가장

---

40 孫文, 〈孫文遺書〉, 《孫文全集》 上, 27쪽.

존중하는 것은 가족주의와 종족주의이다. 때문에 중국에는 다만 가족주의와 종족주의만 있지 국족주의는 없다. 외국인이 말하기를 '한줌의 흩어진 모래'라고 한다. 그 원인은 어디에 있을까. 그것은 일반 인민에게는 가족주의와 종족주의만 있을 뿐 국족주의가 없기 때문이다.[41]

쑨원은 중국인이 가족과 종족 관념을 극복하고 민족주의를 함양하기를 희망했다. 그는 국가를 '수백만의 가족으로 구성된 인민대가족(大衆的一個大家庭)'과 동일시했다.[42]

민民과 권權을 합쳐서 말하는 민권은 곧 인민의 정치의 힘이다. 그러면 정치政治의 힘은 무엇인가. (……) 정은 곧 여러 사람을, 치는 관리하는 것을 의미한다. 많은 사람의 일을 관리하는 것이 정치인 것이다. 다수 사람들의 일을 관리하는 힘이 정권政權이다. 그리고 오늘날 인민에 의해 정치를 관리하는 것을 민권이라고 하는 것이다.[43]

마지막으로 민생주의를 어떻게 서술하고 있는지 알아보자.

오늘날 이 말에 대한 정의를 내린다면 민생이란 인민의 생활, 국민의 생계, 대중의 생명이라고 말할 수 있다. 나는 지금 민생이란 두 글자를 사용

41 孫文, 〈孫文遺書〉, 《孫文全集》上, 28쪽 ; 孫中山, 《孫中山選集》(人民出版社, 1986), 617쪽.
42 韋杰廷, 《孫中山社會歷史觀研究》(湖南人民出版社, 1986), 184쪽 ; David Strand, "Community, Society, and History in Sun Yat-sen's Sanmin zhuyi", *Culture and State in Chinese History*(Stanford University Press, 1997), 336쪽에서 재인용.
43 孫文, 〈孫文遺書〉, 《孫文全集》上, 116쪽.

하여 외국에서 최근 110년 사이에 발생한 최대의 문제를 얘기하고자 한다. 그 문제라는 것은 사회문제이다. 그 때문에 민생주의란 사회주의와 다를 것이 없으며 혹은 공산주의라고도 부를 수 있다. 즉 대동주의이다.[44]

삼민주의는 구상 중이었거나 체계가 잡히지 않았던 쑨원의 사상이 제1차 국공합작을 앞두고 집대성된 것이다. 그러니까 국민당이 대중정당으로 전환하는 과정에서 나온 것이다. 제1차 국공합작이라는 역사적 과제 앞에서 제창되었으므로 후에 통일전선의 강령으로 자리매김하게 되었다. 특히 삼민주의 중에서도 민생주의는 사회주의와 동일시되는 만큼 공산당과 합작을 진행하는 데 있어 더욱더 중시되었다. 민생주의는 앞의《민보》발간사에서 본 것처럼 서양 자본주의의 폐단을 미리 회피하기 위해서 채택되어야 하는 강령으로 중요하게 취급되었다. 민생주의를 먼저 실천함으로써 중국이 서양을 추월할 수 있다는 믿음을 줄 수 있었기 때문이다.

토지 국유화와 사회혁명

쑨원의 사회주의를 알 수 있는 가장 좋은 방법은 1905년부터 2년 동안 벌어졌던《민보》와《신민총보》의 논쟁을 살펴보는 것이다. 더구나 이 논쟁은 이 글에서 쑨원의 라이벌로 설정한 량치차오와 쑨원 동맹회 그룹 사이에 벌어졌기에 양자의 차이를 확인하는 데도 더할 나위 없이 좋다.《신민총보》는 량치차오 개인이 내는 잡지였다. 반면《민보》는

---

44 孫文,〈孫文遺書〉,《孫文全集》上, 242쪽.

동맹회라는 혁명파 그룹이 모여 만든 잡지였다. 《민보》는 정치혁명과 사회혁명의 동시 혁명을 주장하고 《신민총보》는 혁명 불가론을 주장했다.[45] 이 논쟁은 사회주의와 관련된 논의였지만 5·4운동 시기에 일었던 사회주의 논쟁과 달리 자생성을 띠고 있었다. 논의의 주안점은 토지 국유화와 사회혁명론의 문제였다. 이 논쟁을 통해 량치차오와 쑨원이 얼마나 달랐는지를 확인할 수 있다.

쑨원은 동맹회를 결성하면서 구제달로驅除韃虜(만주족을 몰아낸다), 회복중화恢復中華(이민족 정권인 청조로부터 중국을 원래 상태로 돌려놓는다), 창립민국創立民國(중화민국을 세운다), 평균지권平均地權(토지 소유를 균등화한다)이라는 네 강령을 천명했다. 이중 토지 국유화와 관련된 강령이 평균지권이었다. 당시로서 이 강령은 매우 강력한 변혁 슬로건이었다. 핵심 내용은, 혁명 후 지가를 산정하고 (그때의 지가는 지주의 몫이지만) 이후 사회발전에 따라 나타나는 지가 상승에 대해서는 세금을 부과하여 국가에 귀속시켜야 한다는 것이다. 이렇게 할 때 토지 투기와 독점을 막을 수 있으며 국가경제에 도움이 될 수 있다. 이러한 평균지권의 내용은 미국의 경제학자 헨리 조지Henry George(1839~1897)의 토지단일세에 기초한 것이다.[46] 토지단일세란 토지에서 발생하는 지대地代는 개인이 취해서는 안 되고 사회가 공유해야 한다는 입장에서 나온 것이다.

쑨원의 이와 같은 주장에 대해 량치차오는 중국은 사회혁명이 불필요하다고 주장한다. 그 이유는 중국의 경제사회 조직은 공업혁명 이전의 유럽과 달라서 중산층이 많고 부호층이 적다는 것이다.[47] 또한 중

---

45 이하 논쟁은 조경란, 《중국 근현대 사상의 탐색》(삼인, 2003)을 기초로 요약, 정리한 것이다.
46 이에 대해서는 헨리 조지, 《진보와 빈곤》, 김윤상(비봉출판사, 1997) 참조.

국은 분배 면에서도 비교적 문제가 없으며 다만 생산 문제의 해결 여부에 따라 국가의 존망이 결정된다고 본다. 또 량치차오는 '만주족 배척(排滿)'을 주장하는 사람들이 말하는 사회혁명의 유일한 목표는 토지혁명인데 사실 토지는 사회혁명의 하나의 조건일 뿐이지 전체는 아니라고 말한다. 토지 국유화를 주장하는 근거가 토지가 중요한 생산수단이기 때문이라면, 오히려 더 중요한 생산수단은 자본이기 때문에 사회문제를 해결하기 위해서는 오히려 자본 문제를 토지 문제보다 먼저 해결해야 한다고 주장한다.[48]

량치차오는 기본적으로 사회주의의 근본 문제는 노자관계, 자본, 생산에 있고 중국에는 아직 이로 인한 폐해가 없으니 오히려 자본주의를 육성해야 하며 이를 위해서는 기존의 토지 소유 질서를 파괴해서는 안 된다고 주장했다.[49] 또 혁명을 행할 단계도 아니고 행할 능력도 없는 중국인이 만일 혁명을 일으키면 반드시 폭동이 따를 것이고 이는 열강의 간섭을, 열강의 간섭은 중국의 분할을 초래한다며 혁명 불가론을 내세웠다. 그런데 이러한 량치차오의 자본과 토지혁명에 관한 언설들은 사회진화론적 논리에 입각해 있다. 외국의 제국주의 세력과 벌이는 경쟁에서 밀려나지 않기 위해, 더 나아가서는 그들을 이기기 위해 자본주의를 발전시켜야 한다는 것이다. 또 이를 강력하게 추진할 구심체인 근대국가의 건설이 시급하며 이를 실현하기 위해 국가의 유기적 통일과

47 梁啓超, 〈雜談某報〉(1906), 趙靖 · 易楚虹 主編, 《中國近代經濟思想資料選集》下冊(中華書局, 1982), 276쪽.
48 梁啓超, 〈雜談某報〉(1906), 趙靖 · 易楚虹 主編, 《中國近代經濟思想資料選集》下冊, 282~283쪽.
49 민두기, 〈량치차오 초기 사상의 구조적 이해〉, 《중국근대사연구》(일조각, 1986), 362쪽.

유력한 질서가 필요하다는 것이다. 따라서 량치차오가 볼 때 논쟁 당시 로서는 혁명을 통한 민주 공화의 길은 유보해야 한다. 그가 설정한 '전제→개명 전제→군주 입헌→공화 입헌'이라는 정치 단계론을 보아도 아직 군주 입헌의 단계에도 이르지 않은 마당에 민주 공화의 실현은 한갓 이상일 뿐이다.

이 같은 량치차오의 혁명 불가론에 대해 민보 계열의 혁명파는 집단적으로 대응했다. 쑨원을 위시한 혁명파 지식인의 대응은 이른바 서양의 혁명 단계론에 근거한 것은 아니었다. 서양에서처럼 부르주아혁명을 거친 후 일정한 시간이 지나 자본주의 생산관계의 모순이 심화됨에 따른 임노동자들의 계급투쟁 방식을 구상한 것은 아니다. 이들의 주장은 아직 중국에서는 산업이 발달하지 않았기 때문에 자본과 임노동의 문제가 발생하지 않았기에 두 단계 혁명, 즉 정치혁명과 사회혁명을 동시 진행함으로써 문제를 미연에 방지하자는 것이다.

쑨원은 1920년대까지도 줄곧 낙후된 지역이 현대문명을 구비한 도시보다 사회주의의 건설이 용이하다고 주장했다. "현대문명으로 교화되지 않은 묘족인苗族人이 우리들 도시인에 비해 사회주의 수용이 훨씬 쉽다." 또 영국, 미국과 같은 제국은 문명이 진보하고 상공업도 이미 발달해 있기 때문에 사회혁명이 힘들지만 중국은 아직 그것이 발달하지 않았기 때문에 오히려 사회혁명이 용이하다[50]고 주장한 적이 있다. 이는 러시아에서 마르크스주의 성립 전야에 있었던 나로드니키와 마르크스주의자 간의 논쟁에서 농촌공동체를 통해 러시아 사회주의를 구상했

---

50 孫文, 〈民生主義與社會革命〉. 쑨원이 1912년 3월 임시 대총통으로 즉위하기 직전에 행한 연설이다.

던 나로드니키의 입장을 연상케 한다.

정치혁명의 대상이 정부라 할 때 이는 물론 청조를 가리킨다. 이는 쑨원의 삼민주의의 배만 민족주의에 근거한 것이다. 또 프롤레타리아 혁명을 염두에 둔 사회혁명은 삼민주의의 민생주의 정책에 근거한 것이다. 그 주요 내용은 토지단세설에 기초한 토지의 국유화 정책이다. 따라서 쑨원을 위시한 혁명파가 주장하는 부르주아혁명(정치혁명)은 그 안에 사회주의혁명(사회혁명)을 포함하고 있기 때문에 이후에 따로 프롤레타리아혁명이 필요하지 않게 된다. 그러므로 적극적으로 현재의 부르주아혁명을 실행해야 한다는 주장이다. 따라서 민생주의를 사회주의로 이해한다면 이러한 혁명 방법은 자본주의가 발전하면서 나타날 모순을 미연에 방지하여 급진적인 사회혁명을 피하자는 것으로 이해할 수 있다.

이에 반해 량치차오에게 있어서 현재의 급선무는 토지 소유 질서를 파괴하지 않고 자본주의를 발달시키는 것이다. 그럴 경우 장래에는 사회혁명이 일어날 수도 있다. 따라서 현재 사회혁명을 진행시켜서는 안 된다.[51] 하지만 량치차오의 경우 방점은 장래의 사회혁명의 발생 가능성보다는 현재의 사회혁명 불가 쪽에 찍혀 있다. 쑨원 쪽은 자본주의 생산관계의 발전으로 인한 폐해를 막기 위해 토지 국유화와 자본의 절제를 강조하는 평균주의를 주장한다. 반면 량치차오 쪽은 자본주의 발전 이후에 문제가 생기더라도 일단은 자본을 육성하기 위해 기존의 토지 소유 질서를 유지하자는 것이다. 즉 차등주의인 셈이다.

---

51 胡繩, 〈論孫中山的社會主義思想〉, 《歷史研究》(1987-1), 6쪽.

양쪽이 전망하는 중국 사회의 구체적인 미래상은 다르다. 한데 량 치차오는 말할 것도 없고 혁명파의 경우도 당시 중국 현실에 대한 분석에서는 문제가 있다. 양쪽 다 '중국 사회에 모순이 존재하지 않는다'고 보았기 때문이다. 이는 혁명파의 제국주의 문제와, 농민 문제 인식에서도 확인된다. 혁명파(쑨원)는 중국의 산업 개발과 철도 건설 자금을 선한 열강에게 얻기 위해 제국주의를 선한 것과 악한 것으로 구분한다.[52] 청 왕조가 제국주의 대리인 역할을 하는 한 혁명파의 청조 부인을 열강의 제국주의 지배 질서에 대항하는 움직임으로 해석할 수도 있다. 하지만 의화단운동을 '우망愚妄'이라고 표현하면서 일본, 영국 등의 원조를 기대했던 혁명파의 제국주의관 또한 제국주의와 식민주의를 냉철하게 인식하지 못했던 측면이 있다.

혁명파의 토지 문제에 대한 시각도 지주-소작인 관계를 염두에 둔 것은 아니었다. 평균지권이 토지의 국유화와 토지겸병의 억제를 내포한다는 점에서 농민의 요구와 연결되지 않는 것은 아니다.[53] 하지만 중국의 광대한 농촌에 존재하는 토지 관계의 문제보다는 산업 발전 이후의 지가 문제에 초점을 맞추고 있다. 그러므로 쑨원을 중심으로 한 동맹회파의 목적은 토지를 균분한다든가 빈부격차를 없애 평등을 구현하려는 것은 아니었다고 할 수 있다. 이는 혁명파가 중국에는 단순히 이민족의 문제만 있지 일체의 계급이 존재하지 않기 때문에 계급 문제는 없다[54]고 진단한 데서도 확인할 수 있다. 그들은 다만 부르주아를 장래에

52 池田誠,《孫文と中國革命》(法律文化社, 1983), 308쪽.
53 배경한, 〈신해혁명의 역사적 평가를 위한 일시론〉, 《서울대 동양사학과 논집》 10집(1986), 103쪽 ; 胡繩, 〈論孫中山的社會主義思想〉, 《歷史研究》.

출현할 계급으로 본다.[55] 따라서 사회발전의 동력은 계급투쟁이 아니라 인간의 이성에 기초한 조화로운 사회관계를 이루는 '민생'으로 인식했으며 계급투쟁은 단지 우연한 현상에 불과하며 필연적인 사회법칙은 아니라고 보았다.[56] 이들은 결국 신해혁명 이전의 중국에는 아직 계급이 출현하지 않았다고 보았다. 사실 계급 없이 계급의식이 생겨날 수는 없는 일이다.

왕도와 패도의 대아시아주의

쑨원의 대아시아주의는 중국인 이외의 아시아인 사이에서 해석의 시각차가 가장 큰 개념이다. 이것이 지금 특별히 중요하게 다가오는 이유는 2000년대 초반부터 현 중국의 '신민족주의자'들에게는 새로운 형태의 조공 체제 모델을 구상하는 데 사상적 원천이 되고 있기 때문이다. 중국의 신좌파 학자 왕후이는 쑨원의 대아시아주의를 전근대 시기의 '평화로운' 제국 체제의 기억을 되살리고 신아시아주의를 구상할 수 있는 자원의 보고로 삼고 있다. 그는 쑨원의 '대아시아주의'에서 말하는 조공 체제는 중심과 주변의 관계가 아니며 다양성을 인정하는 가운데 민족간 평등을 구상한 것이라고 본다. 그리고 동질적 문화를 바탕으로 하는 아시아 개념이 아니라 평등한 민족국가를 구성하는 아시아 개념으로 본다. 그렇다면 먼저 쑨원의 대아시아주의의 일부를 직접 확인해보자.

---

54 胡漢民, 〈民報之六大主義〉, 《民報》 3號(1906).

55 朱執信, 〈論社會革命與政治革命竝行〉, 《民報》 5號(1906).

56 張季平, 〈孫中山的哲學思想評議〉, 《中國近代哲學史論文集》(天津人民出版社, 1984), 322쪽.

동방의 문화는 왕도이고 서방의 문화는 패도이다. 왕도는 인의와 도덕을 주장하고 패도는 공리와 강권을 주장한다. 인의와 도덕은 정의와 공리를 가지고 사람을 감화시키며 공리와 강권은 총과 대포를 가지고 사람을 압박한다. 감화를 받은 사람은 주국主國이 쇠락한 지 수백 년이 되어도 아직 잊지 않고 있으며 네팔 같은 나라는 지금도 기꺼이 진심으로 원하여 중국을 상방으로 모시고자 한다. 압박을 받은 사람은 주국이 대단히 강성한 때에도 벗어날 궁리를 한다.[57]

위의 내용을 기준으로 하면 쑨원의 구상이 진정한 아시아의 평등을 전제한다고 보기는 힘들다.[58]

이 연설은 일본 우익의 지원을 고대하면서 일본 고베神戶에서 했다. 이 연설 후 한국 기자와의 문답에서 쑨원의 대답은 왕후이의 이런 해석이 얼마나 자의적이고 자기중심적인지를 알게 해준다. 조금 길지만 인용해본다.《동아일보》기자 윤홍렬이 쑨원의 연설이 끝난 후 "귀하의 대아시아주의는 현재의 조선을 목전으로 보면 서로 모순되지 않느냐"라고 질문했다. 즉 조선의 존재를 무시한 채 대아시아주의가 성립할 수 있는가라는 질문이었다. 쑨원은 "물론 양립 안 된다. 그러나 일본에 있으면서 조선 문제를 철저히 논하는 것은 회피하려 한다"라고 대답하였다. 일본은 쑨원이 군사적, 경제적 지원을 호소하는 대상이었기 때문에 일본의 조선 지배를 묵인할 수밖에 없다는 논리이다. 중국 위주의 정략

57 쑨원, 〈대아시아주의〉, 최원식·백영서 엮음, 《동아시아인의 '동양' 인식》(문학과지성사, 1997), 174쪽.
58 자세한 것은 졸고, 〈중국 지식인의 현대성 담론과 아시아 구상〉, 《역사비평》2005년 9월호 참조.

에 아시아주의라는 이름을 붙인 것뿐이었으니 이는 자국의 대외적 팽창 지배권을 아시아주의라는 이름으로 호도한 일본의 아시아주의와 기본 틀에서 유사하다 할 수 있다.[59]

동아시아에서 규모의 비대칭성을 감안하더라도 주권국가라는 개념이 평등이라는 전제 위에서 성립해야 한다면 쑨원의 아시아 인식은 문제가 있다. 더구나 쑨원이 진정 민주를 지향하고 평균지권을 지향한 혁명가라면 약소국의 피지배 상황에 대한 인식에서 도덕적 입장을 취했어야 한다. 내부와 외부에 대한 인식이 서로 엇갈린다면 쑨원의 민주와 평균지권에 대한 진실성도 의심받을 수밖에 없다.[60] 여기서 쑨원의 제국주의관을 포함한 아시아주의관을 제대로 평가하기 위해서는 민두기가 말한 것처럼 그의 실리주의와 정치적 기회주의의 분계선을 엄밀히 분석해야 한다.[61] 그런데 사실 쑨원이 대아시아주의에서 보여주는 자기중심적 견해를 당시 중국의 복잡한 정치 환경 때문이라고 이해할 수는 있다.[62]

민족, 민권, 민생을 주 내용으로 하는 쑨원의 삼민주의에는 사실상

---

59 민두기, 〈동아시아의 실체와 그 전망〉, 《시간과의 경쟁》(연세대학교출판부, 2001), 58~59쪽 참조. 직계 후계자이기도 했던 왕징웨이가 1940년대에 일본과의 합작을 합리화하는 데 이를 이용하기도 했다. 시프린, 《孫文評傳》, 252쪽.

60 중국에서 적지 않은 지식인들이 미국의 민주주의를 비판할 때 미국이 국내에서는 민주주의를 실현하고 있을지 모르지만 외교에서는 민주주의를 적용하지 않는다고 말한다. 이 말은 맞는 말이다. 하지만 이 비판이 진정성이 있으려면 자기에게도 똑같은 기준을 적용해야 한다.

61 시프린, 〈해제〉, 《孫文評傳》, 263쪽.

62 문제는 지금 이를 재인식하고 재평가하는 현재의 중국 지식인이 쑨원의 사상을 비판적으로 보지 않으려는 데 있다. 왕도와 패도에 대한 단순한 문명적 접근에서 평등에 대한 감각에 이르기까지 현재의 중국 지식인들은 일반 지식인의 상식과 상당한 차이를 보여주고 있는데, 이는 단순히 규모의 차이로 환원해 이해할 수 있는 문제가 아닌 것 같다.

그의 이상이 집약되어 있다. 앞에서 본 것처럼 동맹회가 만들어진 후에 기관지《민보》창간사에 삼민주의의 핵심 뼈대가 발표되었다. 그후 삼민주의는 혁명 과정에서 부단히 내용이 더해지고 변화해갔다. 특히 그중 민생주의는 신해혁명 이후 사회주의적 요소를 받아들이는 명분 역할을 하면서 혁명운동의 동력으로 작용했다. 이 점에 주목하면 삼민주의라는 이상을 현실화하는 데 있어서 실천론이라 할 수 있는 '지난행이론知難行易論'을 지나칠 수가 없다.[63] 양자는 긴밀히 맞물려 있기 때문이다. 쑨원은 수세기 동안 중국의 연약함은 "아는 것은 어렵지 않으나 행하는 것이 어렵다(知之非難 行之惟難)"는 낡은 격언 탓이었다고 단언한다. 그는 중국 해방의 진정한 장애는 지식이며 자신이 이를 극복했음을 확신시켜 동지들을 행동에 나서게 하고자 했다.[64] 일본의 중국사학자 호리카와 테츠오堀川哲男의 설명에 따르면 쑨원이 주장한 "아는 것은 어렵고 행하는 것은 쉽다"는 지난행이론은 도리를 정확히 인식하면 행동하는 것은 용이하다는 점을 강조하려 한 것이다. 이는 쑨원이 실천을 경시한 것이라기보다 사태를 정확하게 인식하는 것이 모든 문제의 출발점이라는 사실을 역설한 것이다.[65]

민생주의의 발상은, 결국 자본주의의 생산관계가 형성되면 인간을 강제하는 관계 구조가 생기는데 이런 '자연사적' 변화에 대동사상이라는 도덕을 개입시켜야 한다는 점을 강조하는 것이다. 평균지권을 주 내용으로 하는 민생주의는 도덕적이고 이상적인 관점을 취했기 때문에

63 '지난행이론'은 쑨원이《심리건설心理建設》(1918)에서 전개한 실천 행동 이론이다.
64 시프린,《孫文評傳》, 187쪽.
65 日原利國 編,《中國思想辭典》(硏文出版, 1984), 294쪽.

중국의 근본 문제인 토지 문제를 거론할 수 있었다. 그리고 이를 바탕으로 이후에는 경자유기전耕者有其田으로 나아갔다는 점에서 역사적 지향성을 갖는다고 할 수 있다.[66]

나오며

앞에서 보았듯이, 량치차오와 쑨원은 중화 개념을 민족 개념과 결부시켜 중화 민족이라는 개념어를 만들었다. 두 사람이 이렇게 중화 민족이라는 개념을 만든 것은 전통 시대의 천하가 아닌 중국식의 '제국적' 국민국가 체제를 내놓아야 한다는 강박에 가까운 의무감 때문이었을 것이다. 표면적으로는 쑨원이 배만혁명론排滿革命論을 주장하고 량치차오는 여기에 반대하여 갈등을 빚은 듯 보이지만, 두 사람은 민족관의 차원에서는 보조를 맞추어나갔다. 사실 민주 공화냐 군주 입헌이냐라는 정체 논쟁을 제외하면, 이들은 한족 중심의 민족국가를 만들어야 한다고 본 점에서는 의견이 다르지 않았다.[67]

량치차오와 쑨원이 국민국가, 민족국가 만들기에 평생을 바쳤던 것은 이들이 그만큼 중국의 잠재력을 무한히 신뢰했기 때문이다. 100년 전 중국이 가장 어려운 시기에 처해 있을 때에도 량치차오는 100년 후

---

66 결론의 많은 부분은 조경란의 《중국 근현대 사상의 탐색》을 참조했다.
67 중화민국의 임시약법을 보면 청조의 계승에서 출발했음을 알 수 있다. "중화민국의 영토는 22개의 성과 내몽고, 외몽고, 티베트, 청해青海로 한다." 村田雄二郎, 〈20世紀システムとしての中國ナショナリズム〉, 《現代中國の構造變動-ナショナリズム-歷史からの接近》 3, 58쪽 참조.

에 부강몽이 실현될 것이라 예언할 정도로 중국의 가능성을 낙관했다. 지금은 부강몽을 넘어 중국몽을 꾸고 있지 않은가.

량치차오는 일찍부터 청조 정부의 요주의 인물로 찍혔으나 중국의 근대사에서 실로 많은 일에 관계했다. 그런 만큼 그의 정치 활동과 사상은 지금도 중국에서 가장 많이 회자되고 있다. 논란의 여지가 많다는 점 때문이기도 하다. 하지만 량치차오와 관련하여 확실히 말할 수 있는 것은, 서두에서 말했듯이 초기의 대표작《신민설》이 당시 중국 청년 지식인뿐 아니라 동아시아 지식인을 계몽했고 이는 절대 과소평가될 수 없다는 것이다. 또 량치차오는《신민총보》를 발간하여 서양 사상을 체계적으로 소개했고, 사학과 철학 분야의 학술논문을 지속적으로 발표해 당시 지육智育의 본원本原을 열었다는 평가를 받는다. 특히 량치차오의 글은 매우 쉽고 평이해서 광범하게 전파될 수 있었다.

쑨원은 1905년 한 연설에서 중국이 '인위적 진보'를 통해 후발자의 이점을 살리면 "일본이 30년 동안 이룩한 것을 20년 또는 15년 만에 달성할 수 있다"고 했고, "혁명으로 공화국을 건설하여 정치혁명과 사회혁명을 단번에 이룩하여 구미를 앞지를 수 있다"고 주장했다. 이처럼 현대문명의 "좋은 결실을 선택하고 나쁜 것을 거부하겠다"는 약속으로 쑨원은 신지식인들에게 점수를 딸 수 있었다.[68] 이 약속이 캉유웨이, 량치차오류의 변법파와 달랐던 점이고 이 때문에 시대의 가치를 창출하고 앞서 나간다는 인상을 줄 수 있었다. 혁명 과정에서 무수하게 만난 사람들의 쑨원에 대한 평가는 매우 다양하다. 하지만 분명한 것은 쑨

---

68 시프린,《孫文評傳》, 117쪽.

원은 '직업혁명가'로서 이상주의적이고 낙관적인 성격의 소유자였기에 이를 긍정적인 감정 에너지로 전환해 실패를 거듭할수록 힘을 낼 수 있었다는 사실이다. 이런 점에서 시프린은 "쑨원에게 한 가지 한결같은 재주가 있었다면 그것은 실패하는 재주였다"[69]라고 말했다.

량치챠오는 중국인은 천하가 있다는 것만 알지 국가가 있다는 것을 알지 못한다고 한탄했고 쑨원은 중국인에게는 가족주의와 종족주의만 있을 뿐 국족주의가 없다며 개탄했다. 또한 서양 국가들의 부강의 근원으로서 자유에 주목한 바 있는 옌푸는 유교에는 자유에 해당하는 개념이 없다고 했다.[70] 이들은 모두 유교적 세계관을 국가 창출에 방해가 되는 요소로 보았고 어쩔 수 없이 동양과 서양을 대립항으로 놓고 인식했다.[71] 이들은 이런 인식을 바탕으로 중국 사회에 대한 나름의 근대를 기획하고 구상했다. 이 근대 기획은 량치챠오에게서는 신민설로, 쑨원에게서는 삼민주의로, 옌푸에게서는 민지 획득에 의한 국가 구상으로 나타났다. 여기서 위기를 극복하기 위한 근대 구상의 공통 전제는 유교의 비판과 서구 근대사상의 수용이었다. 전제국가에 상응하는 노예적 백성이 아니라 국가의식을 갖는 국민에 기초한 국민국가를 구상했다. 이것은 물론 초기에는 대외 압력으로 즉자적으로 촉발됐지만 내용은 상당 부분 주체적 입장에서 중국 현실을 고찰해 이론화한 것이다.

그러나 이들의 주의주장은 중국의 국가적 위기와 더불어 정치 지

---

69 시프린, 《孫文評傳》, 257쪽.
70 그러나 가장 가까운 개념을 굳이 들라면 여恕가 될 수 있다고 말했다.
71 이들은 적어도 여기서는 진화론적 역사 인식을 받아들이면서도 보교保敎적 입장을 포기하지 않아 자기 모순적이고 절충적 모습을 보여줬던 캉유웨이류와는 명확히 구분된다.

향을 가졌거나 정치에 몸담은 상태에서 내놓은 것이다. 그런 만큼 정치적·사회적 관계 속에서 평가해야 한다. 그렇다면 위의 구상들이 무엇보다 권력의 문제와 연결되어 있다는 사실에 주목해야 한다. 기존의 청조 권력자들의 무능이 탄로 난 이상 새로운 근대 구상은 누가 주도권을 잡을 것이냐 하는 문제와 밀착되어 있다. 량치차오의 경우 민권적 근대 구상은 대내적으로는 백성들의 상태가 자신들의 근대 구상을 실행하기에 요원하다는 판단 속에서, 대외적으로는 제국주의 열강의 압력이 거세지고 중국의 분열적 상황이 가속화된다는 인식 속에서 진행되었다. 이러한 판단 아래 나온 구상이 국가유기체론이다. 국가유기체론은 기본적으로는 유교를 비판하고 사회진화론적 세계관에 기초를 둔 국가사상이다. 그러나 국가유기체론을 주장한 심리적, 정서적 근간에는 유교의 가족주의와 중화사상이 자리 잡고 있다. 량치차오는 제국주의 세력이 중국을 분할 지배할지도 모른다는 위기감에서 거기에 맞설 구심체로 청조를 인정했다.

쑨원의 경우 그의 의도와는 달리 사후에 삼민주의가 후계자의 우파적 해석으로 다시 유교사상의 틀 안으로 후퇴해버렸다. 쑨원 정치 노선의 후계자인 장제스는 민족주의 구상을 실현하기 위해 민중을 동원하는 데 필요한 제도를 만들려 하지 않았다. 민족혼의 부활이나 전통 윤리의 부흥이라는 도덕적, 심리적 차원에서 민족의 통합을 유지하려 애썼다.[72] 이런 면에서 쑨원의 원래 구상을 흐려놓았다. 하지만 쑨원 또한 자신의 혁명 활동에서 서양을 모델로 삼으려 했으나 거듭 실패했고 이를

---

72 백영서, 〈중국의 국민국가와 민족 문제 : 형성과 변형〉, 《동아시아의 귀환》(창작과비평사, 2000), 102쪽.

거울 삼아 가족을 기초로 한 공동체적 연대가 현실적 방안이라는 결론을 내릴 수밖에 없었다. 그리하여 현실적으로는 친족의 유대를 확장하여 혈통에 기반을 둔 국가 정치를 구상했다. 삼민주의 강연으로 자신의 정치를 구상할 기회가 주어지자 그는 1900년대 초반 새로운 관념에 기초해 세워진 기관들보다는 중국의 가족과 지역에 기반을 둔 전통적 단체를 이용하게 된다.

쑨원 삼민주의는 머릿속 구상에서는 근대적인 요소를 담았다. 하지만 실제 정치에서 구상했던 국가는 종족 결합이라는 현실의 인식을 바탕으로 한 체제였다. 이는 근대적 개인의 자발성에 기초한 것이라기보다는 관습적인 전통적 감정에 기반을 둔 것이었다. 결국 사대부층의 국민국가 기획에서 역사적 주체로서 개인——물론 여기서도 국가 형성의 필요성에 기초해 상정되는 개인이다——을 우선시하는 기본 구상은 현실 정치의 제약 속에서 국가로부터 연역된 개인으로 후퇴할 수밖에 없었다. 사대부들이 해석한 현실은 국가의 방향으로 열려 있지는 않았다. 현실에서는 사회적 결합의 기초로서 가족이나 종족 등 중간 단체나 전통적 사회집단에 중요성을 부여하게 되었다. 국민국가 담론으로 천불변, 도역불변의 유교적 세계관은 균열이 갔다. 그러나 '현실'의 제약 앞에서 이들의 근대 기획은 개인을 효과적으로 결합시킬 수 있는 가족주의를 다시 활용할 수밖에 없었다. 그렇더라도 구체적인 정치 국면에서 쑨원이 제국주의와 농민 착취의 문제를 비켜 간 것은 비판받아 마땅한 측면이 있다.

량치차오와 쑨원은 동시대 사람으로서 개혁과 혁명이라는 방법과 지향에서는 차이가 있었다. 그렇지만 실현 과정에서 목적과 수단이 전도되어버렸다는 점은 비슷했다. 이는 아마도 민족국가의 형성이라는 목표가 대동소이한 데서 비롯된 것이 아닐까. 혁명과 개혁의 이상과 중국 사회 현실의 제약 앞에서 투쟁의 대상과 타협의 대상을 구분하기가 쉽지는 않았을 것이다.

2부 신문화
운동과
사회주의

3장

노예성을 비판한 급진주의자

루쉰

VS

실용주의적 자유주의자

후스

들어가며

'오래된 문제가 해결되지도 않았는데 새로운 문제가 덮쳤다.' 중국
연구자 중에는 1990년대 이후의 중국의 상황을 이렇게 보는 이가 적지
않다. 무엇이 오래된 문제이고 무엇이 새로운 문제인가? 단순화해서 말
하면 봉건성과 근대성으로 압축될 것이다. 이를 다른 식으로 표현하면
계몽과 자유의 문제이며 이것은 사실상 루쉰魯迅(1881~1936)과 후스胡適
(1891~1962)의 일생일대의 화두였다고 해도 과언이 아니다.

루쉰과 후스

이 두 지식인은 대격변기에 중국이라는 '고질적인 문제'와 고투했던 계몽 사상가이자 동시에 '자유'를 구가했던 사상가로서 20세기를 대표하는 상징적인 인물이다. 하지만 이들이 추구한 '자유'는 서로 달랐다. 이 둘은 서로 다른 사상 패러다임, 즉 '루쉰의 길', '후스의 길'을 개척하려 했다. 이 점에서 중국의 사상사, 학술사에 큰 흔적을 남겼다고 할 수 있다.

후스는 5·4신문화운동 시기 문학 혁명과 개인주의, 자유주의를 중국에 소개하면서 새로운 시대를 열었다. 그는 근대 중국 사상사에서 처음으로 개인주의와 자유주의 이론을 체계적으로 일관성 있게 주장한 사람이다. 후스의 사상에서 중국의 개혁을 위한 계몽은 이론적으로 '전반서화론全盤西化論'에 근거를 둔다. 후스의 자유주의적 상징은 이제까지 한 번도 자유주의가 주류가 되지 못한 현대 중국의 상황을 생각해볼 때, 또 정치적 자유주의가 정당한 자기 모습을 형성하지 못하고 있는 동아시아 전반의 상황을 고려해볼 때 재음미할 가치가 있다.

루쉰의 일관된 관심사는 계몽과 민중(농민) 그리고 지식인이었다. 그는 민중의 각성이야말로 중국 변화의 최대 관건이라고 생각했다. 그의 사상 편력 전반기에 보여주었던 '국민성'에 대한 관심은 이를 반영한다. 루쉰의 단편과 장편掌篇 소설 중 다수가 민중과 지식인의 관계 또는 지식인 문제를 주제로 한 것이다. 계몽은 민중과 지식인을 연결한다. 그러나 루쉰의 경우 계몽은 일반적인 의미의 계몽이 아니다. 계몽을 회의하는 계몽이다. 즉 루쉰은 민중의 계몽에서 지식인이 어떤 식으로든 역할을 해야 한다고 생각했지만 일방적으로 계도하는 방식은 아니었다. 민중의 가능성을 두고 애愛와 증憎을 동시에 품었다.

이 둘은 일상의 일처리에서도 적지 않은 차이를 드러냈다. 1922년에 일어난 베이징대학교 '강의 프린트 소동'과 이 사건에 대한 후스와 루쉰의 대처는 두 사람의 차이를 엿보게 하는 좋은 예이다. 두 사람은 자신들이 보유한 지식 권력과 개인의식에 의거해 같은 사안을 두고 다른 반응을 보여주었다. 1922년 가을 베이징대학에서 강의 프린트 비용을 두고 학교 측과 학생들 사이에 갈등이 생겨 총장인 차이웬페이가 사직하는 일이 벌어졌다. 결국 이를 '학생 폭동'으로 규정하고 충분한 진상 조사를 거치지 않은 상태에서 펑성산馮省三이라는 학생을 희생양으로 삼아 제적해 사건을 마무리했다. 그런데 당시 강사였던 루쉰과 유력한 교수였던 후스는 학내의 같은 사건에 대해 다른 반응을 보였다. 후스는, 제적당한 학생이 찾아와 청강생이 되고 싶다며 도움을 청했지만 거절했다. 이 사건이 끝난 뒤 모두들 아무 일이 없었던 것처럼 지냈지만 어느 정도 시간이 흐른 뒤 루쉰은 문제를 제기했다. 그는 '게임의 규칙'을 지키지 않고 감추어진 진실을 끝까지 폭로하려 들었다. 희생자가 된 제적생의 처지와 고통을 생각해보지 않았다는 것이 이 사건의 문제라고 지적했다. 루쉰은 여기서도 군중을 위해 희생한 사람이 오히려 군중에게 먹히는 〈약〉이라는 작품에 나오는 '인육을 먹는 파티'를 떠올린 것이다.[1]

루쉰과 후스가 각자의 길을 가기 시작한 것은 1925년 즈음이다. 그

---

1 첸리췬, 〈베이징대학 교수의 다른 선택〉, 쉬지린 편저, 《20세기 중국의 지식인을 말하다》 2(길, 2011), 122~137쪽 참조. 중국 근대의 경우에도 지식인의 주의 주장을 지식장의 권력관계라는 요소와 분리해서 볼 경우 언제든 엉뚱하고도 허구적 해석이 나올 가능성을 배제할 수 없다는 점을 확인하게 된다. 조경란, 〈"단절된 사회" 속에서 지식인의 길 찾기〉, 《경향신문》 2011년 9월 23일자.

때 루쉰은 국가 공무에서 물러나 재야로 돌아갔고, 후스는 서재에서 나와 정치의 길을 갔다. 이러한 정반대 선택으로 루쉰은 사회와 정부의 비판자가 되었고, 후스는 현존하는 정권의 잘못을 충고해주는 쟁우諍友가 되었다. 루쉰은 재야로 돌아가 약자의 입장에서 발언했다. 후스는 당시 독립성을 유지했지만[2] 권력과 지근거리에 있었다. 이들의 입각점과 기질의 차이는 앞서의 사건처럼 구체적인 사안에서 다른 반응을 낳게 했다.

이처럼 후스와 루쉰이라는 두 범상치 않은 사상가는 근대 중국을 자기 방식으로 독해했고 중국의 앞길(前途)을 달리 전망했다. 이들의 서로 다른 독해 방식과 전망은 역사에 대한 지식인의 관찰과 개입의 위치를 어떻게 설정할 것인가의 문제와 밀접하게 관련된다. 근대의 국면에서 중국이 직면한 난제難題의 복잡한 실타래를 풀어나가려는 이 두 사상가의 '정치적' 고투는 세계를 읽는 방식에서 유형이 다른 패러다임을 창조하고 제시했다. 이들의 고민은 모두 중국이 반식민지라는 역사적 속박을 어떻게 돌파할 것인가에 근거했지만, 방법론에서는 적지 않은 차이를 드러냈다.

후스는 낙관적 자유주의자였고, 루쉰은 비관적 급진주의자였다. 이를테면 후스에게 근대화는 미국의 학술 이론을 수입해오기만 하면 되는 문제였다. 그는 미국의 사상, 문화, 제도를 믿어 의심치 않았다. 후스가 회의주의를 제창하기도 했지만 이는 미국과 자신은 예외로 치는 회의주의였다.[3] 그러나 루쉰은 믿으면서도 회의하는 태도를 견지했다. 후스는 항상 믿음과 자신감에 차 있었기에 낙관적이었지만 루쉰은 항상

2 孫郁, 〈魯迅與胡適的兩種選擇〉, 《胡適還是魯迅》, 謝泳 編(中國工人出版社, 2003), 297쪽.
3 첸리췬, 〈베이징대학 교수의 다른 선택〉, 《20세기 중국의 지식인을 말하다》 2, 145쪽.

의심했고 자신의 정체성 또한 길을 찾는 탐색자로 설정했다. 그는 항상 지식인의 한계에 대해 말했다.[4] 후스의 선택이 평상시의 인생의 기록이라면, 루쉰은 비상 상태의 기록이다. 베이징대학 교수 가오위안둥高元東은 루쉰의 정신을 '약'으로, 후스의 사상을 밥으로 간주한다. 배고픈 민족에게 가장 급한 것은 밥이다. 그렇지만 잊지 말아야 할 것은 루쉰의 약은 위기 상황에서 없어서는 안 되는 것이라는 점이다.[5] 사람의 몸은 평상시에는 밥이 필요하고, 병이 나면 약이 필요하다. 민족과 국가로 치면 후스는 태평성대에 필요한 인물이며, 루쉰은 구국의 위기 상황에서 더욱 필요한 사람이다.

　20세기 중후반 대륙에서 두 사람이 처한 운명을 보면, 한 사람은 하늘 위에 있었고 다른 한 사람은 땅 아래에 있었다. 후스는 1954년부터 대륙에서 공산당의 비판 대상이 되었다. 마오쩌둥은 후스를 '인간 축에도 끼지 못하는 개똥무지 같은 놈'이라고까지 깎아내렸다. 반면 루쉰은 성인으로 떠받들렸을 뿐 아니라 문화대혁명 중에는 마르크스, 엥겔스, 레닌, 스탈린, 마오와 나란히 절대 범접할 수 없는 인물의 반열에 올랐다. 루쉰에게 최대의 행운은 일찍 죽어(1936년 56세로 사망) 중화인민공화국 이후를 살지 않은 점이라 할 것이다. 사람들은 루쉰이 그때까지 살았다면 분명히 우파로 몰렸을 것이라 예측한다. 후스도 해외에서 후펑胡風 청산을 보면서 "루쉰이 죽지 않았다면 그의 목도 날아갔을 것"이라고 말한 적이 있다.[6]

4　첸리췬, 〈베이징대학 교수의 다른 선택〉, 《20세기 중국의 지식인을 말하다》 2, 156쪽.
5　孫郁, 〈魯迅與胡適的兩種選擇〉, 謝泳 編, 《胡適還是魯迅》, 298쪽.
6　李愼之, 〈回歸'5·4'學習民主—給舒蕪談魯迅,胡適和啓蒙之信〉, 《胡適還是魯迅》, 謝泳 編(中國工人出

이 장에서는 두 사람의 사상 차이를 중국이라는 세계를 읽는 방식이나 태도를 통해 탐색해본다. 변혁의 전망 자체를 내놓기 힘든 이 시대에 이들의 고투 속에서 무엇을 읽어낼 것인가, 바로 이것이 이 장의 관심사이다. 지식인의 사회적 책임이 거의 소실되고 있는 이 시기에 루쉰과 후스의 사상에서 우리가 불러와야 할 것은 기성품 사상이 아니라 이들이 시대를 어떻게 수용했고 서로 교감했으며 저항했는가 하는 것이다. 한마디로 지식인의 존재 방식을 묻는 것이다.

1. 루쉰, 중국 국민성을 바꾸려 했던 비관적 급진주의자

'불행한' 영혼, '행복한' 인생?

루쉰은 1881년 9월 저장성浙江省 샤오싱紹興에서 태어났다. 본명은 저우수런周樹人이며 루쉰은 어머니의 성을 딴 이름이다. 루쉰의 조부는 과거에 급제하여 진사가 되었다. 그러나 1893년 조부가 과거시험 부정과 관련하여 투옥되면서 가세가 기울기 시작한다. 가세가 기울고 부친이 병에 걸리면서 루쉰은 중국의 민중들을 직접 만나게 된다. 어린 루쉰은 아버지의 병 때문에 전당포나 한약방을 다니면서 도련님으로 살았을 때는 알지 못했던 서민들의 악의에 찬 냉대를 몸소 경험하게 된 것이다.[7] 아편 흡연자였던 아버지가 1896년 37세의 나이로 사망하면서 집안은 이전보다 급격하게 기울어갔다. 이처럼 조부의 투옥, 부친의 사망

版社, 2003), 32쪽.
7 丸山昇,《魯迅評傳》, 한무희(일월서각, 1982), 27쪽.

으로 인한 대가족의 몰락을 경험하며 성장했다는 사실이 이후 루쉰의 작품을 이해하는 데 매우 중요하다.

1898년 루쉰은 난징으로 가서 일종의 군사학교인 강남수사학당江南水師學堂에 들어간다. 하지만 딱딱한 분위기에 불만을 느꼈는지 자퇴하고 고향으로 돌아간다. 1899년 다시 서양식 커리큘럼을 갖춘 광무철로학당에 입학하여 1902년 졸업하고 일본으로 건너가 중국 유학생을 위해 세운 학교인 코오붕弘文학원 보통속성과에 입학한다. 1904년에는 센다이先臺의대에 입학한다. 센다이의대에서의 환등기 사건 등을 계기로 의사 지망생에서 문학가로 방향을 돌린다. 세균학을 가르치는 나카가와中川 선생은 값비싼 독일제 환등기를 사서 학생들에게 수업 시간 사이사이 러일전쟁 관련 필름을 보여주곤 했다. 러시아군의 스파이 노릇을 했다는 죄목으로 일본군에게 끌려와 처형당하기 직전의 한 중국인이 총구를 마주하고 있는 장면이 나타났다. 그런데 그를 둘러싼 무표정한 구경꾼들은 다름 아닌 중국인이었다. 루쉰은 "구경꾼들은 모두 튼튼한 체격이었지만 표정만은 멍청했다. (……) 당시 나로서는 중국인 몇 명의 육체를 고치는 것보다 정신의 개혁이 훨씬 중요하다고 생각했고, 정신의 개혁에는 문예가 가장 좋은 방법이라고 생각했다"라고 회고한다.[8] 의사 지망생에서 문학가로 인생 방향을 전환한 그날 밤, 루쉰은 온 산을 헤매고 다니며 고래고래 소리를 지르듯 노래를 불렀다. 문득 자신이 깊은 산 속에 버려진 상처 입은 짐승 같다고 느꼈다.[9] 상처 입은 짐승, 헤매는 영혼으로 평생을 살기로 결심한 날 신내림을 받은 것 같은 심한 몸

---

8 魯迅, 〈吶喊自序〉, 《루쉰 전집》 2, 루쉰전집번역위원회(그린비, 2010).
9 린시엔즈, 《인간 루쉰》 상, 김진공(사회평론, 2007)의 1부 '탐색자' 참조.

3장 루쉰 vs 후스 147

살을 앓은 것이다.

물론 루쉰에게 이런 결정은 갑작스런 것이 아니었다. 그렇더라도 환등기 사건을 계기로 한 결단은 그의 인생에서 중요한 전기였음에 틀림없다. 1907년, 의학을 포기하고 센다이에서 도쿄로 옮긴 뒤 1908년에 첸쉬안퉁錢玄同, 장빙린 등 이후의 인생에서 함께할 중요한 인물들을 만나게 된다.

1906년 어머니의 강요로 귀국하여 구식 여성 주안朱安과 결혼했지만 며칠 만에 동생 저우쭤런周作人을 데리고 다시 일본으로 갔다. 어머니를 거역할 수 없는 아들, 루쉰은 어머니의 부름으로 7년간의 일본 유학을 마치고 1909년 귀국했다. 따라서 국민성 개조라는 루쉰의 계몽에 대한 사상도 어쩔 수 없이 현실과 맞닥뜨리게 되었다. 루쉰은 귀국한 뒤 몇 년간 고향 샤오싱에서 학생들을 가르친다. 샤오싱에서 교편을 잡고 있는 동안, 죽음을 기다리고 있는 인간처럼 루쉰에게는 출구가 보이질 않았다. 고뇌가 뒤섞인 꿈이긴 했지만 꿈 많던 유학 시절을 뒤로하고, 생활 전선으로 돌아왔을 때 루쉰은 무력감을 매우 강하게 느꼈다. 그것도 대도시도 아닌 지방 도시, 고향 샤오싱에서의 일상은 무료하기만 했다. 게다가 유학 중에 돌아와 치렀던 전족 여인 주안과의 혼인도, 일본에 있을 때는 어머니가 며느리를 얻은 것뿐이라고 생각했지만 중국 땅에 돌아와 보니 자신 앞에 떡하니 버티고 있는 현실이었다. 여기서 루쉰은 전통이 결코 녹록지 않다는 것을 다시 한 번 실감했다.

루쉰은 1912년 1월 난징에 임시정부가 수립되면서 교육총장이 된 차이웬페이의 요청으로 교육부의 직원이 된다. 하지만 위안스카이가 군주제를 복원하자 크게 실망하여 탁본으로 소일하게 된다. 이렇게 '죽음을 기다릴 뿐'이었을 무렵, 깊은 구덩이 위로 줄사다리 하나가 살며시 드리워졌다. 그것은 바로 천두슈가 1915년 창간한 《신청년》이었다.[10] 《신청년》에 소설을 실으며 참여하게 된 것이다. 《신청년》을 통해 발표한 소설 《광인일기》가 중국 사상사에서 갖는 의미는 여기서 굳이 설명할 필요가 없을 것이다.

《광일일기》를 발표한 이듬해인 1919년에는 어머니, 아내 주안과 셋째 동생 저우젠런周建人 등 가솔을 이끌고 베이징에서 대가족 생활을 시작했다.[11] 샤먼廈門대학에 있던 친구 린위탕林語堂의 초빙으로 베이징을 떠나기까지(1926) 루쉰의 단편소설과 잡문 다수——〈축복〉, 《고향》, 《고독자》, 〈노라는 떠난 후 어떻게 되었는가〉 등——가 이 시기에 쓰였다. 루쉰은 대가족 생활을 통해 가족의 힘을 느끼지만, 그것도 잠시뿐, 얼마 안 되어 동생들과 결별했다. 그후 루쉰이 느낀 고독은 이루 말할 수 없었다. 더욱이 베이징에서 만난 진보 보수를 망라한 적수들은 '대단한' 사람들이어서, 샤오싱에서의 생활과는 비교가 되지 않았다. 그리고 옆에 있는 사람은 '어머니의 며느리' 주안뿐이었다. 연민의 정은 느끼지만 절대 사랑할 수 없는 그런 여성이었다.

1925년 즈음 루쉰의 인생에 돌파구가 될 인연이 찾아왔다. 루쉰이 베이징여사대에서 학생들을 가르치면서 학생운동에 관여하다가 알게 된 쉬광핑許廣平과 사랑에 빠진 것이다. 집안에서 짝지어준 전통 혼인의 옥살이에 스스로를 꽁꽁 가둬둔 지 20년 만에 일어난 일이었다.[12] 루쉰

10 왕샤오밍, 《인간 루쉰》, 이윤희(동과서, 1997), 87쪽.
11 왕샤오밍, 《인간 루쉰》, 375쪽.
12 왕샤오밍, 《인간 루쉰》, 191쪽.

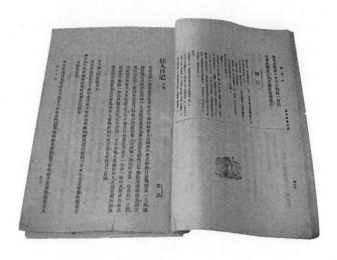

《신청년》 1918년 5월 15일자(4권5호)에 실린 《광인일기》

은 광핑과 1927년 광저우廣州에서 동거에 들어간다. 루쉰의 생활은 활
력으로 넘쳤다. 사랑을 얻은 루쉰은 천하를 얻은 것이었다. 그는 광핑과
결합함으로써 사십대 중반이 넘어서야 정말로 행복한 인생을 누릴 수
있었다. 그런데 루쉰이 사랑을 얻었다는 것은 곧 자식된 자로서의 효도
와 혼인의 의무를 저버렸다는 자책감을 벗어던졌음을 의미했다. 개인
주의라는 감정이 사랑과 행복을 찾고자 하는 열정을 자극한 것이라고
도 할 수 있다.[13] 어찌 되었든 광핑과 새 가정을 꾸민 일은 루쉰의 인생
에서 사랑의 힘으로 얻은 개인 자유의 승리였다고 할 수 있다.

하지만 필자는 루쉰이 사랑을 얻는 순간에도 사랑해도 되는지, 그
래서 스스로 행복해져도 되는지 늘 되물으며 두려워했으리라고 생각한

---

13 왕샤오밍, 《인간 루쉰》, 180쪽 참조.

다. 그의 마음 한구석에는 주안의 존재가 있었다. 주안은 어머니의 며느리로서 루쉰의 집에서 떠나지 않았다. 전통은 항상 루쉰 옆에서 루쉰을 속박하고 있었던 것이다. 전통과 근대의 이행기에 관념적으로 개인주의를 주장하기는 쉬워도 생활 속에서 실천하기는 무척이나 어려웠을 것이다. 국가가 정절과 열녀를 찬미하며 버젓이 표창을 할 정도로 전통이 사회를 지배하던 때였기에, 실제로 개인이 가족의 전통 관습을 던져버리기란 쉬운 일이 아니었다. 하지만 루쉰은 구조화된 여성 억압과 전통사회로부터 내려오는 도덕적 이중 잣대를 폭로하는 데 주력하면서 여성과 개인의 독립을 외치고 있었고 그의 '괴팍'한 결벽주의를 보더라도 개인주의를 표면에 드러내는 일은 자연스런 일이었을 수도 있다.

현실참여적 지식인이었던 루쉰의 삶은 1930년대로 접어들자 더욱 요동치게 되었다. 이때는 국민당의 일당 독재하에서 근대국가에 필요한 최소한의 체제가 정비되던 시기였지만, 1931년 만주사변으로 인해 정국은 항일운동 국면으로 치달았고, 이것이 근대를 향하는 중국의 여정에서 여타의 부분들을 규정하는 토대가 되었다.

1931년 1월에 국민당은 자의적 집행의 소지가 충분한 '민국을 위해하는 행위를 긴급하게 다스리는 법'을 공포하여 공산 분자 또는 '장제스에 반대하는 사람(反蔣分子)'를 탄압하는 근거로 삼았다. 루쉰은 '민권보장동맹'에 가입하여 쑹칭링 등과 함께 정치범의 무조건 석방을 외쳤다. 이를 통해 후스 등 친국민당 계열의 지식인과 대립하게 되었다. 이때 후스는 민권 보장 문제를 정치 문제로만 보고 법률 문제로 보려 하지 않는 것은 잘못이라고 비판했다.

그런데 정치 활동이나 혁명 문학 논쟁 등을 통해 사람들과 교류하면서 루쉰은 인간과 역사에 대한 근본적인 회의에 빠졌다. 미래는 정말로 진보하는 것인가, 혁명가를 믿어도 되는가……. 이는 그가 공산당과 관계를 맺으면서도 버릴 수 없었던 상념이었다. 이런 상념들은 중국의 미래에 대한 걱정이 심할수록 더 깊어질 수밖에 없었다. 1925년에 쓴 〈등하만필燈下漫筆〉에서 중국의 역사는 노예가 되고 싶어도 될 수 없는 시대와 잠시 안전하게 노예가 될 수 있는 시대의 순환에 지나지 않는다고 했는데 이 역시 역사의 진보에 대한 근본 회의를 내보인 것이었다. 그의 이런 역사순환론적 사고는 1930년대에도 여전히 지속되고 있었다. 그렇다면 루쉰이 무수한 논적들과 끝없는 싸움을 할 수 있었던 힘은 어디서 나온 것일까? 역사의 진화에 대해 끊임없이 회의하는 가운데서도 루쉰의 내부 어딘가에는 강한 낙관이 자리 잡고 있지 않았을까?

루쉰은 민족 혁명가라기보다는 사상 해방을 외친 계몽주의자였다. 그는 계몽을 통한 구국을 누구보다 갈망했다. 사실 계몽은 역사에 대한 낙관이라는 동인 없이는 성립하기 힘들다. 더구나 루쉰의 계몽은 선진 자본주의국가에서의 계몽과는 다르다. 루쉰의 계몽에는 그 물질적 기초에 구국의 요소가 들어 있을 수밖에 없다. 하지만 루쉰은 국가의 부富와 강强이 시급하다 해도 독립된 개인과 그에 바탕을 둔 국가를 창출하지 못하면 물거품이 될 수도 있다고 확신했다. 루쉰도 국가와 민족을 의식했지만, 이전 세대인 부국강병론자들에 비해 국가와 상대적으로 거리를 두려 했다. '애국 의식을 가진 국민 만들기'가 부국강병론자들의 주된 관심사였다면, 루쉰의 우선적 관심사는 (국가에 대립하는 사회와 개인은 아닐지라도) 사회 구성원인 독립적 개인의 형성에 있었다고 할 수 있다.

루쉰은 1936년 10월 19일 56세로 영면했다. 몇 년 전부터 폐병을 앓아 위중한 상태였다. 그는 유서는 남기기 않았지만 "남에게 해를 끼치는 사람은 가까이 하지 말고, 보복 행위를 반대하고 너그러움을 주장하는 사람을 가까이하기 바란다"라고 〈죽음〉이라는 글에 몇 자 남겼을 뿐이다.

아큐阿Q의 원형

"반란이라? 거 참 재미있겠는데…… 흰 투구에 흰 갑옷을 입은 혁명당들이 밀려온다. 그들은 쇠채찍과 총을 들고…… 아큐 함께 가세! 하면 나도 따라 나선다. …… 그때면 미장의 사내놈들과 계집년들은 꼴 보기 좋겠다. 무릎 꿇고 '목숨만 살려주게, 아Q' 하고 빌 것이다. 흥, 누가 들어준대, 쳇! 제일 먼저 죽일 놈은 쑈D와 조 영감이야. 그다음엔 생원님, 가짜 외국님이구……"14

여기서는 중국 국민성의 원형이라 할 수 있는 아큐와 국민성, 그리고 지식인 문제를 매개로 루쉰의 사상을 살펴보자. 루쉰이 중국인을 표상하는 아큐와 아큐로 구성된 인간관계의 실상을 처음 발견했던 것은 어린 시절이다. 과거 시험 부정과 연관되어 할아버지가 투옥되고 이후 가문이 몰락하기 시작했다는 것은 앞에서 서술했다. 떵떵거리고 살았는데 가문이 쇠락의 길로 들어서는 순간 친절했던 주변 사람들의 태도

---

14 魯迅, 〈아큐정전〉, 《루쉰전집》 2.

가 달라졌다. 사람들의 달라진 태도와 냉대를 겪으면서 루쉰은 어려운 상황이 닥쳤을 때야말로 세상 사람들의 진면목이 나타난다고 생각했다.[15] 청소년기에 이미 가족제도를 지탱하고 있는 낡은 예교의 뒷면에 도사린 추악한 인간관계를 어렴풋이나마 간파했던 것이다.[16] 루쉰은 어린 나이에 보지 말아야 할 것을 보고 말았다. 이런 인간관계를 원형으로 하는 중국 사회라는 골치 아픈 실타래를 어디서부터 풀어나갈까, 이런 고민은 아마 이 시절의 '불행한' 경험에서부터 싹텄을 것이다. 중국인을 표상하는 아큐라는 원형은 이때 만들어졌다.

그렇다면 아큐는 어떤 인물이었는가? 그는 바로 앞에서 말한 환등기를 통해 보았던 구경꾼들, 즉 당하고 있는 이를 무표정하게 보고만 있던 사람들이다. 타인의 불행을 동정하지 않고 오히려 자양분 삼아 살아가는 중국인 일반, 그가 바로 아큐였다. 아큐는 노예라는 약자 입장에 처해 있으면서도 반항할 줄 모르고, 오히려 자기와 같은 위치에 있는 약자를 무시한다. 그리고 언젠가는 주인이라는 강자의 위치로 올라서면 자기 밑에 있을 노예를 밟아버릴 것이라고 상상하는 노예이다. 루쉰은 이를 약자의 자위에 지나지 않는 '정신승리법'이라고 규정한다. 그는 중국인들이 4,000년의 문화 전통을 들먹이면서 자존심을 세우는 것도 결국 이런 '정신승리법'에 불과하다고 여긴다. 아큐로 상징되는 중국인, 그리고 이들이 형성하는 먹고 먹히는 음험한 인간관계, 이 증오스런 현실은 바로 루쉰 계몽의 출발점이었다.

루쉰이 중국에 돌아와 쓴 《광인일기》, 《공을기孔乙己》, 《아큐정전阿Q

---

15 魯迅, 〈呐喊自序〉, 《루쉰전집》 2.
16 丸山昇, 《魯迅評傳》, 29쪽 참조.

《아큐정전》의 주인공 아큐의 삽화

正傳》등의 작품들은 바로 이런 국민성의 병적인 상태를 폭로한다. 사실 이런 국민성에 대한 기본 구도는 일본 유학 시절에 이미 짜였다. 동물성(獸性)과 노예성(奴性)이라는 발상인데, 루쉰에게 동물성의 애국자는 자국만 존중하고 다른 나라를 멸시하며 약소국을 침략하여 자신의 욕망을 채우려는 사람들이다. 노예성의 애국자는 자신이 약자이면서 강국을 숭배하고 망한 나라의 백성들을 멸시한다.[17] 동물성과 노예성은 19세기 말 20세기 초의 현실에서 서양과 중국으로 표상되기도 했다. 서구 열강의 지식인들은 중국을 포함한 약소국 침략을 당연시했으며, "중국의 지사들은 정작 중국이 동물성을 가진 자들과 대립하고 있는데도 강폭한 러시아나 독일을 흠모하며 재앙을 당하고 있던 인도나 폴란드 민족을 조소했기 때문이다"[18]. 하지만 약한 나라의 국민으로서 같은 약한 나라를 무시하는 이들이라면, 스스로 강국이 되었을 때 약한 나라를 침략하는 것을 당연시할 개연성이 높다. 동물성과 노예성은 동전의 양면이기 때문이다.

동물성과 노예성을 동시에 비판했던 루쉰에게 중요했던 것은 강약의 구도를 어떻게 근본적으로 해소할까 하는 문제였다. 세계가 강약의 구도로 짜여 있는 한, 동물성과 노예성은 반드시 존재할 것이기 때문이다. 개인이든 국가든, 강약의 구도에 균열을 내고 흠집을 내는 것은 항상 약자의 몫일 수밖에 없다. 이들 주체가 강약의 구도에 균열을 내려 한다는 것은 자신이 약자임을 확인했다는 뜻이고, 이는 존재에 대한 각성을 동반하게 마련이다. 개인적 각성이 동반되지 않는 약자의 자기 확

---

17 루쉰, 〈破惡聲論〉, 《集外集拾遺》.
18 루쉰, 〈破惡聲論〉, 《集外集拾遺》.

인은 위태로운 각성이기에 오래 지속될 수 없다. 결국 동물성과 노예성 구도를 극복할 방안은 나의 자각을 통한 개인의 확립으로 귀결된다. 그렇기 때문에 루쉰은 이 대목에서 "나의 자각은 내가 자신으로 돌아갔을 때(朕歸于我) 가능하며, 그럴 때 비로소 자기정체성을 갖게 된다"[19]고 말했던 것이다. 자신으로 돌아갈 수 있는 것은 마음속에서 들려오는 소리, 즉 내성에 귀 기울일 때 가능하다. 그리고 자기정체성을 갖게 될 때 비로소 자기와 똑같은 처지에 있는 인간 또는 국가가 보이게 되는 것이다. 이 과정에서 너와 나의 관계 맺기가 가능해지고 상호 침투를 통해 상호 주체성(혹은 간주관성間主觀性)의 확립으로 나아갈 수 있게 된다.

　　그러나 루쉰이 유학에서 돌아와 맞닥뜨린 것은 유학 시절 구상했던 계몽과는 너무나도 이율배반적인 중국 사회의 현실이었다. 그래서 첸쉬안퉁이《신청년》에 실을 원고를 청탁했을 때 이렇게 말했다. "무쇠로 만든 방이 하나 있다고 하지. 창문도 없고 무슨 방법으로도 부술 수 없는 방인데, 그 안에는 수많은 사람들이 곤히 잠들어 있다네. 머지않아 모두 숨이 막혀 죽겠지만 잠이 들고 나서부터 죽음에 들기까지 죽음이 닥쳐왔는데도 슬픔을 전혀 느끼지 못하지. 그런데 자네가 고함을 질러대기 시작해서 조금이나마 의식이 깨어 있던 몇 사람을 놀래켜 이 불행한 소수가 돌이킬 수 없는 고통을 받는다면 자네는 그 사람을 볼 낯이 있겠는가." 이는 1923년에 쓴 어느 논설에서 "인생에서 가장 고통스런 일은 꿈에서 깨어났는데 가야 할 길이 없다는 것이다. 꿈을 꾸는 사람은 행복하다. 만약 가야 할 길이 발견되지 않았다면 그 사람을 깨우지 않는

---

19 루쉰, 〈破惡聲論〉,《集外集拾遺》.

것이 중요하다"[20]고 말한 것으로 보아 1919년 5·4운동 즈음부터 루쉰을 지배하고 있던 문제의식이었던 것 같다.

루쉰은 자각까지는 어떻게 된다 하더라도 그다음이 문제인데 이에 대한 확신이 서질 않았던 것이다. 〈노라는 떠난 후 어떻게 되었는가〉라는 글에서 "노라는 각성한 마음 이외에 무엇을 갖고 나갔는가"를 따져 묻게 되는 이유도 여기에 있다. 즉 루쉰은 개인의 자각 '이후'를 문제 삼았다고 할 수 있다. 바로 이 대목이 루쉰 계몽주의의 리얼리즘적 특징이 잘 드러나는 곳이기도 하다. 앞에서 말한 것처럼 꿈에서 깨어났는데 가야 할 길이 보이지 않을 때 가장 고통스럽다. 노라가 가출하고 난 이후 혼자 살아갈 준비가 되어 있지 않다면 타락을 하든가, 아니면 집으로 돌아가는 길밖에 없다. 하지만 그녀는 이미 눈을 떴기 때문에 꿈으로 돌아갈 수는 없게 되었다. 타락의 길을 걷지 않으려면 돈이 있어야 한다. 즉 경제권이다. 가정에서든 사회에서든 꼭두각시가 되지 않기 위해서는 경제권이 가장 중요하다. 남녀의 실제적 평등은 경제권의 평등에서 온다. 하지만 이는 참정권을 획득하는 것보다 훨씬 더 어려운 일로 격렬한 투쟁이 필요할 수도 있다. 루쉰은 노라처럼 세상을 잠시 놀라게 하는 희생은 아무런 소용이 없으며 천천히 끈기 있게 투쟁하는 쪽이 효과가 있다고 생각했다.

국민성 비판과 개인의 존재 방식
루쉰은 신문화운동 이전부터 지속적으로 국민성 개조에 주력해온

---

20 魯迅, 〈노라는 떠난 후 어떻게 되었는가〉, 《루쉰전집》 1.

인물이다. 루쉰의 관심사는 시종일관 국민성과 지식인 문제였다. 농민과 사대부는 중국의 개혁에서 중심 계층이다. 우리에게 잘 알려져 있는 《아큐정전》과 《광인일기》는 농민과 사대부의 집단 인격의 심층을 의미심장하게 보여준 작품이다. 루쉰이 국민성의 개조에 관심을 갖게 된 실질적인 계기는 잘 알려져 있다시피 신해혁명의 실패이다. 신해혁명은 정치적으로는 공화제를 가져다주었지만 인민들의 의식 변화는 끌어내지 못했다고 루쉰은 판단했다. 이러한 인식 아래 신해혁명의 허구성을 폭로하고 고발한 작품이 바로 유명한 《아큐정전》이다.

여기서 아큐阿Q는 중국인의 국민성을 표상한다. 자신이 노예라는 약자 입장에 처해 있으면서도 반항할 줄도 모르고, 자신이 언젠가는 주인이라는 강자의 위치로 올라서면 자기 밑에 있을 노예를 억압하는 상황을 상상하는 노예, 그가 바로 아큐이다. 무수한 아큐로 구성되어 있는 중국, 이것이 중국의 리얼리티이다. 루쉰은 앞에서 말한 것처럼 가문이 몰락한 환경에서 자랐고 그를 둘러싸고 있던 사대부 가문의 대가족제와 냉혹하게 악담을 퍼붓던 민중의 모습, 그리고 민중들 사이의 불신과 무관심, 이러한 것들이 중국의 낡은 사회를 지탱하고 있는 인간관계의 원형이라고 생각했다. 게다가 청년 시절의 개인적 경험은 민중에 대한 불신을 더욱 키웠다. 즉 혁명의 희생자와 구경꾼 사이에 공감대가 없다는 고통, 심지어 타인의 불행을 자양분 삼아 살아가는 중국인의 존재……. 이런 것들이 바로 루쉰이 비판해 마지않는 국민성의 요체이다. 이러한 노예적 국민성에 대한 비판은 노예 상태에 자족하고 있는 민중을 고발하는 성격이 강하다.[21]

하지만 루쉰은 노예성이 일반 인민 대중뿐만 아니라 사대부에게도 나타나는 것으로 파악한다. 아큐로 상징되는 국민성의 외연에는 농민만이 아니라 사대부까지 포함된다.[22] 이런 맥락에서 루쉰은 "옛 사람(古人)들은 서적을 읽지 않으면 바보(愚人)가 된다고 했는데 이는 물론 맞는 말이다. 하지만 세계는 그런 바보에 의해 만들어졌으며 현명한 사람으로는 결코 세계를 지탱할 수가 없다. 특히 중국의 현명한 사람들로는 더욱 그렇다"(〈무덤 후기〉)라고 말하기도 했다. 여기에서 우선 중국의 사대부와 그들의 정신이 담긴 '고인들의 서적'에 대한 불신이 짙게 배어 있음이 확인된다. 사대부에 루쉰 자신도 물론 포함되어 있을 터이다. 반면 루쉰은 농민이 다수이고 이들이 중국 사회 변화를 이끌지는 못하지만 중국 사회의 성격과 유형을 결정짓는 요소라는 점은 인정하는 듯하다. 하지만 루쉰은 그들이 아무런 매개나 계기 없이 의식 있는 '개인'이나 주체가 되는 것은 아니라고 생각한다.

루쉰은 중국인들이 노예성에 밀착되어 있다는 사실을 인식하고 이 상태에서 탈출해야 한다고 보는데 이것은 무엇보다 노예 자신의 정신의 자각이라는 진화 과정을 통해 이루어져야 한다고 본다. 이러한 문제의식은 필연적으로 국가를 구성하는 인민 일반, 개인 자체에 관심을 돌리게 한다. 이런 점에서 루쉰에게서 노예성의 자각은 바로 근대 중국의 자기인식이라 할 수 있다. 그리고 근대 중국의 자기인식이란 곧 중국 사회의 '동同시스템'[23]에 대한 자각이라고 할 수 있다.

---

21 히야마 히사오, 《동양적 근대의 창출》, 정선태(소명출판, 2000), 166쪽 참조.
22 조경란, 〈루쉰의 사회진화론 비판과 '민'의 발견〉, 《역사비평》1994년 가을호 참조.
23 이 용어는 三宅芳夫, 〈'主體'·'個人'·'實存', —その差異と關係について〉, 《思想》900號(1999年 6月)에서 빌려온 개념이다.

1900년대 초반의 시점에서 루쉰이 더욱 개인을 강조하게 된 직접 계기는 사상계의 분위기였다. 당시에는 국가 담론이 걷잡을 수 없는 형국으로 진행되고 있었다. 루쉰은 우선 '개인'을 국민화하여 '주체'로 내세우는 '국민국가'의 형성 논리에 강한 반발심을 품게 되었다. 왜냐하면 '국민국가'의 집권성이 궁극적으로 인민의 창의성을 거세하여 역사의 동력을 차단할 수도 있다고 우려했던 것이다.

이처럼 루쉰에게 자신처럼 자각한 개인의 내발성은 무엇보다 중요했다. 우선 '자각한 개인(立人)'이 등장하면 이를 토대로 '국가가 세워지고(立國)', 이를 통해 '사회 또는 국가의 대각성(群之大覺)'이 이루어지며, 그럴 때 비로소 '사람의 나라(人國)'가 될 수 있기 때문이다.[24] 그렇기 때문에 루쉰은 개인주의에는 두 가지 방향으로 접근해야 한다고 했다. 첫째는, '나는 나', 즉 나는 타인과 다르다는 인식이고, 둘째는 개인의 자각을 바탕으로 한 인도주의적 윤리이다.

첫째, '나는 나'를 주장하기 위해 루쉰은 "사람은 각기 자기를 갖는다(人各有己)", "나는 나에게로 돌아온다(朕歸于我)"라는 일반원리에서 시작한다. 이는 개체의 독특성을 설명하려는 것이다. 그리고 이로부터 자신의 인국이상人國理想을 끄집어낸다. 여기서 말하는 기己와 아我는 현실적이고 보편적인 존재의 가능성을 가지고 있다고 할 수 있다. 따라서 대중 속의 개인들은 모두 개성(自性)을 획득하고 발휘해야 한다. 이것이 실제로 루쉰이 국민성을 개조하려 했을 때 이론적 근거가 되었다.

둘째, 개인의 자각은 인도주의로 확장된다. 루쉰의 기와 아는 '국가

---

24 魯迅,〈문화편향론〉,《루쉰 전집》1.

의 대각성'과 상관관계에 있으며, 이야말로 루쉰이 강조한 독특한 개인이 결코 추상적인 사변의 개념이 아닌 사회변혁의 주체가 되는 인간임을 방증한다. 그런 점에서 기와 아는 이미 자사자리自私自利의 유일자, 혹은 절망에 대한 두려움에 가득 찬 고독한 개인이 아니라 사회적 책임감에 충만한 개인이다.[25] 루쉰도 다른 사람과 똑같이 개체 혹은 자기에게 인도적인 내용을 주입하여 인간의 주체성을 인간의 해방과 연결함으로써 이를 참신한 윤리관으로 변화시킨다.

사실상 루쉰 개인주의의 이런 복잡성은 그의 개인주의의 출발 자체가 전통의 굴레가 가져다주는 중압감을 배경으로 한 데서 비롯된다. 이와 관련하여 왕샤오밍은 흥미로운 지적을 하는데, 루쉰에게는 두 가지 세계가 있다는 것이다. 하나는 고향 샤오싱의 세계인데, 이는 전통 윤리와 관습의 세계로 루쉰의 내면에 인내심을 심어주어 귀향했을 때 루쉰은 자연스럽게 희생자의 역할을 떠맡게 됐다는 것이다. 다른 하나는 도쿄 유학 생활의 세계인데 이것은 이상과 포부를 불어넣고 백성을 구하는 지사로 상상하게 했다고 본다.[26] 내가 보기에 이 두 세계 중 전자는 현실의 세계이며, 후자는 당위와 이상의 세계이다. 후자는 전자에 의해 교정받을 수밖에 없고, 전자는 후자에 의해 해체되어야 할 대상이었다. 그런데 양쪽 모두 쉽지 않다. 그렇기에 루쉰의 이상은 항상 현실에 맞닥뜨리는 순간 좌절했고 절망해야 했다.[27]

25 汪暉, 〈個人觀念的起源與中國的現代認同〉, 《汪暉自選集》(廣西師範大學出版社, 1997), 144쪽 참조.
26 왕샤오밍, 《인간 루쉰》, 67~68쪽 참조.
27 조경란, 〈불행한 영혼, 루쉰 : 개인의 자유와 중국의 길〉, 《역사비평》 2007년 여름호를 수정, 보완한 것이다.

일본 사상가 다케우치 요시미竹內好는 루쉰 사상이 기본적으로 철학에서 말하는 '무無'에 기초를 두고 있다고 한 적이 있다. 또 중국공산당 총서기를 지낸 바 있는 취추바이瞿秋白는 부단히 초월하려는 루쉰의 자유 사상을 '반자유주의反自由主義'라고 매우 역설적으로 표현했다. 이런 언급들은 모두 '자유'가 루쉰에게 도대체 어떤 의미였는가를 이해하는 데 도움을 준다.[28] 루쉰이 정면으로 자유주의를 말한 최초의 문건은 〈문화편지론〉이다. 여기에서 그는 '군중으로 개인을 학대하는(以衆虐獨)' '민주'를 격렬하게 비판했다. 자유는 우선 개인의 자유에서 출발해야 하고 개인의 자각과 독립을 전제로 해야 한다. 루쉰이 반대한 것은 자유주의 민주정체 자체라기보다는 중국에 출현할지도 모르는 '거짓 민주(假民主)'이고 이는 '다수'라는 이름을 빌려 개인을 억압하는 현대사회의 독재이고 군중 독재이다.[29]

루쉰이 자유주의자 일반과 구별되는 것은, 루쉰은 문제를 사고하는 데 있어서 일관되게 사람의 요소를 중요하게 본다는 점이다. 즉 '입인立人'은 루쉰에게 최고의 사회 이상이다. 그에게 있어서 자유로운 민주정체(민주)는 반드시 개인의 각성('평등')을 전제로 해야 한다.[30] 이런 점에서 어떤 학자는 루쉰의 자유사상은 비서구, 반서구적인 것처럼 보이지만 기실 전반서화를 주장하는 자유주의자들보다 훨씬 더 서방 자유주의 사상의 본질에 가깝다고 주장하기도 한다.[31] 특히 개인의 권리

28 元寶,〈魯迅與中國現代自由主義〉,《胡適還是魯迅》, 謝泳 編(中國工人出版社, 2003), 306쪽.

29 元寶,〈魯迅與中國現代自由主義〉,《胡適還是魯迅》, 307쪽.

30 元寶,〈魯迅與中國現代自由主義〉,《胡適還是魯迅》, 308쪽.

31 元寶,〈魯迅與中國現代自由主義〉,《胡適還是魯迅》, 309쪽.

라는 측면에서 그렇다. 이점에서 아그네스 스메들리Agnes Smedley의 언급은 흥미롭다. 그는 루쉰을 중국의 볼테르라고 하였다.[32] 잘 알려진 볼테르의 명언이 있다. "나는 당신의 의견에 반대한다. 하지만 나는 당신의 발언할 권리를 적극 지지한다."

지식인과 계몽

루쉰에게 봉건성으로 표상되는 중국은 결코 간단치 않은 '문제'이다. 중국은 계몽 자체를 회의하게 만들 정도로 강고한 철옹성과 같은 대상이기 때문이다. 중국의 봉건은 일찌감치 성숙하고 완비되어 제도와 일상에 깊숙이 침투해 있다. 너무도 깊이 자리 잡아 의식할 수 없으며 따라서 탈출해야 한다는 자각을 하기도 힘들다. 혹시 의식하여 탈주한다 해도 농민이든 사대부든 이 완비된 봉건의 주술로부터의 탈주는 곧 악인으로 지탄받는 길이다.《광인일기》에서 '악인'은 '인육을 먹은 사람(吃人)'으로 구성된 다수자의 눈으로 볼 때 의견이 다른 소수자이다. 그리고 다수자와 의견이 다르다는 이유 때문에 '악인'으로 표상되는 것이다. 체제가 완비된 봉건 구조에서는 이견을 가진 소수자인 악인은 지탄의 대상이 되지만 남의 고기를 먹음으로써 '동일 시스템'의 공모자가 된 다수자는 그렇지 않다.

루쉰의 계몽이라는 주제를 둘러싼 지식인론과 민중론은 모두 강고한 봉건성에 대한 이러한 문제의식에서 나온 것이다. 계몽 또한 시기에 따라 다소 변화를 보이지만 루쉰이 초지일관 역설해온 주제였다. 여기

---

32 李愼之,〈回歸'5·4'學習民主—給舒蕪談魯迅,胡適和啓蒙之信〉,《胡適還是魯迅》, 33쪽.

서 특이한 것은 루쉰이 사대부 또한 봉건이 완비되는 데 협력한 공범으로 인식한다는 점이다. 물론 여기에는 지식 계층에 속한 루쉰 자신도 포함되어 있다. 따라서 이 공범 의식은 자기 자신에 대한 성찰로도 연결된다. 자기도 교정 대상에 들어가야 되는 것이다. 그의 계몽이 진정성과 힘을 갖게 되는 것은 바로 이 지점이다.

이런 생각을 바탕에 깔고 루쉰은 봉건과 근대가 혼재된 대격변기에 목격되는 여러 유형의 지식인의 모습을 단편소설과 루쉰 특유의 에세이 형식을 통해 제시한다. 여기서 가장 인상에 남는 세 가지 유형을 소개하면 다음과 같다. 첫째, '정신계의 전사'다. 그의 지식인상은 초기에 사회진화론 비판을 통해 형성된다. 동물성(獸性)과 노예성이라는 두 부류의 대척점에 (진화를 계속하는 인간으로서) '정신계의 전사'(또는 명철지사明哲之士)를 상정한다.[33] 정신계의 전사는 침략해서 노예를 지배하는 자가 되기 위해 싸우는 것이 아니라 압제자에게 반항해서 인간적 독립을 얻기 위해 싸우는 존재이다. 이 존재가 목표로 하는 것은 지배자와 피지배자 관계의 근원적 해소이다. 정신계의 전사는 또 약자 입장에서 강자에 반항하고 여력이 있으면 다른 약자를 도와주는 일을 한다. 루쉰에 의하면 이는 인류 중에서 가장 진화된 모습이다.[34] 루쉰은 여기서 바이런의 말을 빌려 "자유를 위해 싸우는 것이라면 자기 나라를 위해서만이 아니라 다른 나라를 위해서도 싸워야 한다"고 주장한다.

둘째, '공을기형'의 시대착오적 지식인이다. 정신계의 전사가 루쉰 초기 사상에서 보여주는 이상적인 지식인 유형이라면, 신해혁명의 실

---

33 魯迅, 〈마라시력설〉, 〈문화편향론〉, 《루쉰 전집》 1.
34 魯迅, 〈마라시력설〉, 《루쉰 전집》 1.

패를 경험한 후의 지식인상은 매우 비관적인 유형이다. 대표적으로《공을기》를 통해 보여주는 지식인상이다. '육경'에 팔려버린 영혼으로 인해 시대와 호흡하지 못하고 쇠락해가는 지식인이기에 가련하기까지 하다. 루쉰은 '공을기형' 지식인을 풍자하고 있지만 그에게 자못 동정적이며 공감하기도 한다. 이는 루쉰이 당시 추구했던 자유의 개념과 밀접한 관련이 있다. 그에게 자유는 우선 사상 방법에 있어서의 해방이다. 하지만 주변에 있는 기성품인 '새로운 것(新)'을 가져다가 중국의 '오래된 것(舊)'을 비판하는 손쉬운 방식은 절대 아니다. 이 손쉬운 방식은 바로 캉유웨이 등 변법파 지식인을 비롯한 대다수 계몽 지식인들이 옛것과 새것을 다루는 방식이다. '공을기형' 지식인을 연민 어린 눈으로 바라보는 반면, 이들에게 '거짓 선비(僞士)'라 부르며 경멸의 시선을 보낸 것과는 대조적이다. 〈축복〉에서도 상린 아주머니의 영혼이 있느냐는 질문에 지식인은 대답을 하지 못함으로써 결국 그녀를 죽음으로 내몬다. 신과 구가 교차하는 시기에 자신을 포함한 지식인의 무기력과 무책임을 폭로한 것이기도 하다. 여기에는 루쉰 자신의 모습이 겹친다.

셋째, '검은 사람'이다. '검은 사람'은 소설《검을 벼린 이야기鑄劍》를 통해 제시되는데 루쉰이 생각하는 이상적인 지식인 유형이다. '검은 사람'은 애초에는 평범한 젊은이였으나 어머니의 바람으로 아버지의 복수를 하기로 마음먹게 된다. 그러는 과정에서 조용하고도 강인한 사람으로 변화해간다. 그런데 정작 복수는 오히려 복수가 완성된 이후에 시작되는 것으로 설정된다.[35] 루쉰이 계몽 이후를 문제 삼았던 것처럼 여

---

35 魯迅,《호루라기를 부는 장자》, 유세종(우리교육), 105~106쪽.

기서도 복수 '이후'가 사유의 출발점인 것이다. 여기서 복수한 사람과 복수를 당한 사람이 한 솥 안에서 죽은 후 서로 엉기어 있다. 이 이야기를 통해 루쉰은 복수의 허무함과 무의미함을 말하고자 했다. 이는 1920년대 중반까지 비관적 정서에 싸여 있던 루쉰이 정서적으로 달라졌음을 의미한다. 1927년은 루쉰이 사랑하는 여인 쉬광핑과 광저우에서 동거에 들어간 해이다. 루쉰이 이전과 달리 역사에 대한 비장감을 보여줄 수 있었던 것은 사랑을 얻음으로써 천하를 얻은 루쉰의 인생 전환과 관련 있지 않을까.

루쉰에게서 지식인과 민중, 계몽이라는 주제는 봉건과 근대를 보는 시선과 많은 부분 겹친다. 루쉰은 전통의 중압 아래 신음하고 있는 중국이지만 역설적으로 전통과의 대결을 회피하고서 근대를 낳을 수는 없으리라 생각했다. 그런데 전통과의 대결을 거쳐 근대가 도출된다 해도 이후가 또 문제다. 그가 다른 계몽 지식인과 달리 계몽 이후를 문제 삼았던 것도 근대에 대한 확신이 서지 않은 데서 연유한다. 여기에는 봉건의 주술보다 오히려 근대의 이성에 인간의 속박과 종속을 훨씬 심화시키는 메커니즘이 있다는, 근대에 대한 역설적 이해가 있기 때문이다. 루쉰의 근대가 이렇게 복잡했던 것은 니체와 장빙린 그리고 슈티르너 등의 사상을 만난 탓이다. 선배 사상가인 장빙린에게는 불교의 유식론과 장자의 제물론을, 니체에게는 서양의 근대에 대한 역설적 사유를, 슈티르너에게는 체제에 대한 전복적이고 무정부적 사유를 보았다. 루쉰의 글들이 지금도 강한 흡인력을 발휘하는 이유는 그의 사회 비평과 문명 비판에서 고독과 비애가 묻어나기 때문인데, 이것은 이들 사상가들의 영향 때문이라 할 수 있다.

사대부들이 민중에 대한 계몽을 서구적 이성에 기초하여 진행하고, 민중의 정서를 일거에 무시하려는 현상을 목격한 루쉰은 서양의 이성에 반대한 니체에 주목할 필요성을 느낀다. 루쉰은 야만인은 새로운 힘을 가지고 있기 때문에 그들을 싫어하지 않는다는 니체의 말을 다음과 같이 해석한다. "대개 문명의 조짐은 진실로 야만 속에 배태되어 있는 것이어서 야만인의 개화되지 못한 형태 속에 찬란한 빛이 잠복해 있는 것이다."[36]

루쉰은 사대부와 농민을 대비시키면서 변혁 주체를 발견한다. 루쉰은 당시 구망도존救亡圖存의 시급성에 당면하여 변법파의 개혁 방안은 근본 해결책이 될 수 없다고 느꼈으나 당장 민중에게 기대할 형편도 못 된다고 판단했다. 왜냐하면 당시로서는 민중 또한 불신의 대상이었기 때문이다. 그러나 루쉰은 막연하게나마 중국의 근본 개혁은 민중들이 움직일 때만이 비로소 가능하다는 확신을 가지고 있었다. 이처럼 중국이라는 사회의 현실적 토양 위에서 루쉰의 관심은 일단 사대부의 부정을 전제로 하여 민중에게로 옮겨 간다. 그후 루쉰의 주요 관심은 일관되게 민중의 즉자성, 즉 민중의 노예근성에 대한 비판과 그들의 주체적 각성에 두어졌다. 루쉰은 민중의 노예근성이 중국 약체화의 중대한 원인의 하나라고 생각했고 이를 중국인의 국민성 전반과 관련 지어 논의한다.

루쉰은 지식인에게는 단호했지만 민중에게는 증오와 동시에 따뜻한 시선을 보여준다. 그는 상린 아주머니 등 사회 최하층의 불행한 사

---

36 魯迅, 〈마라시력설〉《루쉰 전집》1.

람들을 소설의 제재로 삼았다. 이에 대해 "나는 되도록 병태사회病態社會의 불행한 사람들에게서 제재를 찾으려 했다. 병고病苦를 폭로함으로써 치료에 대한 주의를 촉구하고 싶었기 때문"[37]이라고 말한 바 있다. 루쉰은 민중 속에 들어가 그들이 어떤 고통에 시달리는가를 살폈으며 이를 폭로하여 사회적 의제로 삼으려 했다. 그런데 예교禮教라고 하는 민중의 세계에 대한 나름의 구조적 인식이 없었다면 이런 식의 글쓰기가 가능했을까.

그렇다면 루쉰이 무수한 논적들과 끝없는 싸움을 하면서 부단히 글쓰기를 할 수 있었던 힘은 어디서 나온 것일까. 루쉰은 보수와도 싸웠지만 진보(의 주류)와도 싸웠다. 그가 이렇게 줄기차게 싸울 수 있었던 내재적 근거는 어디에 있을까. 다케우치는 루쉰 내부의 모순 때문이었다고 말한 적이 있다.[38] 그 모순은 바로 자신도 식인食人을 한 적이 있다는 어떤 원죄 의식에서 나온 것은 아니었을까. 그리고 역사가 진보하지 않는다는 비극적 역사 인식 이후에 오는 "안 된다는 것을 알면서도 하는(知其不可而爲之者)" 절망에 대한 저항 의식에서 비롯된 것은 아니었을까.

나는 매우 확실하게 종점은 바로 무덤이라는 것을 알고 있다. 그러나 이것은 누구나 알고 있는 것이며 누가 가르쳐줄 필요도 없다. 문제는 여기서 거기로 가는 길에 있다.[39]

---

37 魯迅, 〈나는 어떻게 소설을 쓰게 되었는가〉, 《루쉰 전집》 6.
38 竹內好, 〈루쉰의 삶과 죽음〉, 전형준 엮음, 《루쉰》, 백영길 옮김 (문학과지성사, 1997), 99쪽.
39 魯迅, 〈무덤 뒤에 쓰다〉, 《루쉰 전집》 1.

여기서 "문제는 여기서 거기로 가는 길에 있다"에 방점을 찍어야 한다. 죽음을 피할 수 없다는 강렬한 인식이 생에 대한 강한 애착을 불러왔을 수 있다. 싸움은 죽음으로 가는 길을 강렬하게 자각하는 방법이다. 그것이 루쉰의 현존 방식이다. 그의 비관주의는 그래서 오히려 더 강한 생명력을 갖게 된다. 리쩌허우에 의하면 루쉰의 특징은 구체적이고 현실적인 내용을 담은 '사회의 죄악에 대한 분노에 찬 항의'를 사회를 초월하는 형이상적인 인생의 고독감에 융화시켰다는 점에 있다.[40] 니체와 중국 전통의 기묘한 융합이라는 말로도 설명할 수 있다.

2. 후스, 중국의 서구화를 꿈꾼 실용주의적 자유주의자

전통 굴레 속의 '평탄한' 인생

후스의 고향은 안후이성 쉬시현續溪縣이지만, 그는 1891년 12월 상하이에서 태어났다. 어려서 고향에서 가숙을 하고 1904년 상하이로 가서 처음으로 근대 교육을 받았다. 1910년에 의화단 배상금으로 운영되는 미국 유학생 시험에 합격하여 미국으로 건너가 코넬대학에 입학, 농학을 공부했다. 그리고 1912년 철학과로 전과했다. 1915년에 컬럼비아대학 대학원에 입학하여 존 듀이에게 철학을 배웠다.

후스는 1917년 귀국하여 천두슈가 창간한《신청년》에 합류했고 베이징대학 교수가 되었다.《신청년》에 〈문학 개량 추이〉를 발표하여 문

---

40 리쩌허우,《중국 현대 사상사론》, 김형종(한길사, 2005), 206쪽.

학 혁명을 꾀했다. 사대부가 즐겨 쓰는 고전문체에 반대하고 평민들이 쓰는 백화문을 고취한 것이다. 후스는 언어의 형식이 바뀌면 거기에 담기는 내용도 바뀔 수 있다고 보았다. 이러한 의도로 중국 최초의 백화문 시집인《상시집嘗試集》을 냈다. 또 미국에서 배워온 새로운 방법론을 가지고《중국철학사 대강中國哲學史大綱》을 지어 일세를 풍미했다. 일부 보수 논객들이 "오늘의 젊은이들은 후스를 천제天帝로 삼는다"고 우려를 표명할 정도였으니 그의 영향력이 보통이 아니었음을 짐작케 한다. 1919년에는 중국을 방문한 듀이와 함께 중국 전역을 돌며 그의 강연을 통역한다. 사실 초창기 후스의 문화 권력은 영어와 듀이의 존재에 힘입은 측면이 크다. 친미적 학술 경향과 함께 이러한 문화 권력은 그가 죽을 때까지 따라다녔다.

후스는 대학에서 학술 문제에만 자신의 활동을 제한하지 않았다. 그의 일생을 들여다보면 항상 정론지와 함께했음을 알 수 있다. 1922년에는《노력주보努力週報》를 창간하여 정치적 발언에 나섰고 1948년 창간된《자유중국》과 이후 타이완에서 출간된《문성文星》등을 통해 문화 권력을 한껏 떨쳤다. 후스는 '혁명 대신 개량', '주의보다 개별 문제의 연구', '서구적인 법치와 대의제', '전문가(지식인)에 의한 정치' 등의 입장을 시종일관 유지하려 했다.[41] 이런 입장을 견지하며 중국공산당은 물론이고 중국국민당도 비판의 대상으로 삼았다. 1920년대 말 30년대 초에는 잡지《신월新月》을 중심으로 당시 양당에서 우상화되어 성역화되고 있었던 쑨원을 비판한 것은 유명한 일(앞장의 쑨원편 참조)이다. 전 국

---

41 민두기,《胡適文選》(삼성문화문고, 1983), 305쪽 참조.

민적 '우상'이었던 인물을 비판할 수 있었던 것은 정치적 담력이나 신념이 강해서라기보다, 그의 명성이 중국을 뛰어넘어 미국과 영국 등에까지 미칠 정도로 세계적이었기 때문이다. 따라서 일각에서는 "중화민국에서 언론 자유가 있는 사람은 후스가 유일하다"고까지 했다.

후스는 1938년부터 1942년까지 미국 대사를 지낸다. 일본이 중국을 침략하자, 국민당 정부로서는 미국의 경제 지원과 항일투쟁 지지 여론을 형성할 필요가 있었다. 그는 1946년에 중국으로 돌아왔는데 베이징대학 총장직을 수락했기 때문이다. 후스는 중국의 학생을 해외로 유학 보낼 필요가 없을 정도로 베이징대학을 유명한 대학으로 만들려는 원대한 포부를 가지고 있었다. 그러나 베이징대학 50주년 기념행사 도중에 1948년 12월 15일 중공군에 포위된 베이징을 장제스가 보낸 특별기로 탈출했다. 1949년 타이완으로 도주한 장제스 정권의 지원 활동을 위해 다시 미국으로 향했다. 미국으로 가는 도중 배 안에서《자유중국》발간 선언서를 썼다.

1949년 중국공산당이 베이징을 점령했다. 중국공산당이 정권을 장악하면서 지식층에 대한 사상 개조 운동이 시작되었다. 후스에 대한 비판 조짐은 이듬해 3월부터 나타나기 시작했다. 후스와 알고 지내던 저명한 학자는 떠나지 않겠다던 조국을 버리고 도주했다고 비난하는 공개서한을 후스에게 보냈다. 1950년에는 대륙에 남겨놓고 온 둘째 아들 쓰두思杜의 명의로 '나의 부친 후스에 대한 비판'이라는 글이 홍콩의《대공보大公報》에 보도되었다. 하지만 인편으로 보낸 편지에서는 아버지의 건강을 걱정했다고 한다.[42] 대륙과 타이완의 '분단'이라는 역사적 비극은 천륜인 부자의 관계마저 곤혹스럽게 만들었다고 할 수 있다.

후스는 떠났지만 중국공산당은 대륙에 남아 있을 그의 영향력을 걱정해야만 했다. "후스 사상은 30년 동안 중국에서 맹위를 떨쳐 많은 사람을 사로잡았다. 중화인민공화국 성립 이후에도 그의 영향은 없어지지 않았다"라는 말에서 그의 영향이 어느 정도였는지 짐작할 수 있다. 1955년부터 중국공산당이 후스 사상을 비판하게 된 것은 이러한 영향을 없애버리기 위한 정치적 작업이었다. 후스 사상 비판의 핵심은 크게 세 가지로 요약된다. 프래그머티즘, 개량주의, 그리고 오악설五惡說(이에 대해서는 뒤에서 설명한다)이다.

후스는 1958년 중앙연구원장으로 취임하기 위해 주위의 반대를 무릅쓰고 미국을 떠나 영구 귀국하였다. 1949년 4월 미국으로 떠난 지 9년 만이었다. 1962년 세상을 뜨기까지 그는 유약하다는 말을 듣기는 했지만 타이완에서도 잡지《문성》을 중심으로 자유주의 운동을 벌였다. 장제스의 독재는 자유주의의 상징인 후스조차도 용인하기 힘들었다. '과학 발전에 필요한 사회 개혁'을 주장하자 보수파가 집중 공격했다. 타이완에서도 후스는 중서 문화 논쟁의 중심에 설 수밖에 없었다. 그러던 중 1962년 2월 4일 중앙연구원의 원사 회의를 하던 도중 심장마비로 쓰러져 71세를 일기로 사망했다. 그는 대륙에서든 타이완에서든 문화 권력의 상징이었고 그런 만큼 정치적으로도 주류였다. 하지만 사상적으로는 결코 주류가 아니었다. 그가 문화 권력을 가질 수 있었던 것은 미국 유학으로 얻은 영어 실력이 한몫했다.

루쉰의 여성관과 결혼[43]을 앞에서 서술했으니 후스의 여성관과 결

---

42 민두기, 〈후스 연보〉,《中國에서의 自由主義의 實驗》(지식산업사, 1996), 252쪽.
43 후스의 여성관에 대해서는 민두기,《中國에서의 自由主義의 實驗》, 54~58쪽을 주로 참조했음.

혼도 간략히 살펴보자. 후스는 1917년에 귀국하여 얼굴 한 번 못 본 장둥슈江冬秀와 약혼 13년 만에 결혼했다. 사실 1904년 고향에서 상하이로 떠나기 전에 어머니의 간청으로 동갑인 장둥슈와 약혼을 했었다. 그녀는 반전족을 할 정도로 구식 여성이었다. 장둥슈와 결혼하면서 후스는 "근래의 유학생이 약간의 문명 공기를 마시고 귀국하고 나서 하는 첫 번째 일이 이혼하는 것이다"라고 아주 당당하게 말했다. 자신의 결혼에 대한 입장을 친구에게 전했는데 그는 '어머니와 아내 장둥슈의 마음을 상하게 할 수 없었고 결혼 약속을 지키지 않았다면 그들에게 고통을 주었을 것이다. 양심상 약속을 어길 수는 없었다'고 말한다. 후스는 결혼을 일종의 의무로 생각한 듯하다. 그런 만큼 후스의 결혼 생활은 행복하지 않았다. 그도 젊고 지적인 여자와 혼외 연애를 한 적이 있었다. 깊은 관계로까지 발전하여 이혼까지 생각했으나 아내의 강한 반대에 부딪혀 포기할 수밖에 없었다.

후스는 결국 미국에서 유학했고 여성해방을 주장했으면서도 구식 결혼을 유지했다. 후스의 이런 선택은 지식계에서 자주 후스의 '인격적 성실성'을 보여주는 사례로 언급된다. 후스의 결혼 생활은 자신의 어머니에 대한 강한 연민과 밀접한 관련이 있다. 후스의 어머니 펑순디馮順弟는 23세에 청상과부가 된 뒤, 재취였기 때문에 자신보다 나이가 많은 첫째 부인의 아들 딸과 대가족을 꾸려나가야 했다.

중국과 자유주의

후스가 신문화운동에 참가하면서 백화문을 통해 문학 혁명을 주도했다는 것은 잘 알려진 사실이다. 그런데 후스 하면 떠오르는 것은 자유주의이다. 중국에서 자유주의가 하나의 사조로 떠오른 데는 후스의 공이 결정적이었다고 할 수 있다. 그는 중국 근대의 계몽사조 내에서 독립된 인격에 기초한 자유주의를 나름의 체계에 입각해 일관성 있게 주장한 최초의 인물이다. 후스의 자유주의의 핵심 내용 중의 하나는 방법론상의 실험주의이다. 이는 '대담한 가설과 세심한 증거 찾기(大膽的假說 小心的求證)'로 표현되는데, 다른 말로 하면 비판적 태도와 과학적 방법이다. 그는 이 비판적 태도와 과학적 방법으로 문제를 연구하고 이론을 수입하고 '문화유산(國故)'을 정리하고 문명을 '다시 만들자(再造)'고 역설했다.

그런데 이 비판적 태도와 과학적 방법은 듀이와 헉슬리에게서 전수받았는데 《후스문선자서》에서 다음과 같이 밝히고 있다. "듀이는 나에게 목전의 문제를 연구하고 어떤 문제든 증명되기 전에는 가설로 받아들이라는 가르침을 주었고, 헉슬리는 어떻게 회의할 것인가를 가르쳐주었다."[44] 듀이는 5·4운동을 전후하여 중국 내지를 후스와 함께 강연 여행하면서 당시 중국의 실태를 목격했고 이로써 중국의 당면한 문제를 하나씩 하나씩 실험주의적으로 해결해나갈 것을 권고한 바 있다.

중국의 자유주의는 신문화운동 시기 이후에 비로소 신념이나 가치로 받아들여졌다고 할 수 있다. 이 시기 자유주의는 이전 시기에 비해 개인의 자유의 가치를 국가와 민족에서 분리하여 인도주의적 차원에서 접근했다. 신문화운동 이전에 자유를 언급한 사상가가 없었던 것은 아니다. 이를테면 옌푸가 서양이 부강해진 원인을 자유에서 찾았다는 것

---

44 胡適, 〈介紹我自己的思想〉, 《中國近代思想資料簡編》, 《中國現代思想史資料簡編》(이하 《資料簡編》) 제3권, 蔡尚思 註編(浙江人民出版社, 1980), 160쪽.

은 앞에서 이미 말한 바 있다. 량치차오는 자신의 논설과 존 스튜어트 밀의 《자유론》을 번역한 마쥔우馬君武의 《자유 원리》 번역 서문에서 정치적 자유를 주장하기도 했다. 하지만 그들은 자유주의를 서양의 침략에 대응한 중국의 부강과 국가 유기체의 공고성 유지를 위해 민족주의적 입장에서 받아들였다. 하지만 후스는 이들과 달랐다. 후스는 앞에서 말한 바, 청년기에 미국에 유학했으며 듀이에게 배웠다. 후스는 자신의 철학이 듀이의 실험 정신과 헉슬리의 회의주의에 기초하고 있다고 말한 바 있고, 실제 이론과 실천에서 초지일관 이 두 사상에 바탕을 둔 자타가 공인하는 중국 근대의 자유주의자라고 할 수 있다.

그렇다면 후스의 자유주의는 1920~40년대 중국 자유주의 지형에서 어떤 위치에 있을까. 이와 관련하여 중국 근대의 자유주의자로서 영향력에서는 후스와 맞먹을 수 없지만 반드시 언급하고 넘어가야 할 인물이 바로 장둥쑨張東蓀이다. 그는 5·4운동 시기 사회주의 논전에서 천두슈와의 논쟁으로 당시의 '반사회주의적' 경향을 대변했던 인물이기도 했다. 그는 젊은 시절 일본에 유학했으며 철학적으로는 불가지적 유심론자라고 자임했고, 정치·경제·사상 면에서는 영국의 사민주의자 해럴드 라스키의 사상에서 많은 감화를 받아 영국의 페이비언 사회주의와 길드사회주의를 받아들였다. 후스와 비교하면 그의 자유주의는 사회주의적 성격이 훨씬 강하다.

후스는 '중국의 맥락에서' 평생 동안 너그러운 마음으로 참고 용서한다는 의미인 용인과 개인 자유를 주장한 자타가 공인하는 자유주의자였다. 정치적으로는 국민당에 기대를 걸었다. 반면 장둥쑨은 철학 면에서는 중국의 전통 요소와 앙리 베르그송이나 오이켄, 이마누엘 칸트

장둥쑨

에 의존한 인생관을 견지했다. 정치적으로는 때로 공산당과의 동맹 관계를 유지하는 등 준사회주의적 경향을 보이기도 했다. 근대 중국의 자유주의자 중에는 후스의 경우보다 이러한 다소 절충적인 모습을 보이는 장둥쑨 같은 유형이 훨씬 많았다. 따라서 후스를 상대적으로 '서구식' 자유주의를 주장하는 자유주의 우파라 할 수 있다면, 장둥쑨은 중국의 '전통' 요소들을 고려하고 사회주의적 평등에 주목하는 자유주의 좌파의 '보편적 유형'으로 볼 수 있다.

실제 후스가 1930년대 이후부터 장제스 정권 쪽으로 돌아서면서 중국에서 문화적 영향력이 급속히 약화되었고 이는 자유주의자들이 정치적 성향을 분명히 드러낸 결과이다. 후스와 사회주의, 즉 공산당 사이

에 결정적으로 적대 관계가 빚어진 것은 국민당과 공산당 사이의 내전
이 확산되고 일본의 만주 침략이 노골화되고 있었던 1930년대 초반부
터였다. 후스가 국민당을 중국의 유일한 합법 정부로 인정하고 공산당
을 반란 세력으로 규정하면서 시작된 것이다.

후스의 이러한 '선택'은 중국 근대의 자유주의가 중국의 구체적 조
건과 결합하지 못했음을 보여주는 단적인 사례이다. 다시 말하면 중국
의 자유주의가 민족의 주권 문제와 더불어 중국 내의 첨예한 사회 모순
을 끌어안지 못했음을 말해준다. 이는 중국에 자유주의가 들어온 이래
한 번도 주류가 될 수 없었다는 역사적 사실과 밀접하게 관련되어 있다.
하지만 현재 대륙에서도 후스는 5·4운동의 강렬한 반봉건과 자유주의
의 상징으로 인식되고 있다.

1950년대 이후 중국 자유주의 우파의 거점은 타이완으로 옮겨 간
다. 후스와 더불어 레이전雷震, 옌하이광殷海光 등은 《자유중국》이라는
잡지를 통해 서양 민주정치의 이상을 선전했다. 이들은 타이완 국민당
당국의 사상 탄압을 받았으며 문화 면에서 전반서화를 주장했다. 타이
완의 폭압적인 계엄하에서 서양 이론의 수입으로 민주주의자들은 숨을
쉴 수 있었고 이 자체가 민주의 주장으로 받아들여졌다. 이로 인해 중국
문화를 본위로 하는 타이완의 현대 신유가학파와 날카롭게 대립했다.[45]

개인주의와 여성

자유주의와 더불어 후스의 주장에서 중요한 것은 개인주의이다. 그

---

45 이때 옌하이광은 신문화운동 이래 중국 자유주의 철학 배경이 된 경험론과 과학주의도 비판했
다. 이것은 바로 후스의 한계에 대한 도전을 의미한다.

가《신청년》을 통해 입센주의의 사상을 소개하고 번역한 이유는 바로 독립된 인격에 기초한 개인주의를 주장하기 위해서였다. 후스에 따르면 개인주의의 근간이 사실주의이다. 그에게 개혁은 사실적인 현실을 직시하여 비판하는 것이다. 부패한 사회를 개혁하기 위해서는 노라(입센의《인형의 집》주인공)나 의사 스토크만(입센의《민중의 적》의 주인공) 같은 자유와 책임을 갖는 개인들이 많아야 하고 이를 바탕으로 점진적으로 새로운 사회를 건설해야 한다. 이를 위해서는 비판적 태도를 함양해야 한다고 그는 주장했다.

그러나 이러한 비판적 태도를 지닌 개인은 자기 이익만을 따지고 군중의 이익은 돌보지 않는 자사자리自私自利의 '거짓된 개인주의(假的 個人主義)', 즉 위아주의爲我主義, egoism나 독선적 개인주의가 아니라 독립된 자기 사상에 완전하게 책임을 지는 '진정한 개인주의(眞的個人主義)', 즉 개성주의individuality에 근거해 활동한다.[46] 즉 사회의식을 갖는 사회적 개인이어야 한다. 그는 이를 강조하기 위해 사회불후론을 펼치는데 생물학과 사회학의 지식에 근거하더라도 개인(小我)은 사멸하지만 인류(大我)는 불후不朽하다고 하였다. 개인의 모든 소행, 모든 공덕, 모든 죄악, 모든 언행은 대소, 선악, 시비를 막론하고 모두 마멸될 수 없는 결과와 영향을 대아에 남겨놓는다는 것이다. 이를테면 "한 개인이 가래침을 한 번 땅 위에 뱉어 일촌일족을 훼멸할 수도 있는 것이다".[47] 후스는 이런 주장이 사회를 떠받들어 개인을 말살하는 것이 아니고 개인의 중

---

46 胡適,〈非個人主義的新生活〉,《資料簡編》第1券, 324쪽.
47 胡適,〈介紹我自己的思想〉,《資料簡編》第3券, 165쪽.

요성을 강력히 고양하는 것이라고 강조한다.[48] 이는 후스의 개인주의가 고전적 개인주의와 구별되는 사회적 개인주의임을 증명하는 것이다.

후스는 개인의 독립을 주장하는 논리의 연속선에서 여성의 독립 또한 주장하였다. 그는 근대 시기 남성 일반이 근대화에 필요한 현모양처론을 주장하며 여성해방 논의를 시작하는 것과는 달리 개인의 해방, 개성의 해방이라는 보편적인 가치에 입각해 여성 문제를 말하고 있다.[49] 입센주의를 소개하면서 "나는 나 자신에게 책임을 져요"라는 노라의 대사에 방점을 찍은 것은 바로 개인의 독립과 같은 반열에서 여성 개인의 독립을 주장했음을 보여준다. 후스는 여성해방의 문제를 다루면서 전통 사회뿐만 아니라 당시까지도 상당한 영향력을 미치고 있던——민국 시대까지 관청에서 열녀를 포상했다——유교의 열녀관을 비판했다. 비인간성과 비사회성에 초점을 맞추기 위해서다. 즉 열녀 포상은 열烈(남편 따라 죽기)을 강요하는 것이고 이런 점에서 곧 고의적 살인과 동일하다, 정조가 없는 남편을 위해서는 정조를 지킬 필요가 없다고 보아 남녀에 대한 봉건적 이중 잣대를 비판하였다.

후스는 사람을 잡아먹는 열녀관을 비판하는 가운데 미래의 여성관을 제시하는데 미래의 여성은 단순한 현모양처가 아닌 교육을 통해 자립 관념을 획득한 독립된 인간으로서 책임의식을 갖는 개인이어야 한다고 보았다. 그리고 이럴 때만이 진정 사회를 발전시킬 수 있다고 보았다. 당시 신문화운동 계열의 일반적인 여성해방 논의는 근대화론과 연

48 胡適,〈介紹我自己的思想〉,《資料簡編》第3卷, 165쪽.
49 민두기,《中國에서의 自由主義의 實驗》, 47쪽 참조. 이후 후스에 대한 서술은 작고하신 민두기 선생의 '자전적' 연구라 할 수 있는 이 책에서 많은 도움을 받았음을 밝힌다.

결된 현모양처의 주장을 벗어나지 못한 데 반해 후스와 루쉰의 주장은 조금 달랐다. 후스의 열녀관에 대한 입장 표시는 당시 학술계에서 대단히 주목받았다.

후스는 개인주의의 입장에서 효를 중심으로 한 가족 윤리 문제에도 소홀하지 않았다. 그의 효에 대한 이해와 입장은 아이가 태어난 후 지은 〈나의 아이〉라는 시에 잘 드러난다.

나는 아이가 필요 없었네. 그러나 아이 스스로 왔네. 나의 후손 안 갖기 주장은 이제 더 이상 내걸 수가 없게 되었네.

나무에 꽃이 피고, 꽃이 지면 우연히 열매가 맺듯, 그 열매는 너고, 그 나무는 바로 나.

나무가 본디 열매 맺을 생각이 없었듯이, 나 역시 너에게 베푼 건 아니다. 그러나 너는 이미 태어났다.

그러니 나는 너를 먹이고 가르치고 하지 않을 수 없다. 이는 사람의 도리로서의 의무일 뿐

너에게 은혜를 베푸는 것은 아니다. 훗날 네가 다 커서, 내가 어떻게 아이를 가르쳤는가를, 잊지 마라.

나는 네가 당당한 사람이 되기를 바랄 뿐, 너는 나의 효자가 될 필요는 없다.

이 시는 부모와 자식의 관계에서 나타나는 불합리성과 효의 허구성을 개인주의 시각에서 시니컬하게 묘사한 것으로 당시 중국 사회의 반응은 짐작하기 어렵지 않다. 이 시로 후스는 지식계의 비판을 받았다.

혹자는 후스의 시가 자식이 효자가 되어서는 절대 안 된다는 의미로 받아들여질 수 있다고 비판했다.[50] 후스의 효에 대한 입장은 그의 개인주의에서 자연스럽게 도출된다 할 수 있다. 효도가 의미 있으려면 사회적 강요가 아니라 자식된 자 개인의 마음속에서 우러나와야 한다는 의미였다. 그러나 후스가 보기에 당시 중국에서 효도라는 행위는 그렇지 않았다.

자유와 관용

지금 후스를 평가할 때 주목해야 하는 또 하나의 사상적 주제는 '관용(容忍)'이다.[51] 후스는 나이를 먹어갈수록 용인이 자유보다 중요하다는 것을 느낀다고 말한다. 그는 용인이 결국은 일체의 자유의 근본이라고 여긴다. 용인이 없으면 자유도 없다는 것이다.[52] 후스는 수차례 용인이 민주의 가장 중요한 이치라고 강조했다.[53] 후스가 말하는 용인에는 항상 역사적, 사회적 맥락이 있다. 그런데 맥락을 초월하여 보편화 작업을 통해 오늘날 사상 자원으로 가져올 수 있을까?

후스는 베이징 군중의 신문사 습격 사건에 대한 천두슈와의 논쟁에서 자유를 쟁취하는 유일한 이유는 우리 모두가 자신과 다른 생각이나

---

50 민두기,《中國에서의 自由主義의 實驗》, 53쪽 참조.
51 우리말의 의미로 따지면 후스가 말하는 용인은 관용에 가깝다. 따라서 이 책에서는 관용으로 바꿔 쓰되 문맥상 관용을 쓸 수 없는 경우에는 용인을 사용한다.
52 胡適,《容忍與自由》(原載 1959년 3월 16일 臺北,《自由中國》第二十卷 第六期) ;《容忍比自由更重要—胡適與他的論敵》, 歐陽哲生 編(時事出版社, 1999), 775쪽.
53 "학문을 하는 데는 의심할 것이 없어도 의심하는 것이 중요하고 사람을 다루는 데는 의심할 것이 있어도 의심하지 않는 것이 중요하다"는 후스의 명언은 확실히 인류의 모범 사례라 할 수 있다. 李愼之,〈回歸'5·4'學習民主—給舒蕪談魯迅, 胡適和啓蒙之信〉,《胡適還是魯迅》, 33쪽.

신념을 용인하게 되기를 바라는 것에 있다고 했다. 그는 나와 의견이 다른 사람의 자유를 인정하지 않는 사람은 자유를 쟁취할 자격이 없고 자유를 말할 자격이 없다고 말한다. 후스가 공산당을 받아들일 수 없는 이유도 자기가 보기에 바로 그들의 계급투쟁의 방법이 불용인과 부자유의 정치제도를 만들어내어 폭력과 강제력으로 유지하려 하기 때문이라고 강조한다.[54] 여기서 공산당이 객관적으로 무엇을 주장했는지는 중요하지 않다. 후스가 공산당을 어떻게 이해했는가가 중요하다. 후스는 공산당을 불용인, 부자유, 폭력, 강제력과 직결시켜 이해한다. 그는 일체의 이단에 대한 박해, 모든 '반대파'에 대한 학대, 모든 종교 자유의 금지, 모든 사상 언론의 억압은 모두 자기가 옳다는 굳은 믿음에서 나온다고 보았다. 자신이 옳다는 굳은 신념이 있기 때문에 자기와 다른 어떤 사상도 용인할 수 없게 된다는 것이다.[55]

후스는 타이완에 가서도 국민당에 대항한 진보 정당 결성을 바라는 열화 같은 성원에도 끝내 행동으로 나아가지 못했다. 마지막에는 옌하이광과의 논쟁을 통해 용인이 자유보다 더 중요하며 '권세 있는 서생'(지식인)이 국민당 정부를 용인하는 태도를 보여야 한다는 등 자기 합리화에 급급한 창백한 자유주의적 지식인의 모습을 보여주었다. 이는 1929년 당시 국민당을 비판하던 논조와 비교해보면 많이 달라진 태도이다. 후스는 공산당과 국민당이 합작한 결과 하나의 절대 전제적인 국면을 조성하여 사상 언론은 완전히 자유를 상실했다. 상제上帝는 차라리

54 胡適, 〈眼前世界文化的趨向〉, 《胡適選集, 政論》(文星書店, 1966), 175~176쪽 참조.
55 胡適, 〈容忍與自由〉, 《容忍比自由更重要—胡適與他的論敵》, 778쪽.

부인할 수 있었으나 쑨원의 비판은 허용되지 않았다[56]고 비판했다. 이어서 국민당의 반동성을 다음과 같이 비판했다. "국민당의 운동은 근본적으로 일종의 극단적인 민족주의 운동으로서 처음부터 보수성과 함께 전통 문화를 옹호하는 성격을 갖고 있었다. (중략) 뒤에 집권하게 되자 이런 이론이 여러 반동 행위와 사상의 근거가 되었다"[57]고 했다. 자유보다 용인이 더 중요하다는 주장을 하게 된 것은 물론 후스가 국민당을 선택한 이후의 일이다. 타이완에서 국민당 독재가 강화되어 정치적 자유가 심각하게 침해받고 있을 때라는 점을 감안하면 이는 명확히 국민당에 순응한 '정치적' 발언이다. 더군다나 당시 후스가 국민당 정부와 관련이 있었다면 더욱 그렇게 해석될 소지가 크다.

용인이라는 주제와 관련하여 '페어플레이'를 두고 논쟁했던 1925년 린위탕林語堂[58]과 루쉰의 생각을 언급할 필요가 있다. 린위탕은 페어플레이 정신이 중국에는 아주 희박하므로 적극 권장해야 한다고 했다. 물에 빠진 개는 때리지 말아야 하는 것이 페어플레이의 뜻이라고 덧붙였다. 하지만 루쉰은 〈'페어플레이'는 아직 이르다〉라는 잡문에서 물에 빠진 개가 어떤 개인지, 왜 물에 빠졌는지를 봐야 한다고 말한다. 그리고 개를 때릴 것인가 말 것인가는 뭍에 올라온 뒤의 태도에 따라 결정해야 한다고 주장했다. 따라서 '페어'는 상대에 따라 적용해야 한다. 즉 상대가 '페어'하게 나올 때 비로소 '페어'를 문제 삼아도 늦지 않다고 말한

56 胡適, 〈新文化運動與國民黨〉, 《資料簡編》第3卷, 149~150쪽.
57 胡適, 〈新文化運動與國民黨〉, 《資料簡編》第3卷, 151쪽.
58 1895년 푸젠성에서 태어났고 1976년 홍콩에서 사망했다. 중국의 소설가이자 문명비평가이다. 베이징대학 교수를 지냈으며 대표작으로 《생활의 발견》이 있다. 영어로 수필도 쓰고 중국의 고전을 영어로 번역하여 중국 문화를 외국에 소개하였다. (위키백과 참조)

다. '페어플레이'는 극단적인 경우에 오히려 약점으로 작용하여 악한 세력에게 이용될 수 있다는 것이다. 루쉰의 이 글은 후스의 용인과 대비된다. 루쉰은 "만약 앞으로도 광명이 암흑과 철저하게 싸우지 않고 순직한 사람이 악을 용서하는 것을 관용이라고 잘못 생각하여 고식적인 태도를 보인다면 오늘날과 같은 혼돈 상태는 영구히 이어질 것이다"라고 했다. 중국 근대 시기 군벌 등 봉건 세력이 난립하는 상황에서 개혁 반대자가 개혁자를 공격하는 수법이 갈수록 음험해져 극한에 달하고 있음을 의식한 발언이다.

현실적으로 관용이 문제가 될 때 대부분의 경우 구체적 맥락이 있고, 많은 경우 약자가 강자를 먼저 용인하는 사례가 적지 않다. 이때의 관용은 다분히 '전략적 관용' 또는 '체념적 관용'일 수도 있다. 어찌 되었든 관용은 이제 베푸는 것이 아니라 도덕적 명령으로 인식되는 단계라고 주장하는 이도 있다. 상대의 주장에 찬성하지 않더라도 그가 말할 권리를 보장해주는 것, 이럴 때 관용은 민주주의 성립의 한 가지 조건이 된다.

나오며

중국의 시에용謝泳이라는 학자는 자신의 책《루쉰인가, 후스인가》의 후기에 이렇게 썼다. "이 책을 다 읽은 후 하염없이 눈물이 흘러내렸다. 꼭 100년의 시간이 흘렀건만, 중국의 문제는 아직 해결되지 않은, 실로 오래된 문제이다. 후스와 루쉰을 괴롭혔던 문제가 여전히 우리를 괴롭히고 있다. 이것이 바로 중화 민족의 비극이다."⁵⁹ 이것은 서론에서 말한, 중국의 현실은 오래된 문제가 해결되지도 않았는데 새로운 문제가 덮친 격이라고 했던 바와 의미가 상통한다. 하지만 어떤 이는 아마도 시에용의 에필로그를 서양에 경도된 한 자유주의적 계몽주의자의 얄팍한 한탄 정도로 치부해버릴지도 모른다.

　루쉰은 중국을 너무도 비관적으로 보았고 출구가 없다고 생각했으며 대안을 말하지 않았다고 할 수 있을 것이다. 그럼에도 중국은 성공했기에 지금의 적지 않은 주류 지식인들 중에는 100년 전의 루쉰과 후스의 문제의식을 이제 철지난 것으로 보는 이들이 적지 않다. 루쉰에게서 사회를 향한 항의나 죽음에 대한 체험과 관련된 투쟁은 다 알다시피 글쓰기로 나타난다. 이는 거의 예외 없이 '정치적'이었고 지식인과 권력자의 은밀한 결탁에 대한 폭로였다. 또 '일체의 불평등한 관계와 그 재생산 메커니즘에 대한 반항'이었다. 이런 점에서 왕후이의 말처럼 루쉰에게서 글쓰기는 일종의 진지전이자 유격전이었다. 혁명에 대한 깊은 회의는 그의 사회적 전략에 중대한 영향을 끼쳤다. 루쉰은 더 이상 대규모 혁명에도, 엄밀한 조직적 정치 활동에도 힘을 쏟지 않았고 사회생활 각 방면에서 소규모 투쟁을 벌였는데 이것을 '사회 비판'과 '문화 비판'이라고 불렀다.⁶⁰ 진지전과 유격전으로서의 글쓰기는 합리적이고 안정돼 보이는 체제를 교란하는 지식인의 실천 행위이다. 글쓰기는 '중국'이라는 '문제'에 대면하는 하나의 실천 행위였다. 중국은 루쉰에게 외재적이

59　謝泳 編,《胡適還是魯迅》.
60　旺暉,《死火重溫》(人民文學出版社, 2000)[왕후이,《죽은 불 다시 살아나》, 김택규(삼인, 2004), 179~178쪽.] 참조.

고 동시에 내재적인 존재였다. 그만큼 낯선 대상이기도 하고, 익숙한 대상이기도 했다. 그렇기 때문에 상대화가 가능했던 것이다. 루쉰에게서 세계를 읽는 방법은 두 가지다. 하나는 민중의 세계에 대한 수용이며 저항이다. 다른 하나는 신이 없는 세상에서 죽음을 수용하고 거기에 저항하는 것이다. 리쩌허우는 전자를 형이하학, 후자를 형이상학으로 분류한다. 양자는 우열이 아니라 상호 보완 관계에 있다.

후스의 자유주의적 계몽은 중국 사회의 이성적 개조라는 목표를 설정해 진행되었다. 이로 인해 그의 계몽의 방식은 중국이라는 세계에 착근해 들어가기 쉽지 않았다. 지식인으로서 계몽의 주체인 후스와 계몽의 대상인 중국(인)은 경계가 뚜렷했기 때문이다. 후스에게 있어서 중국은 나아갈 방향이 분명했다. 전면적 서구화 외에 중국 문화의 미래는 없었다. 그런데 전면적인 서구화로 가는 데 장애물이 있다. 바로 빈곤, 질병, 우매, 탐오貪汚, 혼란이다.[61] 후스에게 이 오귀五鬼는 봉건의 잔재이며 동시에 중국 민중의 일상에 파고들어 자리 잡은 구습이다. 그렇기 때문에 봉건의 극복과 근대로의 진입은 그에게 분명하고도 당면한 과제였다.

현재의 맥락에서 후스를 의미 있는 사상가로 자리매김하기 위해서는 그의 자유주의가 당시 중국이라는 맥락에서 어떤 가치가 있었는지 따져볼 필요가 있다. 중국의 자유주의는 혁명 시기에도 사회주의 시기에도 거의 아무런 역할을 하지 못했다. 현재 중국의 부강 또한 비자유주의적 수단을 통해서 획득한 것이다. 이것이 중국 자유주의의 이론적 난

---

61 胡適,〈我們走那条路〉,《胡適學術文集 哲學與文化》(中華書局, 2001), 636쪽.

제이다. 자유주의가 이미 중국 사상의 구성 요소가 되었다는 점을 인정하게 되면 더욱 그렇다.[62]

그런데 우리는 후스가 말하는 자유주의조차도 사민주의적 요소를 매우 강하게 띠고 있었다는 사실에 주목해야 한다. 이는 후스가 《신청년》 그룹 내부의 분열 이후 1922년 자유주의적 지식인들과 함께 발표한 〈우리들의 정치 주장我們的政治主張〉에서 '좋은 정부(好政府)'를 만드는 수단 중의 하나로 정치적으로는 혁명을, 경제적으로는 계획을 말했던 것으로 증명된다. 물론 자유주의는 1930년대 일본의 침략에 시달리고 내전이 반복되고 있었던 중국에서 비현실적이었다. 즉 제국주의의 침략과 군벌 등에 의해 분열되어 있는 중국, 혹은 국민당과 공산당 사이의 내전이 현실화되고 있는 중국의 운명을 짊어지기에는 개인의 각성과 분투, 점진적 문제의 해결을 강조하는 자유주의는 너무도 무력했다. 그러나 후스가 경제에서의 계획을 말할 정도로 사민주의적 요소를 수용한 것은 당시 우파적 자유주의조차도 평등의 문제를 그냥 넘길 수 없었음을 의미하며, 더불어 후스가 문화적으로 중국의 상황을 두고 얼마나 고뇌했는가를 증거한다.

루쉰은 근대성을 전적으로 긍정하지 않았으며 전통에 대해서도 마찬가지였다. 여기서 중국의 봉건성을 비판하고 근대성을 실현하려 했던 후스와 크게 대조된다. 그렇다고 루쉰이 자신이 살았던 시대에서 완전히 벗어난 인물은 아니었다. 자기 시대의 제약 속에서 글을 쓰고 살아갔다. 예컨대 이 글에서는 다루지 않았지만 루쉰 역시 여성관이라든

---

62 胡傳勝, 〈中國的復興與自由主義的理論難題〉, 《重思胡適》(中央編譯出版社, 2015).

지 사회진화론의 인종차별적 의식이라는 면에서는 다른 지식인들과 마찬가지로 문제가 있었다. 그러나 루쉰은 되도록 자기 시대를 상대화해서 보려 했고 자각적으로 보려 했다. 이러한 점이 다른 지식인과 다른 점이다.

이런 성향으로 인해 이들의 행동과 글쓰기도 달라졌다. 후스와 루쉰에게 글쓰기는 계몽 활동의 일환이었고 그런 점에서 둘 다 '정치적'이었다고 할 수 있지만 그 의미는 달랐다. 후스는 계몽의 목적과 대상, 방법이 모두 분명했다. 계몽의 주체인 후스는 계몽 대상과 섞이지 않는다. 그럼으로써 계몽에 대한 추진력이 발휘될 수 있었다. 이와 비교하여 루쉰은 어땠을까. 계몽의 대상을 받아들이면서도 그들에게 저항해야 하는, 이중의 위치를 설정함으로써 근대적 지식인의 경계 안에 갇혀 있지 않게 되었다. 그렇기 때문에 글쓰기라는 계몽의 행위에는 부정의 부정이 들어 있다. 이런 사유가 가능했던 것은 루쉰이 인간과 역사를 마음 깊이 회의했기 때문이다. 그러나 다른 한편 그의 사유에는 힘의 강약에 대한 원천적 해소라는 평등주의적 이상주의가 들어 있다. 이 둘은 조화했다 불화했다를 반복한다. 그래서 루쉰은 결코 평탄한 생활을 누리는 '행복한 영혼'이 될 수 없었고 현실을 비관했으며 계몽에 대한 추진력을 얻을 수 없었다.

루쉰의 현실에 대한 극단적인 분노는 이해할 수 있지만 이를 따라 할 수는 없다. 평생 고수한 비타협적인 행동은 일반인이 따라 할 수 없는 것이다. 이에 비교하면 후스는 좀 다르다. 후스는 비교적 평이하고 소박한 인생 취향을 가지고 있으며 따라서 이것은 보통 사람의 사유와 행동에 부합한다.[63] 후스의 사상에서 지금 우리가 호출해야 하는 철학적 주제가 있다면, 전통적인 봉건과 사회주의적 권위주의가 아직도 사회 밑바닥에 흐르고 있는 현재 중국의 상황에서 자유와 관용(自由與容忍)을 주장했다는 점일 것이다. 지금 동아시아가 민주주의의 위기와 후퇴를 경험하고 있는 시점에서 자유와 관용이라는 가치는 운용의 문제와 더불어 어느 때보다 필요한 덕목이 될 것이다.

봉건성과 근대성, 계몽과 자유를 보는 시각에서 루쉰과 후스는 많은 부분 비교된다. 그래서 루쉰의 길, 후스의 길이라는 말이 나왔던 것이다. 하지만 이 둘의 중국에 대한 고민은 중국의 현상을 비판하고 새로운 중국을 만들려는 열망에서 나왔다. 따라서 전통과 근대 그리고 혁명을 재해석하여 '대안적' 근대를 고민해야 하는 21세기 중국으로서는 루쉰과 후스의 문제의식을 계속 안고 가야 할 것이다.

---

63 任劍濤 主編,《重思胡適》, 4쪽.

4장

유교의 전면 비판자
천두슈

VS

중국 최초의 마르크스주의자
리다자오

들어가며

천두슈陳獨秀(1879~1942)와 리다자오李大釗(1888~1927)는 북이
남진北李南陳이라는 조어가 생길 정도로 중국공산당 창당 시기에 쌍벽을
이루며 활동했다. 그리고 마오쩌둥이 직접 밝혔듯이 청년 마오쩌둥에
게 지대한 영향을 미쳤다. 그러나 천두슈는 1927년 공산당에서 제명당
했고 1942년 사망할 때까지 결국 자신이 만든 당으로 돌아가지 못했다.
리다자오가 중국공산당의 칭송을 받은 반면 천두슈는 자신이 한 일에
비해 정당한 평가를 받지 못한 불운의 정치사상가이다. 정치적으로 불
운했지만 학술적으로는 결코 그렇지 않다. 천두슈는 신문화운동의 상
징이 된《신청년》[1]이라는 잡지를 만들어 근대적 형태의 지식장을 제공
했다. 이 지식장을 통해 전에 없던 활발한 논의가 이루어졌고 결과적으
로 '경전 체제에서 지식 체제로' 패러다임이 완성되었다. 5·4신문화운
동기의 왕성한 지식 담론은 중국 역사에서 춘추전국, 송대의 신유학 담

---

1   1915년 9월 창간, 초기의 명칭은 '청년잡지靑年雜誌'였다가 1915년 9월부터 '신청년'으로 바
    뀌었다. 1926년 7월에 종간되었다. 과학과 민주를 내걸고 5·4신문화운동의 계몽지로 출발하
    여 봉건 예교 비판, 백화문 제창, 문학 혁명에서 큰 공적을 세웠다. 통신란을 만들어 독자와 교
    류를 시도한 결과 1918년 제4권부터는 발행부수가 1만 5,000~1만 6,000부에 달했다. 천두슈
    이외에도 후스, 리다자오 등 몇 사람이 돌아가면서 편집을 담당했다. 1919년 5·4운동을 지나
    6권 5호의 마르크스주의 특집호를 낸 이래 계몽적 색채를 벗어나 적극적으로 정치를 거론했
    으며 사회주의, 무정부부의 논쟁이나 노동운동 등을 다루었다. 1923년 6월 계간 1기부터 취추
    바이瞿秋白를 주필로 삼았고 중공 중앙의 이론지가 되었다. 日原利國 編,《中國思想辭典》(研文
    出版, 1984), 231쪽.

천두슈와 리다자오

론 시기에 버금가는 사상 발전의 시기로 꼽는다. 이 발전은 천두슈 특유의 불굴의 추진력이 없었으면 불가능했다.

천두슈는 이처럼 지식 패러다임의 전환기에《신청년》을 창간했으며 중국공산당 창당에서 가장 중요한 역할을 했고 공산당 초대 서기를 지냈다. 이것만으로도 중국 현대사에서 대단한 역할을 했다고 할 수 있다. 현대 중국 철학의 거두인 리쩌허우도 일찍이 이렇게 말한 적이 있다. "후스와 대비하면 천두슈는 중국 현대사에서의 지위가 훨씬 높고 역사적인 역할도 훨씬 크다. 국민당 통치 시기에 그의 이름은 '공산당의 영수'라는 것 때문에 금지당하였다. 1949년 이후에는 '우경기회주의자', '트로츠키주의자'였다는 것 때문에 냉대를 받았다. 그러나 만일 천두슈가《신청년》을 창간하지 않았다면, 그가 일찍이 그렇게 적극적으로 공산당 창립 활동을 하지 않았다면 중국 현대사의 면모는 크게 달라지지는 않았을지라도 아마 상당한 차이가 있었을 것이다."[2]

어떤 사람이든 일생에서 가장 빛나는 시기가 있다. 천두슈의 경우 1915~25년이다. 그는 이 기간에《신청년》을 창간하고 중국공산당을 창당했으며 총서기라는 중차대한 임무를 맡아 중국 현대사를 화려하게 열어젖혔다. 이중에서도《신청년》을 통한 신문화운동의 개시는 중국 근현대 사상사 전체를 포괄해 보더라도 의미가 각별하다. 천두슈는 신해혁명 이후 봉건화의 짙은 기운이 감돌던 시절 가장 먼저 나서서 용기 있게 '민주'와 '과학'을 외쳤던 인물이다. 여기서 '민주'와 '과학'이라는 용어는 중국의 봉건에 맞선 서양 근대사상의 상징으로 사용되었다.[3] 춘추전국 시기 백가쟁명百家爭鳴, 백화제방百花齊放 이래 이때처럼 지식인의 상상력이 발휘된 적은 없었다고 해야 할 것이다.

　　개혁개방 이후 1980년대 신계몽 시기의 논의가 신문화운동의 열기와 비유되지만 자기 문화에 대한 반성, 세계주의적 가치 지향 등 논의의 다양성에서는 후자에 못 미친다. 이런 점에서《신청년》의 창간은 피에르 부르디외가 말하는 근대적 의미에서의 지식장intellectual field을 중국 최초로 마련했다는 의미가 있다. 그러나 천두슈는 1927년 국공분열에 대한 책임을 지고 당서기직에서 물러났으며 1929년 공산당에서 제명당한 후 죽을 때까지 민주주의자, 세계주의자로 살았다. 이 때문에 공산

2　이택후,《중국 현대 사상사의 굴절》, 김형종(지식산업사, 1992), 127쪽.

3　이와 관련하여 진관타오金觀濤와 류칭펑劉青峰은《신청년》분석을 통해 매우 흥미 있는 주장을 내놓았다.《신청년》이 실제로는 '민주'를 매우 적게 사용했고 유가 윤리 비판에 사용한 단어는 대부분 '인권'과 '개인 독립'이라는 것이다. 그리고 '과학'도 미신과 대립되는 의미 외에 물질, 진보, 윤리 건설 등을 나타내는 의미로 사용했지 유가 윤리를 비판하는 데 직접 사용한 예는 매우 드물다.《신청년》이 전통 문화 윤리를 비판, 부정하는 데 가장 많이 사용한 단어는 '상식'이다. 그러니까 민주와 과학은 현대 상식과 개인 독립의 대명사에 불과할 뿐이다. 金觀濤·劉青峰,〈新文化運動與常識理性的變遷〉,《二十一世紀》1999年 4月號, 41쪽.

《신청년》

당의 비판을 받았지만, 필자는 바로 이 점 때문에 천두슈를 재평가해야 한다고 본다.[4]

리다자오는 1927년 4월 28일 군벌 장쭤린張作霖에 의해 처형당했을 때 겨우 39세였다. 처형당한 지 4년 만에 치러진 정식 장례식에 애도의 글이 담긴 두루마리들이 여러 곳에서 답지했다. 그중 야마다山田라는 일본인은 다음과 같은 글을 보내왔다. "프롤레타리아의 사랑하는 지도자이며 선생이신 리다자오 동지, 비록 그대의 육신은 곧 묻히겠지만 그대의 영혼은 우리와 함께 있고, 그대가 흘린 피는 우리의 운동에 힘의 근원이 되었습니다. 동지, 편히 쉬시오. 우리는 억압으로부터 자유로워질 때까지 결단코 투쟁할 것입니다."[5]

리다자오는 "인생에서 최고의 성취는 항상 격렬한 자기희생 속에 있다"고 말해왔다. 마치 자신의 죽음을 예견이라도 한 듯하다. 여기서

---

4   위의 논지와는 거리가 있지만 《신청년》과 관련하여 최근 조금 다른 주장이 있어 소개한다. 중국 베이징대학 교수의 저서 《혁명과 반혁명革命與反革命》에 의하면 천두슈는 당시 그렇게 알려진 인물이 아니었고 따라서 《신청년》의 영향력도 그렇게 크지 않았다. 사실 이 잡지에 모인 사람들은 당시 중국의 지식인 가운데 어느 정도는 소외된 사람들이었다는 것은 익히 알려진 바다. 기존의 사회체제 안으로 진입하지 못했으니 이 사회체제를 떠받치고 있었던 유교 윤리를 근본에서 비판하려는 집단적 움직임이 나타난 것이다. 이는 상식적으로 보아도 전혀 이상할 것이 없다.
5   모리스 마이스너, 《리다자오―중국 마르크스주의의 기원》(지식산업사, 1992), 298쪽.

장줘린

리다자오가 말한 '자기희생'이란 중국의 초기 공산주의 운동에서 볼 수 있는 지식인의 강한 책임감과 주체적 실천을 의미한다고 해야 할 것이다. 확실히 이때는 지금과 달리 희망이 있던 시대였고 지식인이 '자기희생'으로 현실에서 희망을 구현할 수 있다고 생각했던 시대였다. 리다자오는 짧은 인생이지만 희망의 시대에 기층민중의 요구에 응답하려는 단호한 태도로 살았다. 피신을 권하는 주위 사람들의 권유를 뿌리치고 체포되었으니 말이다.

리다자오는 중국 공산주의 역사에서 공산당 문화와 이론을 정초한 인물로 평가되어왔다. 두 가지 측면에서 그러한데, 하나는 청년 지식인들에게 도시를 떠나 농민 속으로 들어가야 한다고 주장한 점이다. 다른 하나는 마르크스주의의 결정론적 측면을 극복하고 인간의 의지를 강조했다는 점이다. 즉 마르크스주의를 수용하는 과정에서 도덕적이고 주체적이며 능동적인 부분을 강조하는 발런터리즘voluntarism을 강화해 마오쩌둥에게 전승해주었다.

천두슈가 《신청년》을 창간해 새로운 의미의 지식장을 마련하고 급진적이고 과격하게 전통 사상을 비판하면서 신사상의 포문을 열었다면, 리다자오는 사회주의를 포함한 외래 사상을 중국이라는 사회에 어떻게 적용할 것인가를 두고 유연성과 창조성을 발휘했다. 비유하자면 천두슈가 중국혁명의 하드웨어를 개발했다면 리다자오는 혁명 담론이라는 소프트웨어를 만들었다고 할 수 있다.[6] 리다자오와 마오쩌둥 전문가 모리스 마이스너Maurice Meisner의 표현에 의하면 천두슈가 중국 역사의 격렬한 흐름 속에서 소멸되어간 국제주의적이고 서구적인 마르크스주의를 대표하는 인물이었다면, 리다자오는 마오쩌둥 식의 마르크스-레닌주의가 주축이 된 혁명적 자율성과 민족주의적 동기를 강조했던 선구자였다.[7] 굳이 구분하자면 천두슈는 보편성을, 리다자오는 특수성을 추구했다. 그렇다면 마오쩌둥은 리다자오의 이론에 기초한 노선을 현실화하여 중국혁명을 성공으로 이끈 인물이 되는 것이다.

마오쩌둥과의 이런 연계성으로 인해 리다자오는 중국에 공산당 정권이 성립한 이래 지속적으로 영웅적인 혁명 순교자로 숭배되었다. 리

---

6 물론 여기서 리다자오의 공헌은 단정적으로 말할 수 없는 부분이 있다. 앞에서 말한 창조성과 유연성은 쉽게, 갑자기 나올 수가 없기 때문이다. 리다자오 사상 형성의 기원과 경로를 논할 때 실천 면에서는 러시아혁명을, 이론 면에서는 일본의 사회주의 사상가 가와카미 하지메河上肇의 영향을 무시할 수 없을 것이다. 이에 대해 좀더 자세한 사항은 이 장의 마지막 부분 참조.
7 모리스 마이스너, 《리다자오—중국 마르크스주의의 기원》, 300쪽.

다자오는 1927년에 죽었지만 그의 계승자인 마오쩌둥이 승리하면서 리다자오 또한 승리자가 되었다. 승리에는 어쨌거나 원인이 있겠지만 마찬가지로 실패에도 원인이 있을 것이다. 이제 '실패자'인 천두슈에 대해서도 다시 생각해볼 때가 되었다. 그가 보여주었던 '보편적 문제'에 대한 고민을 공산당사라는 좁은 경계를 벗어나 중국 근현대의 통시적인 지성사 속에서 재음미하고 재평가할 필요가 있다.

1. 천두슈, 신문화운동과 공산당 창당을 이끈 불운한 정치사상가

공산주의자, 민주주의자, 세계주의자

천두슈는 1879년 안후이성安徽省의 후아이닝懷寧에서 태어났다. 엄격하면서도 아편을 하는 할아버지와 자상한 어머니 밑에서 자랐다. 그도 어려서 유교 교육을 받았지만 여느 청년과 마찬가지로 과거시험에 쓰이는 문체여서 고리타분한 팔고문八股文을 싫어했다. 그럼에도 어머니의 바람을 충족시키기 위해 어렵게 수재가 된 다음에도, 거인擧人이 되기 위해 강남 향시에 응했다. 그런데 이 경험이 천두슈 인생의 큰 전환점이 되었다. 즉 난징에서 향시를 치르는 동안 주변에서 벌어진 불미스런 사건들 때문에 과거시험 응시 자체를 회의했고 이를 통해 유교 윤리의 허구성을 새삼 고민하게 되었다. 이른바 과거제도란 동물원 밖에서 원숭이와 곰이 3년 만에 한 번씩 벌이는 쇼에 불과한 것이라고 생각했다. 천두슈는 이후 량치차오의 교육제도 개혁 주장에 공명하게 되는

데, 이는 아마도 이때의 경험과 무관하지 않을 것이다.

천두슈는 이후 항저우杭州에 있는, 저장浙江대학의 전신으로 서양학제를 가장 먼저 본떠 세운 구시서원求是書院에 들어가 영어와 프랑스어 그리고 조선造船공학을 배웠다. 이후 서양 서적을 원어로 읽을 정도로 기초를 다지게 된다.[8] 1901년 어느 날 구시서원에서 반청 연설을 했다는 이유로 그는 경찰에 쫓기는 신세가 되었다. 의화단의 난 이후 천두슈는 더 이상 량치차오식의 점진적 개혁에 동의할 수 없었다. 당시 중국에서 가장 영향력 있는 잡지는 애국학사가 발행을 주도한《소보蘇報》였다. 1903년《소보》는 천두슈의 활동을 대서특필했다. 안후이성의 혁명 동지들을 모아놓고 연설을 했기 때문이다. 그는 중국인들이 당장 자신들의 국가를 구하기 위해 전진하지 않으면 외국 열강의 노예가 될 것이라고 역설했다.[9] 이후 그는 청조 정부의 요주의 인물로 부상한다.

쑨원과 함께 중국동맹회를 만들고 국민당을 창설한 쑹자오런宋敎仁이 1913년 암살되고 제2혁명이 실패한 후 천두슈는 일본으로 피신했다. 이후 1915년 상하이로 돌아왔다. 그해 9월《청년잡지》(이후《신청년》으로 바뀜)를 창간했고 1917년에는 베이징대학 문과대학장이 되었다. 1918년에는 베이징대학의 학생 잡지《신조新潮》의 창간을 도왔다. 같은 해에 리다자오와 함께《매주평론每週評論》을 창간했으며 5·4운동을 이끄는 인물이 되었다. 이때 이미 천두슈의 민족주의는 량치차오의 국가를 중심으로 하는 민족주의와 달랐고 쑨원의 민족과 문화를 기초로 하는 민족주의와도 달랐다. 인권을 대의명분으로 하여 국가를 부정할 정

---

8 토마스 쿠오,《진독수 평전》, 권영빈(민음사, 1985), 45쪽.
9 토마스 쿠오,《진독수 평전》, 45~49쪽 참조.

《청년잡지》

도의 급진성은 천두슈의 사상에서 개인 자유와 민족 정체성, 민주주의와 민족주의 사이의 심각한 긴장으로 표출되었다. 5·4시기 천두슈의 사상은 개인주의와 집단주의 그리고 세계주의가 함께 섞여 있는 일견 매우 모순된 양상을 보여주고 있었다.

천두슈는 1921년 7월 상하이에서 중국공산당 창당을 주도했고 초대 총서기로 선출되었다. 1924년부터 제1차 국공합작이 성사돼 국민당과 공산당은 연합해서 군벌을 일소하는 혁명 전쟁을 벌이고 있었는데, 1927년 갑자기 국민당의 장제스는 '상하이 쿠데타'를 일으켜 공산당과의 내전을 시작했다. 사태가 이렇게 전개되자 공산당에서는 천두슈에게 책임을 물어 비판과 공격을 가했다. 결국 멘셰비키주의자, 우파기회주의자, 투항주의자로 비난받았고 이로 인해 공산당에서 추방당했다. 1927년은 천두슈에게 실로 고난의 해였다. 4월에는 동료 리다자오가 장쭤린에 의해 체포되어 처형되었고, 6월에는 장남 옌니엔延年이 국민당에 의해 체포되어 처형되었다.

천두슈가 서기장직을 박탈당한 것은 1927년 트로츠키와의 권력 투쟁에서 승리하여 소련과 코민테른의 실권을 장악한 스탈린의 중국 정책과 관련이 있다. 장제스가 이끄는 국민당이나 프롤레타리아와 농민에 대한 시각에서 스탈린과 천두슈는 적지 않은 견해차를 가지고 있었다. 이러한 견해차는 현실에서는 중국혁명에 대한 전략에서 갈등으로 나타났다. 당시에는 우리의 상상 이상으로 제3인터내셔널, 즉 코민테른의 권위가 각국의 공산당을 압도하고 있었다. 1927년 국민당과 공산당이 분열되어 공산당이 괴멸적 타격을 입자 스탈린은 모든 책임을 천두슈에게 떠넘겨버렸다. 결국 천두슈는 트로츠키주의자로 비난받으면서 1927년에 총서기직에서 물러났고 1929년 당적까지 박탈당했다. 또 1932년 국민당 정부에 체포되어 1937년까지 감옥에 있었다.

천두슈는 충칭에서 만년을 보냈다. 비록 가난한 생활을 했지만 국민당 정부나 옛 친구 등의 재정 지원을 거절했다.[10] 그는 출감하여 홀로 살면서 마지막까지 민주주의를 고민했다. 천두슈가 고민한 중심 테제는 소련에서 전체주의적 독재가 생겨난 것은 특정한 개인이 아닌 정치제도 때문이라는 것이다. 그는 어떠한 정치적 용어를 사용하든 진정한 민주주의가 시대를 넘어서, 모든 정치제도를 넘어서 영원히 구현되어야 한다고 주장했다. '프롤레타리아 민주주의' 체제에서도 시민은 집회·결사·언론의 자유를 누려야 한다고 주장했다. 뿐만 아니라 야당도 같은 자유를 누려야만 하며 그러한 자유가 없다면 의회 형태든 소비에트 형태든 쓸모 없는 정치기구라고 하였다. 정치 형태 면에서의 민주주의와 경제 영역에서의 사회주의가 상호 보완하는 제도라고 생각했다. 민주주의가 부르주아의 이익만을 위해서 움직이는 자본주의에 기초를 두어서는 안 되지만, 민주주의 없이 대중 정치를 주장하는 이른바 '프롤레타리

---

10 토마스 쿠오,《진독수 평전》, 278쪽.

아독재'는 진정한 사회주의를 이룩할 수 없다고 보았다.[11] 이는 소련 사회주의의 진행 상황을 보면서 민주주의 없는 사회주의의 문제점을 지적한 것이었다. 이러한 시각은 천두슈가 공산당을 떠나 독자적으로 사고할 수 있었기에 나올 수 있었다. 천두슈는 만년에 이처럼 민주주의에 대해 많은 고민을 했다. 그러다가 1942년 쓰촨성에서 63세를 일기로 사망하였다. 사인은 심장마비였다.

후치우웬胡秋原은 천두슈를 애도하는 글에서 이렇게 썼다. "그는 최근 30년 동안 중국 문화 정치사에서 혜성과 같은 인물이었다. 당시에는 위세가 당당했지만 오늘은 소리 없이 종적을 감추었다. 이것이 비극이 아니고 무엇이겠는가."[12]

천두슈와 《신청년》— 5·4신문화운동과 모순의 시대

천두슈의 사상과 행동을 알아보기 위해서는 우선 신문화운동이 왜 일어났는지부터 살펴야 한다. 신문화운동은 구국의 한 방법으로서 봉건적 유교 전통의 완전한 척결을 목표로 시작된 운동이었다. 1915년에서 1917년 사이 두 차례의 제제帝制 복귀 운동과 공교孔敎의 국교화 운동으로 지식인들 사이에서는 신해혁명의 성과가 수포로 돌아갈 수도 있다는 위기감이 팽배해 있었다. 당시 천두슈와 리다자오가 느꼈던 위기감은 두 사람의 매우 비관적인 글을 통해 느껴진다.

천두슈는 〈애국심과 자각심〉이라는 글에서 이렇게 지적했다. "국민

---

11 토마스 쿠오, 《진독수 평전》, 282쪽 ; 陳獨秀, 〈我的根本意見〉, 《陳獨秀的最後見解》(自由中國出版社, 1949), 2쪽.
12 祝彦, 《陳獨秀思想評傳》(福建人民出版社, 2010), 201쪽.

이 애국심이 없다면 나라는 항상 망하게 되어 있다. 국민에게 자각심이 없으면 나라는 역시 위태롭다." 그는 결정적으로 국가가 애국할 만하지 않을 때는 어떻게 해야 하느냐고 반문한다. 리다자오는 〈염세심과 자각심〉이라는 글을 써서 천두슈의 이러한 태도를 지나치게 비관적이라며 경계했다. 하지만 리다자오 역시 당시의 중국 사회의 세태에 강한 위기감을 피력하고 있다.

> 광복(신해혁명) 이후에도 여전히 인심과 세도는 날로 타락해가고 정치는 혼란스럽고 세상은 험악해져가고 염치는 없어져가고 뇌물수수는 공공연히 행해지고 있다. 사士는 학을 모르며 관은 직을 지키지 않고 강함은 약함을 능멸하며 많음은 적음을 압박한다. 천지는 막혀 있고 현인은 숨으며 군자의 도는 쇠하여 사라지고 소인의 도는 성盛하여 자라며 중국 4000여 년을 생각함에 사회의 암흑이 지금보다 심한 때가 없었다. 인심은 불만으로 격앙되어 있고 격앙되면 생명을 경시하게 되어 자살에 이른다. 이러한 경향은 사회의 나쁜 현상이 인심을 격발시켜 생겨난 것임에 틀림없다.[13]

당시 천두슈는 매우 비관적으로 중국 사회를 전망하면서도 희망의 끈을 놓지는 않았다. 즉 중국인 개개인의 의식을 바꿈으로써 중국을 변화시킬 수 있다고 생각하고 청년층에게 기대를 걸었다.[14] 따라서 정신 개조를 위해 윤리 혁명과 문학 혁명을 추진해야 한다고 보았다. 윤리 혁

---

13 李大釗, 〈厭世心與自覺心〉, 《李大釗文集》上(人民出版社, 1984), 151쪽.
14 陳獨秀, 〈敬告靑年〉, 《獨秀文存》(安徽人民出版社, 1987), 3~4쪽.

명으로는 가부장적 사회를 지탱시켜온 이데올로기인 유교 윤리를 타파해야 한다고 생각했다. 이것이 '과학'과 '민주'라는 서구를 대표하는 개념을 무기로 하여 계몽 운동을 전개하게 된 이유였다.

사실상 근대 중국은 민족주의의 흐름을 타고 있었다. 청일전쟁에서 패배한 이후 전근대 문명 체계를 현대의 민족국가 체계로 변환시키는 것이 당시 중국 사회가 짊어진 가장 큰 과제였다. 이것은 공히 옌푸의《천연론》, 량치차오의《신민설》, 쑨원의《삼민주의》의 사상적 주제이기도 했다.[15] 천두슈도 초기에는 열렬한 민족주의자였다. 량치차오와 쑨원의 사상이 천두슈 사상의 출발점이었다. 하지만 그들은 출발점을 제공했을 뿐이었다. 1950~60년대 미국에서 중국학을 이끌었던 조지프 레벤슨Joseph Levenson은 유명한《유교 중국과 그 근대적 운명Confucian China and its Modern Fate》이라는 책에서 "천하에서 국가로의 변화"가 중국 근대사의 중요한 과제라고 했는데 5·4신문화운동에서는 이것이 예외였다고 주장했다. 왜냐하면 천두슈 등 5·4시기 계몽 지식인의 사상은 '국가'에서 '세계'(천하)[16]로 나아가는, 중국 근대사의 중요한 과제에 비추어 역방향의 과정을 보여주었기 때문이었다.[17]

5·4신문화운동에서 추구했던 가치는 량치차오, 쑨원 등 청말 선배

---

15 高力克,〈陳獨秀的國家觀〉,《二十一世紀》2006. 4., 總九十四期, 63쪽.

16 사실 '세계'와 '천하'는 구분해서 사용해야 마땅하다. 중국의 전통 철학에서 사용하는 천하 개념은 가치와 지역 모두를 포괄하는 개념으로 이해해야 한다. 특히 여기서 지역에 초점을 맞출 경우 천하는 유교로 포괄되는 범주를 의미한다. 천하 범주는 근대 이전 중국이 상상할 수 있는 지역으로 한정된다. 그렇기 때문에 어디까지나 자기중심적인 성격을 갖는다는 것을 유념해야 한다. 5·4시기 지식인들이 상상하는 세계와 세계주의는 이미 기존의 천하 범주를 벗어나 있다.

17 Joseph R. Levenson, *Confucian China and Its Modern Fate: The Problem of Historical Significance*(University of California Press, 1965). 중국은 천하天下로서, 文化로서의 중국이 아니라 국가로서의 중국이 되어야 한다. 이를 레벤슨은 문화주의에서 민족주의로의 이행이라고 말한다.

사상가들의 염원이었던 민족주의와는 달랐다.[18] 천두슈의《신청년》창간으로 개시된 신문화운동은 중국 지식계의 논점을 외환에서 내정으로, 주권에서 인권으로, 정치에서 문화로 전환했다. 국가와 국민 담론에 머물러 있던 지식인 담론을 사회와 개인 그리고 여성 문제로 확장했다. 이런 흐름에서 가장 큰 기반이 된 것은 당시 시대적 '상식'으로 통용되었던 백화문(언문일치 운동)[19]과 민주 그리고 과학이라는 의제였다. 상식의 대척점에는 유교 윤리가 자리 잡고 있었다. 후스는 '비판적 태도'로 중국의 전통 문명, 각종 종교와 미신을 비판했으며 천두슈는 19세기 프랑스 콩트의 실증론에 의거해 우상파괴론을 주장했다. 그는 심지어 '국가' 관념도 사람을 속이는 일종의 우상이라며 타파를 주장할 정도였다. 이로부터 5·4시기는 회의懷疑의 시대이자 신앙의 시대가 되었고, 지식인들은 한편으로는 우상 파괴자가, 다른 한편으로는 우상 숭배자가 되었다. 미국에서 활동하는 중국인 학자 장하오張灝의 표현에 의하면 신문화운동 시기 지식인들은 이중의 위기, 즉 정치 질서의 위기와 일상 질서의 위기를 느끼고 있었다. 이러한 상황에서 오래된 것에 환멸을 느꼈을 뿐만 아니라 새로운 가치관과 새로운 신앙을 추구하게 되었다는 것이다.[20]

---

18 高力克,〈陳獨秀的國家觀〉, 71쪽.
19 언문일치란 언과 문의 일치를 의미한다. 즉 '말하는 대로 쓴다'는 뜻이다. 따라서 신문화운동 중에서도 민중적, 민주적 측면을 가장 잘 보여주는 사례라 할 수 있다. 언문일치 운동은 단순히 언어의 문제만으로 한정된 것이 아니며, 근대적 사고를 촉진시켰다는 측면에서 근대 이행기에 매우 중요한 역할을 했다. 예컨대 5·4 학생 지도자 중의 한 명이었던 후스녠傅斯年이 쓴 글의 제목〈진정한 중화민국은 반드시 신사상 위에 건설되어야 하고 신사상은 반드시 백화문학에서 나온다〉에서도 당시 분위기를 엿볼 수 있다. 이 글은《신청년新靑年》을 본떠 만든 베이징대학의 학생 잡지《신조新潮》에 실렸다.

장하오는 5·4신문화운동에서 보여주는 이러한 이중성을 '5·4시기의 양기성兩歧性'으로 개념화하고 다음과 같이 서술한다. 첫째, 5·4시기는 겉으로는 과학과 이성을 숭배했으나, 실제로는 오히려 피가 끓는 격정의 시대였다. 둘째, 표면상에서 5·4시기는 서방 계몽 운동의 주지주의를 표명했으나, 안으로는 강력한 낭만주의 색채를 띠고 있었다. 셋째, 한편에서 5·4시기 지식인들은 종교, 우상에 반대했지만, 다른 한편에서 내면의 배고픔을 채워줄 우상과 신념을 요구했다. 넷째, 한편에서 5·4시기 지식인들은 현실에 직면하여 '문제의 연구'를 주장하면서도, 다른 한편에서 일련의 문제를 일거에 해결할 수 있는 '주의'를 조급하게 찾았으며 시대적 문제의 복잡성을 회피하였다.[21] 결국 5·4시기는 모순의 시대였다는 것이다.

　　어떤 면에서 5·4신문화운동의 담론은 모순을 내포하고 있었기에 역설적으로 복수複數, plurality의 공공성이 지켜질 수 있었을 것이다. 당시는 모순의 시대였고 다양성의 시대였다. 이는《신청년》그룹의 담론 속에서만 증명되는 것은 아니다. 이들처럼 유학을 전면 비판하는 그룹이 있는가 하면 이에 대응하여 유학을 옹호하는 보수주의 지식인도 여전히 존재했고 또 다른 성격의 보수주의적 '신문화'를 제창했던 그룹도 생겨났기 때문이다. 천두슈, 리다자오와 베이징대학 철학과 동료였던 량수밍梁漱溟은 중국 사회 개혁에는 동의했지만 이들과 달리 윤리 본위의 사회를 구상했다. 또 량수밍과는 입장을 달리하는 하버드대학 유학파

20　張灝, 〈重訪五四(五四思想의 兩歧性을 논함)〉, 許紀霖 編,《二十世紀中國思想史論》上(東方出版社, 2000), 11～12쪽.
21　張灝, 〈重訪五四(五四思想의 兩歧性을 논함)〉, 許紀霖 編,《二十世紀中國思想史論》上, 4쪽.

를 중심으로 하는 '학형파學衡派'도 비슷한 시기에 후스에 반대하는 '신문화운동'을 벌였다. 《학형》 창간의 두 주역 중 한 사람이었던 우미가 쓴 〈신문화운동을 논함〉이란 글은 처음부터 혹평을 퍼부었다. "중국에서 최근 나타난 신문화운동은 속이고 자극하는 것을 업으로 삼고 오로지 파괴만 하려 한다. 조야하고 천박하여 오류투성이인 이 신문화운동은 동서고금의 성현의 가르침이나 통달한 철인의 저술, 역사의 업적이나 법령 제도의 정신 및 보통사람들의 양심과 상식과 모두 어긋나고 저촉되어 서로 맞지 않는다"[22]라고 했다. 5·4시기는 이처럼 또 다른 백가쟁명, 백화제방의 시대였다.

5·4신문화운동은 천두슈가 만든 잡지 《신청년》과 차이웬페이[23]로 상징되는 베이징대학을 통해 전국적으로 신속하게 대세를 형성할 수 있었다. 5·4시기는 탐색의 시대요, 쟁명의 시대였다. 지식인이 있는 곳에 그들의 서클이 있었고, 잡지가 있었고, 각양각색의 토론이 있었다. 이들은 비록 분산되어 있었지만 변혁의 사명이라는 공동의 문제의식을 가지고 있었다. 이렇게 지식인이 다양한 논의를 할 수 있었던 배경에는 역설적이게도 약한 국가가 있었다.[24] 약한 국가로 인해 지식의 공간이 열린 셈이다.

신문화운동이 일어난 데는 제도 변화라는 배경이 존재한다. 즉 전

---

22 吳宓, 〈論新文化運動〉, 《國故新知論》—學衡派文化論著輯要, 孫尚揚·郭蘭芳 編(中國廣播電視出版社, 1995), 78쪽(《學衡》 1922年 4月號 4期).
23 1916년에 베이징대학 총장을 맡았다. 그는 천두슈, 후스, 리다자오 등 사고가 자유로운 학자들을 대거 초빙하여 자유로운 학풍을 일구었다.
24 5·4신문화운동 담론의 다양성과 약한 국가의 상관관계를 의식하는 중국 지식인은 매우 드문데, 린셴즈林賢治는 이것을 지적하고 있다. 林賢治, 《五四之魂》(廣西師範大學出版社, 2008), 9쪽.

차이웬페이

통적 역할에서 이탈한 신지식인 집단에 주목해야 한다. 1905년 과거제가 폐지된 이후 신교육을 받은 신지식인 다수가 배출되어 새로운 집단이 형성되었고 이들은 더 이상 전통적 의미의 관료 사회에 진입할 수 없었다. 전통 사회의 형태가 유지되는 한 이들의 사회적 지위는 불안정할 수밖에 없었다. 즉 과거제 폐지로 유학 경전이 주변화되면서 지식인도 함께 주변화되었던 것이다. 과거제 폐지로 지식인들은 국가와 사회에 제도적으로 개입할 통로를 잃게 되었다. 이는 지식인의 정치 행동을 촉발시킨 주요한 배경과 요인이 되었다.

이와 같이 격변의 시기에 나타난 공전의 문화 경향에 대한 위기는 새로운 사상 담론intellectual discourse을 발생시킨다. 이들 지식인들 입장에서는 전통 사회의 사회적 기초가 되고 있는 유가 윤리를 비판하고 이를 다른 것으로 대체해야 할 필요성이 있었다. 그런 면에서 권세(紳權)문화 기초에 대한 독서인(紳士)의 비판, 지식에 의한 윤리중심주의의 타파는 신지식인 집단의 출현과 동시에 예견되는 수순이었다고 할 수 있다. 이 점에서 이들이 신문화운동을 추동한 것은 불가피한 선택이었는지도 모른다. 신문화운동은 이처럼 근대 이행기 제도 변화와 함께 지식 패러다

임의 거대한 변환이라는 중국 사회의 거시적인 흐름 속에서 볼 필요가
있다.

신문화운동이 5·4운동으로 확산된 것은 1차대전 이후 전후 처리
문제와 밀접한 관련이 있음을 주목해야 한다. 5·4운동이 공리公理, 즉 만
국 공통의 국제법의 기준에 따라 전후 문제를 처리하리라 믿었던 연합
국에 대한 실망과 분노로 일어났다는 것은 많이 알려진 사실이다. 1차대
전 이후 개최된 베르사유 강화회의에서 중국 산둥성 일대가 독일에서
일본으로 넘어간다는 어처구니없는 소식에 중국인은 분노했다. 이로
인해 일어난 5·4운동을 계기로 중국인은 서구와 자본주의에 대한 비판
의식을 갖게 되었고, 젊은 지식인들은 대외 모순이 국내 모순과 연결돼
있음을 확인했다. 따라서 당면한 위기를 신문화운동이 애초에 내걸었
던 반反봉건 슬로건과 방법만으로는 해결할 수 없다고 느끼게 되었다.
이제 반제반봉건으로 방향을 전환해야 했고 이에 따른 신문화운동 주
도 세력의 사상적 분열 또한 불가피했다. 반봉건의 계몽 연대가 자유주
의와 사회주의로 분화하게 된 것이다.

'민주'와 '과학'으로 '전통'을 혁신하라

정치적으로는 신해혁명을 통해 공화제가 들어섰지만 이후에도 제
제帝制 운동, 공교의 국교화 추진 등 봉건으로 복귀하려는 움직임이 끊
임없이 일어났다. 따라서 지식인들은 제도 변화의 허구성을 절감하지
않을 수 없었다. 그들은 중국인의 세계관과 행동양식 등 일상 전반을 지
배하고 있는 문화 의식이나 윤리 의식 비판에 나섰다. 제도 변화에만 매
몰될 경우 중국 사회는 언제든지 봉건으로 회귀할 위험이 있다고 믿게

5·4운동 당시 시위하는 베이징대학 학생들

되었다. 해외 유학 경험이 있던 몇몇 신지식인들이 이런 생각 끝에 일으킨 운동이 신문화운동이고 여기서 기수 역할을 한 인물이 바로 천두슈였다.

신문화운동에서 가장 중요한 것은 문학 혁명과 윤리 혁명이었다. 천두슈는 〈우리 최후의 각오〉에서 삼강오륜을 핵심으로 하는 윤리 사상을 개혁하지 못하면 모든 개혁이 아무 소용이 없다고 했다. 천두슈의 다음 글을 보자.

오늘날의 공화, 입헌이란 소수 당파의 주장일 뿐, 다수 국민은 거기서 절실한 공감을 느껴 취사선택할 만한 것을 전혀 발견하지 못한다.[25] (……)

25 陳獨秀, 〈吾人最後的覺悟〉《獨秀文存》, 39쪽.

입헌정치가 다수 국민의 자각, 다수 국민의 자발적인 움직임에서 나오지 않고 오로지 선량한 정부, 현인 정치에만 기대해야 하는 것이라면 그 비열하고 구차함은 노예가 주인의 은혜를 바라고 소민小民이 훌륭한 군주나 뛰어난 재상의 인정仁政을 베풀기를 기대하는 것과 하등 다를 바가 없다. 옛날 사람들이 훌륭한 군주나 뛰어난 재상의 인정仁政을 베풀기를 기대하는 것과 지금의 사람들이 위대한 사람과 원로가 공화 헌정을 건설해주기를 바라는 것은 비굴함에 있어 역시 다를 것이 없다.[26]

공화와 입헌이라는 제도가 도입되어도 국민들의 자각과 자발적인 움직임에 기반을 두지 않으면 아무런 소용이 없다는 것을 강조한다. 그리고 국민들의 자각에 따른 민주주의 의식은 윤리적 각오가 있어야 한다고 강조한다. 윤리의식과 도덕의 철저한 변화 없이 정체政體의 변화만으로는 진정한 변혁을 이루기 힘들다고 판단한 것이다. 자각과 참여의 강조! 이것이 천두슈가 신문화운동을 개시한 근본 이유이기도 하다.

천두슈는《신청년》의 발간사 격인 〈경고청년敬告靑年〉에서 중국 사회 위기의 해법을 제시한다. 즉 위안스카이에 의해 신해혁명의 성과를 탈취당해 암흑기에 처한 중국의 위기를 어떻게 해결할 것인가. 이는 의식 혁명으로 가능하고, 주인공은 '자각된' 개인, 즉 명민하게 자각하고 용감하게 분투하는 청년이라고 보았다. 그는 중국이 위기에 처한 근본 원인이 중국의 노예적이고 보수적인 전통 사상에 있고 이를 지양하려면 서구의 자주적이고 진취적인 사상을 적극 섭취해야 한다고 주장한

---

26 陳獨秀, 〈吾人最後的覺悟〉《獨秀文存》, 40쪽.

다. 여기서 의식 혁명의 대상은 중국의 전통 봉건 사상이며 의식 혁명의 무기는 서구 사상, 즉 민주와 과학이다. 의식 혁명의 대상과 무기 설정의 이론적 근거는 무엇인가? 그것은 천두슈 특유의 동서문명관이다. 그는 동서 문명을 각각 고대 문명과 근세 문명으로 규정한다. 또한 사회주의를 인권설과 생물진화론과 더불어 근세 문명의 특징으로 본다.[27] 따라서 당시 천두슈에게는 고대 문명에 해당하는 중국은 근세 문명에 해당하는 서구 사상으로 무장해 진화해야 했다. 당시 천두슈에게는 서구 사상으로 인식된 민주와 과학이 극도로 이상화되어 나타났다고 볼 수 있다. 이 민주와 과학은 '공리'로 포장되었으며 이는 어떠한 강권에도 반드시 승리해야 할 터였다. 즉 1차대전에서 독일의 패배는 '공리가 강권을 이긴 것'이다.[28]

앞에서 천두슈의 문명 분류 방법에서 보았듯이 그에게 사회주의는 최근 문명으로서 중국 문명과 서구 문명의 지양태로 파악된 바 있다. 천두슈는 제1차대전 이후 열린 파리강화회의의 결과[29]를 보면서 귀감으로 삼아왔던 공리의 개념은 허구였다고 확신한다. 즉 서구자본주의에 대한 자신의 인식 또한 환상에 불과했다는 결론에 이른다. 이러한 시점에서 천두슈는 봉건주의와 서구 자본주의를 동시에 극복할 수 있는 힘의 논리로서 마르크스주의를 받아들이게 되는 것이다.

5·4운동을 전후하여 중국 사회는 신촌新村주의, 길드사회주의, 무

---

27 陳獨秀, 〈法蘭西人與近世文明〉, 《獨秀文存》, 10쪽. 그리고 이 근세 문명의 발동에 프랑스인이 공헌한 바를 높이 산다. 같은 글, 10~13쪽 참조.

28 陳獨秀, 《每週評論》發刊辭》, 《獨秀文存》, 388쪽.

29 이에 대해서는 앞의 량치차오편 참조.

정부주의, 톨스토이주의 등 다양한 형태의 사회주의가 공존했지만 5·4
운동 이후 이러한 다양성은 사라졌다.

마르크스주의 수용과 인식

천두슈는 사회주의를 어떻게 보았는가? 이것은 공산당 창당 전야
에 벌어진 세 차례의 사회주의 논쟁을 통해 대략 확인할 수 있다. 5·4운
동 이후 신중국을 둘러싼 실천의 문제가 제기되면서 신문화운동에 가
담한 지식인들의 사상 분열이 일어났다. 이는 세 차례의 사상 투쟁, 즉
1919년 리다자오와 후스 사이에서 벌어졌던 '문제와 주의 논쟁', 1920
년 천두슈와 량치차오 등과 길드사회주의를 널리 알린 장둥쑨 사이에
서 일어난 '사회주의 논쟁' 그리고 1920~21년 창당 직전 천두슈와 취
성바이區聲白 사이에서 벌어졌던 '무정부주의 논쟁'으로 나타났다. 이 3
대 논쟁으로 인해 이전까지 모호한 인식에 머물렀던 여러 사회주의 조
류에 대한 분명한 차이를 인식함으로써 지식인들은 결국 마르크스주의
자와 비마르크스주의자로 나뉘게 되었다.

'문제와 주의 논쟁'은 5·4운동 이후 마르크스주의 사조가 광범위하
게 확산되자 이에 위기감을 느낀 후스가 경험주의적 인식론의 입장에
서 〈문제를 보다 많이 연구하고 주의를 보다 적게 연구하라〉는 글을 발
표하면서 시작되었다. 여기에서 후스는 중국이 당면한 구체적인 문제,
즉 인력거꾼의 문제, 실업의 문제 등을 연구해야 하며 추상적이고 공담
만을 일삼는 주의의 연구에 몰두해서는 안 된다고 강변했다. 이에 대해
리다자오는 주의란 공담만을 일삼는 것이 아니다, 이 사회의 구체적인
문제와 실제 상황을 판단할 수 있는 기준임과 동시에 문제 해결의 수단

취성바이

으로 인식해야 한다고 주장했다. 또 구체적인 문제의 해결은 근본 문제의 해결이 전제될 때 비로소 가능한데, 다시 말해 경제문제가 해결될 때만이 여타 문제가 해결될 수 있다고 강조했다.[30] 이 논쟁에서 후스가 점진적 개혁만이 중국의 당면 과제를 해결할 수 있다고 믿었던 반면 리다자오는 혁명적 개혁론을 내세워 이에 맞섰던 것이다.[31]

문제와 주의 논쟁에 이어 벌어진 사회주의 논쟁은 장둥쑨의 〈내지 여행에서 얻은 하나의 교훈〉이라는 글로 인해 촉발되었다. 그는 여기에서 중국과 같이 자본주의가 발전하지 못한 나라에서는 계급투쟁을 통한 사회주의의 실현은 불가능하다(계급투쟁의 주체인 노동자계급이 형성되지 않았으므로)고 주장했다. 따라서 중국이 당면한 가장 중요한 문제는 다름 아닌 빈곤의 문제이며 이를 해결하기 위해 노자 협조하의 산업 발전이 급선무라고 주장했다.[32] 장둥쑨의 이러한 주장에 대하여 천두슈는 빈곤의 문제는 자본주의하에서 오히려 더 가중될 뿐이며 사회주의가 이러한 문제를 근본적으로 해결할 수 있는 유일

30 李大釗, 〈再論問題與主義〉, 《李大釗文集》 中. 32~38쪽 참조.

31 官守熙, 〈關于1919年 "問題與主義" 之爭的評論的商榷〉, 《內夢古大學學報》 1982 제2期, 1쪽.

32 張東蓀, 〈由內地旅行而得之又一教訓〉, 蔡尙思 主編, 《中國現代思想史資料簡編》 第1卷(浙江人民人民出版社, 1980), 616쪽.

한 길이라고 주장했다. 그리고 사실 노동자계급도 수적으로 열세이지만 지역적으로 집중되어 있으며 심한 압박을 받고 있기 때문에 고도의 혁명성을 띠고 있다고 했다. 이 논쟁은 결국 당시 나아갈 길에 대한 이론 투쟁이자 혁명의 주체와 방법에 관한 문제로 직결되는 매우 실천적인 논쟁이었다.

이 논쟁을 전개하면서 천두슈는 상하이공산주의소조를 결성했고 이어 베이징 등지에서 창당 작업이 구체화되었다. 이와 같이 창당 작업이 본격화되면서 당과 국가의 성격을 둘러싸고 또 한 차례의 논쟁이 벌어졌다. 당 건설을 주도하고 있던 천두슈와 무정부주의자 취성바이 사이에서 벌어졌던 '무정부주의 논쟁'이다. 인간의 본성이 근본적으로 선하다는 데서 출발하는 무정부주의자들은 이러한 선한 본성을 억압하는 일체의 가치와 제도는 타파해야 하고 따라서 인간의 본성을 억압하는 어떠한 성질의 국가라도 부정해야 한다고 주장했다. 이러한 무정부주의자의 주장은 프롤레타리아 국가를 구상하고 창당 작업을 진행하고 있던 마르크스주의자들의 입장과 근본적으로 달랐다. 마르크스주의자들은 중국의 당시 상황에서는 볼셰비즘에 입각한 당의 건설, 그리고 조직적인 투쟁이 급선무라고 생각했기 때문이다.

이상에서 살펴본 3대 논쟁은 사회주의를 표방했던 지식인들의 내부 분화를 촉진했을 뿐만 아니라 공상적, 개량적 사회주의와 마르크스주의를 이론적으로 분명히 구분하는 중요한 계기가 되었고 특히 중국에서 마르크스주의가 뿌리를 내리는 데 결정적으로 기여했다.[33]

---

33 이에 대해서는 서진영, 〈중국공산당 창당 전야의 사상 논쟁〉, 《사회와 사상》(한길사, 1989), 303쪽 참조. 러시아에서는 레닌 주도로 1917년 러시아혁명에 성공하고 1919년 3월에 세계 공

마르크스주의 유입 논쟁을 계기로 신문화운동의 성격은 질적 전환을 하게 된다.[34] 신문화운동을 주도해온 《신청년》은 5·4운동 이후 계몽지에서 마르크스주의 선전지로 성격을 바꿔 마르크스주의 논쟁의 전개 과정을 주목하기도 하였다.

　　여기에서 보더라도 신문화운동은 5·4운동 이후에도, 2000년 동안 뿌리 내린 봉건적인 유교 사상에 대한 각성과 비판, 즉 민족성을 근본적으로 개조해야 한다는 운동 초기의 기본 정신을 결코 버리지 않았고 중국에서의 마르크스주의 수용과 이해에 적극 개입하여 사회주의 형성에 상당한 기여를 했다. 즉 반식민지 반봉건이라는 슬로건을 내걸었을 정도로 중첩된 사회구조 속에서 마르크스주의는 탈제국주의의 무기일 뿐만 아니라 반봉건의 무기로도 받아들여졌다.

　　따라서 마르크스주의는 이전 신문화운동의 기본 노선을 배제하지 않고 상호 협조 체제로 나아갈 수 있었다. 그러므로 중국에서의 마르크스주의 수용은 반전통 사상의 연장선상에 있으며 그런 의미에서 신문화운동과도 일부 맥을 같이한다고 할 수 있다. 차이가 있다면 신문화운동의 목표가 청년들의 정신 해방에 의한 '계몽 운동'이었던 반면, 마르크스주의의 목표는 인민해방 운동의 '주체 형성'이었고 더 나아가 노동자, 농민, 지식인의 자기 변혁이라는 좀더 구체적이고 발전적인 의미에서의 정신 해방이었다.

산주의 운동을 지도하는 기관으로서 코민테른을 설립했다. 중국 공산주의 혁명의 전망이 중국 지식인들의 지향 차원이 아니라 실현 차원에서 본격적으로 타진되기 시작한 것은 코민테른 창설 이후의 일이었다. 따라서 창당 작업의 일환으로 벌어진 사회주의 3대 논쟁도 기본적으로는 실제 창당 과정의 하나로 이해되어야 한다.

34 楊先文, 〈試論5·4時期新文化運動轉化的基本條件〉, 《中山大學學報》(1982), 제3기 50쪽.

1920년 5월 천두슈는 〈노동자의 각오〉를 발표하여 중국에서의 노동과 노동운동의 중요성을 역설하고 노동자들의 투쟁에 두 단계가 있다고 주장했다. 1단계는 노동시간 단축, 임금 인상, 위생 환경 개량, 교육 보험 등의 처우 개선, 2단계는 정치, 군사, 경제 등의 관리권을 요구하는 것이라고 주장하면서 중국은 아직 1단계에도 이르지 못했다고 지적했다.[35] 이어 그는 정신노동자가 나라를 다스려야 하고 육체노동자가 다스림을 받아야 한다(勞心者治人, 勞力者治於人)는 중국 고대의 윤리관을 비판하면서 이 문구를 완전히 뒤집어서 "육체노동자가 나라를 다스려야 하고 정신노동자가 다스림을 받아야 한다(勞力者治人, 勞心者治於人)"고 말했다. 그러나 "중국의 노동운동은 아직 싹도 보이지 않고 아직 1단계의 투쟁도 감행하지 않았는데 어떻게 2단계를 말할 수 있겠는가"라고 한탄했다.

천두슈는 1920년 중후반기 코민테른 밀사인 보이틴스키와 접촉하고 그후 상하이공산주의소조, 상하이사회주의청년단을 조직하고《공산당선언》등 소책자를 각지에 보내 공산주의의 저변 확대에 힘썼다. 그는 1920년 9월에 발표한 〈담정치談政治〉라는 글에서 임금노동자들이 당하는 착취를 근절하기 위해 자본가의 도덕성에 호소했던 종전의 방식에서 벗어나고 있다. 즉 자본주의사회의 모순은 자본가 개인의 품성에 기인한 것이 아니라 사회적, 구조적 틀 속에서 발생하고 있다고 보았다. 다시 말해 착취의 근원이 특수한 생산관계에 있다고 인식했다. 그는 이러한 인식에 근거하여 다음과 같이 단언한다. "만약 계급투쟁을 거치지

---

35 陳獨秀, 〈勞動者底覺悟〉, 《獨秀文存》, 301쪽.

않고, 노동계급이 권력 계급의 지위를 차지하는 시대를 거치지 않으면 민주주의는 영원히 자산계급의 전유물이 될 것이고, 자산계급은 영원히 정권을 틀어쥐고 노동계급의 예리한 무기를 저지할 것이다."[36] 또 그는 러셀의 말을 인용하여 혁명적 수단을 사용하여 러시아처럼 노동계급의 국가를 건설하는 것이 가장 좋으며 이렇게 되면 국민의 지식이 급속히 보급되어 산업이 발달하더라도 자본주의에 오염되지 않기 때문에 결국 러시아의 방법이 유일한 길이라고 주장했다.[37]

천두슈는 1919년 이전 신문화운동 단계에서는 중국이 세계 열강의 각축장이 되고 있는 근본 원인은 중국인의 봉건적 의식 구조에 있다고 보았다. 그리고 이를 서구의 과학과 민주, 즉 '공리'로서 극복할 수 있다고 생각했다. 그러나 1차대전 이후 열린 파리강화회의의 결과를 보면서 귀감으로 삼아왔던 공리의 개념은 허구였다고 확신하고, 서구 자본주의에 대한 자신의 인식 또한 환상에 불과했다는 결론을 내렸다. 이러한 시점에서 천두슈는 구국을 위한 힘의 논리로서 마르크스주의를 수용했다고 할 수 있다. 그의 마르크스주의 수용은 계급투쟁과 프롤레타리아 독재 등 조직론, 운동론 등에 편중되어 있어 사상보다는 혁명론에 주목했다고 할 수 있다.

천두슈는 공산당에서 제명당했지만 마지막까지 공산당에 우호적인 시각을 유지하면서 공산당을 비판했다. 만년에도 절개를 잃지 않은 것이다. 이는 1920~30년대 중국공산당의 지도적 인사였던 장궈타오張國燾와 대조된다. 장궈타오는 공산당을 증오의 눈으로 보면서 공산당에

36 陳獨秀,〈談政治〉,《獨秀文存》, 370쪽.
37 陳獨秀,〈政治改造與政黨改造〉,《獨秀文存》, 622쪽.

장궈타오

반대했고 국민당에 충성했다. 따라서 이들은 공산당에서 제명당한 후 몇 차례 만났지만 이후 만남을 이어가지 못했다.[38]

천두슈는 만년에 고독한 사상가로서 공산주의 문제와 관련하여 지속적인 고민을 이어갔으며 특히 민주와 제도 건설의 중요성을 강조했다. 그는 사회주의의 성공 여부는 사람이 아니라 제도 변화에 달려 있다고 보았다. 예컨대 10월혁명 이후 소련의 제도가 민주제의 기본 내용을 위배했기 때문에 오류인 것이 아니라 스탈린 개인의 악행이 문제라고 보는 것은 완전히 유심론적인 견해라고 보았다. 그의 시각에 따르면, 만일 민주를 회복하지 않는다면 계속해서 스탈린과 같은 사람들이 나타날 수밖에 없다. 즉 러시아 사회주의의 문제는 결국 프롤레타리아 민주가 아니라 프롤레타리아독재가 들어선 데 원인이 있으며 스탈린의 죄악은 무산계급 독재와 무관하지 않다고 본 것이다.

38 祝彦, 《陳獨秀思想評傳》(福建人民出版社, 2010), 198쪽.

2. 리다자오, 마르크스주의를 창조적으로 재해석한
중국 최초의 마르크스주의자

마오의 스승, '붉은 집'의 사회주의자

리다자오는 1888년 허베이성河北省 러팅현樂亭縣에서 태어났다. 두세 살도 안 되어 부모가 모두 돌아가시는 바람에 조부모 밑에서 자랐다. 신문화운동 시기 천두슈와 달리 리다자오가 전통에 대해 덜 비판적이었던 것은 어린 시절 성격이 유연한 조부모와 함께 생활했기 때문인지도 모른다. 리다자오는 4세가 되면서 마을의 서원에서 사서四書를 배우기 시작했다. 16세가 되던 1904년 조부가 세상을 떠났다. 1905년 융핑永平 부속중학교에 입학했을 때 이미 과거가 폐지되어 유교 경전을 공부해도 관직이 보장되지 않는 세상이 되었다. 리다자오는 1907년 톈진天津으로 가서 서양 학문을 배울 기회를 얻을 수 있었다. 1907년에서 1913년까지 총 6년간 톈진에 머무르면서 일본식 교육을 했던 북양법정전문학교에 들어가 정치경제학과 영어, 일본어를 배웠다.

1913년부터 그는 정치에 발을 들여놓기 시작했다. 입헌군주제 주창자이자 진보당의 이론 기초자인 탕화룽湯化龍의 재정 도움을 받아 일본 와세다대학 정치학부로 유학을 갔다. 당시 리다자오는 약간은 보수주의적이면서도 자유주의적 공화주의에 관심이 있었기에 탕화룽의 관심을 끌었다고 볼 수 있다. 당시 진보당은 위안스카이 정권과 약간의 제휴 관계에 있었다. 이때 리다자오는 보수주의자들을 '위선적이고 사악한 관료', 급진주의자들을 '야만적이며 볼품없는 폭동가', 중도주의자들을 '병아리를 기르듯 두 파 사이에서 기회를 엿보고 있는 부류'라고 평

했다.[39]

　일본에서는 1916년 6월까지 체류했는데 그사이 리다자오는 아리
스토텔레스, 플라톤, 베이컨 등 서양철학을 두루 공부했다. 특히 앙리
베르그송Henri Bergson과 랠프 왈도 에머슨Ralph Waldo Emerson에 심취했다.
이후에 살펴볼 리다자오의 낙관주의 철학, 변증법적 진화와 재생의 형
이상학은 베르그송과 에머슨에게서 배운 것으로, 그들의 철학은 이후
마르크스주의를 받아들인 이후에도 지속적으로 리다자오 사상의 근원
을 지배했다. 1916년에 쓴 〈민이民彝(백성의 떳떳함)와 정치〉라는 글은
리다자오의 낙관주의 역사관을 잘 보여준다. 그는 여기서 "민이는 역사
의 부자연스런 힘에 의해 억압받을 수도 있지만 언젠가는 반드시 되살
아난다. 민이는 역사를 창조할 수 있지만 역사는 민이를 억압할 수 없
다"[40]고 하여 민이가 영원하다고 주장했다.

　특히 사회발전의 원리를 생존경쟁이 아닌 상호부조에서 찾는 크로
포트킨의 상호부조론相互扶助論에 각별히 관심을 기울였는데 이는 경쟁
을 강조하는 사회진화론이 당시 지나치게 강조됐기 때문이다. '경쟁'을
원리로 하는 사회진화론에 싫증을 느낀 지식인들은 사회발전의 추동력
을 경쟁이 아닌 '호조'로 본 러시아 무정부주의자 크로포트킨의 〈상호
부조론〉에서 깊은 감명을 받았다. 리다자오에게도 이 상호부조는 중국
사회의 문제를 해결하는 데 새로운 가능성을 열어준 사상으로 다가왔
다. 사회진화론은 제국주의의 침략 행위까지도 옹호해줄 수 있는 이데
올로기였던 데 반해, 상호부조론은 겉으로 보기에는 적어도 위기에 직

39　모리스 마이스너, 《리다자오―중국 마르크스주의의 기원》.
40　李大釗, 〈民彝與政治〉, 《李大釗文集》上, 164쪽.

면한 중국을 구원해줄 수 있는 이데올로기로 비쳤기 때문이다.[41] 상호부조론은 심지어 마르크스의 계급투쟁 이론에 누락된 도덕성을 보완해줄 수 있는 이론으로 알려졌다.

리다자오는 1916년 일본에서 귀국하여 1918년 1월 《신청년》 편집진에 가담하기 전에는 입헌주의와 관련이 있는 진보당과 관계하고 있었다. 그러나 사상 경향에서 맞지 않았던 진보당과 결별한 이후 그의 논조는 과격해지기 시작했다. 1917년에 쓴 〈공자와 헌법〉이라는 글에서는 유교를 "지배 왕조를 받쳐주기 위해 이용되는 지배 사회의 윤리"라고 규정하면서 공자를 겨냥하였다. 그러나 전통에 대한 리다자오의 공격은 유교에 대한 생래적인 반대라기보다는 정치에 이용되는 유교에 대한 반대에 가깝다.

진보와 보수에 대한 인식에서도 리다자오는 《신청년》의 다른 필진과 조금 달랐다. 그는 〈청년과 노인〉이라는 글에서 진보주의와 보수주의의 상호 의존을 강조한다. 어려서부터 조부모와 함께 살아온 경험이 영향을 미쳤을 수도 있지만 이런 중용의 태도는 그것으로 모두 설명하기 어렵다. 당시 보편적으로 중국은 노인으로, 서양은 청년으로 표상되었다는 점을 상기하면 이는 리다자오가 나중에 취하게 된 동서 문화의 종합과 지양이라는 태도와 관련이 있어 보인다. 이때 일본에서는 '서구의 몰락'이 운위되고 있었던 사정을 의식하면 이는 개연성이 충분하다.

그는 1918년 베이징대학 교수로 부임하여 도서관 주임이 되었다.

---

41 상호부조론을 중국, 한국, 일본에서 어떻게 해석했는가는 조세현의 〈동아시아 3국(한·중·일)에서 크로포트킨 사상의 수용〉, 《中國史硏究》 제39집(2005. 12.)에 자세히 나와 있다. 조세현, 《동아시아 아나키즘 그 반역의 역사》(책세상, 2001)도 참조할 만하다.

이때 마오쩌둥이 사서보로 일했는데, 마오쩌둥은 나중에 "리다자오 선생은 내게 사서보 일자리를 주고 매달 8원의 후한 돈을 주셨다"고 회고했다. 리다자오는 다른 학생들에게도 아버지같이 따뜻하게 대했다고 한다. 리다자오는 같은 해에 베이징대학에 '마르크스주의연구회'를 만들었다. 중국공산당 초기 지도자 중에는 이 모임에서 공부한 이가 적지 않다. 이후 공산당에서 중책을 맡게 되는 취추바이, 덩중샤鄧中夏, 장궈타오 등이 대표적이다. 사서주임실은 마르크스주의 문헌을 수집해놓아 학생들이 사회주의 서적들을 빌리고 싶을 때면 찾아가는 곳이었다. 그래서 당시 학생들은 주임실을 '붉은 집(紅樓)'이라 불렀다.

이 대목에서 마오쩌둥에 대한 리다자오의 영향이라는 문제를 언급하고 넘어가야 할 것 같다. 마오쩌둥이 1918년 말부터 1919년 초까지 리다자오 밑에서 사서보 역할을 했다는 것에 주목해야 한다. 가장 활동적이었던 바로 이 시기에 리다자오는 마르크스주의와 러시아혁명을 접했고 중국의 현실에 이를 어떻게 적용할 것인가를 두고 깊이 고민했다. 이때 리다자오는 주로 프롤레타리아 국제주의 원칙과 자신의 민족주의적 동기를 어떤 방식으로 화해시킬 것인가를 고민했다. 중국 마르크스주의의 기원은 이러한 고민의 소산이라 할 수 있다. 이 시기에 마오쩌둥은 리다자오가 마르크스주의와 민족주의의 문제를 두고 고투하는 모습을 지근거리에서 목도할 수 있었을 것이다. 마오쩌둥은 어쩌면 가장 중요한 시기에 리다자오를 접한 것이고, 그의 사상을 빠르게 흡수했을 가능성이 높다.[42]

---

42 물론 이는 마오쩌둥편에서 볼 파울젠의 '윤리학 체계'에서 말하는 낙관적 주체성이라는 정서적 토대를 기반으로 흡수되었을 것이다.

유연한 전통관과 낙천적 역사관

기본적으로 리다자오는 전통관과 역사관에서 천두슈와 좀 달랐다. 리다자오의 전통관과 역사관은 이후 전개되는 그의 마르크스주의 이론 체계의 형성에 결정적 영향을 미쳤다고 할 수 있다. 그런데 이는 리다자오가 태어나서 성인이 되는 시기의 중국의 역사적 경험과도 밀접한 관련이 있다. 1895년 청일전쟁에서 참패하고 가속화되는 외세의 압력으로 중국 사회는 더 이상 이전과 같은 형태를 유지하기 힘들어지게 되었다. 다시 말하면 유교 가치 체계의 권위가 이전과는 달라지게 되었다. 그렇기 때문에 리다자오에게 전통적 가치관과 서구 근대사상은 천두슈만큼 대립적이지 않았다. 리다자오의 전통 인식은 이러한 학인 계급의 전망과 관련된 구체적인 사태 변화와 밀접히 관련되어 있다.[43]

리다자오는 전통을 전면 거부하지 않았다. 이런 태도는 1917년《신청년》에 실은 〈청년과 노인〉이라는 글에서 드러난다. 그는 여기서 다음과 같이 말한다.

사회 진화의 길은 질서의 강화와 진보의 촉진이다. 질서 없이 진보를 기대할 수 없으며, 진보 없이 질서가 유지될 수 없다. (……) 세계의 진화는 두 가지의 개념과 신념에 의해 좌우된다. 수레가 두 개의 바퀴가 있어야 굴러가듯, 새는 두 개의 날개가 있어야 날 수 있듯이, 진보와 질서 어느 하나가 결여되면 사회도 멈출 수밖에 없다. 인간의 본질 속에서 이 두

---

43 리다자오가 전통을 철저히 비판했던 시기는 1919년에서 1920년 사이 잠시 국제주의적 경향을 보여주었을 때이다. 이 시기에는 또한 범아시아적 경향도 보여준다. 이런 경향을 보여주었을 때는 볼셰비키혁명을 세계혁명의 전조로 해석했을 때와 일치한다.

개의 개념은 진보주의와 보수주의이다. 인간 세대로 본다면 이는 청년과 노인에 해당한다. (······) 오늘날 노인에 대한 경시는 야만 사회의 나쁜 습관이다.[44]

리다자오는 《신청년》에서 보인 전통 비판의 논조와는 달리 청년과 노인의 합작으로 사회가 진보할 수 있음을 주장한다. 이는 동양과 서양, 또는 중국과 서양에 대한 그의 관념에도 그대로 반영되어 있어서 두 관념은 구조적으로 유사하다 하겠다. 당시 신청년 그룹은 일반적으로 청년은 서양으로, 노인은 동양 또는 중국으로 유비했다.

리다자오는 기본적으로 매우 낙천적인 인생관과 역사관을 가지고 있었다. 1911년 신해혁명 이후 위안스카이의 반혁명으로 지식인 사회의 사기가 땅에 떨어진 상황에서 현실을 비판한 다수의 지식인과 차별화되는 점이다. 리다자오는 〈염세심과 자각심〉이라는 글에서 다음과 같이 말한다.

중국은 지금 절체절명의 위기에 직면했다. 그러나 아직 목숨이 붙어 있는 한 우리는 결단코 절망 자멸하지 않을 것이다. 최근 공민 정신의 진보는 우리의 의기가 매우 굳세다는 것을 보여주기에 족하다. 현재의 상황이 지금과 같이 된 것은 우리 스스로 어쩔 수 없었던 영위의 결과이기도 하다. 따라서 우리는 소극적인 숙명설determinus로 무력감을 선동하여 정신의 분기를 억눌러서는 안 된다, 마땅히 자유의지Theory of free will에 기초

---

44 李大釗, 〈青年與老人〉, 《李大釗文集》 上, 369~370쪽.

하여 전진하고 노력하고 발전하여 현재의 상황을 변화시키고 바라는 것을 이루어야만 한다. 그렇게 하면 앙리 베르그송이 말하는 창조적 진화 Creative Evolution도 소망스런 것이다. 우리 민족도 다른 민족처럼 천부적인 양지양능良知良能을 가지고 있기 때문에 과도하게 스스로 비하하여 타민족과 다르다고 강조할 필요는 없다. 다른 나라들은 이미 힘써 목표한 바를 성취하지 않았는가. 저들과 우리 사이에 애초에 지智와 용勇의 격차가 있었던 것은 아니다.[45]

이 글은 지식인들의 비관론과 이것이 자살로까지 이어지는 상황을 심각하게 우려하며 쓴 것이다. 이어 리다자오는 "최근 중일 교섭(21개조 요구)에 의해 국권이 크게 상실되고 국민은 격분하여 필사적으로 반대 운동에 나서고 그중에서 후난의 청년들이 애통하게 자살하는 자가 나타났다. 애국의 열정이 목숨을 돌아보지 않는 데까지 이르렀는데 그 뜻은 어찌 되었든 경복敬服해야 하고 행위 역시 감동적이나 동시에 크게 경계해야 할 일이다"라고 말한다. 이처럼 리다자오는 1차대전 이후 내우외환의 절망적 상황에서 실천의 주체인 청년 지식인에게 자각심의 진정한 의미를 다시 묻고자 했다. 이 글을 통해 독자들은 천두슈와는 또 다른, 단호하면서도 차분하고 혁신적인 사상가 리다자오의 면모를 확인할 수 있을 것이다. 리다자오의 이러한 낙관론은 그의 문화관과 마르크스주의관에 그대로 반영돼 있다.

리다자오의 낙관적 역사관은 〈지금(今)〉, 〈청춘〉, 〈민이와 정치〉라

---

45 李大釗, 〈厭世心與自覺心〉, 《李大釗文集》上, 148~149쪽.

는 초기의 글에 잘 나타나 있다. 1916년에 쓴 〈민이와 정치〉라는 글에서는 입헌주의와 민의 권리에 대한 리다자오의 고민을 엿볼 수 있다. 그는 "민이는 역사를 창조할 수 있지만 역사는 민이를 억압할 수 없다"라고 쓰고 있다. 또 앞에서 소개한 것처럼 민이는 잘못된 역사에 의해 잠시 억압받을 수는 있지만 반드시 되살아난다고 믿었다. 리다자오가 말하는 민이의 회복은 바로 인민의 도덕적 자발성이 살아날 때 비로소 가능한 일이다.[46] 즉 지력으로 집약되는 주지주의적 측면을 넘어 주의주의적 도덕주의 경향이 인민의 내부에 분명히 존재한다. 이 경우 인민의 자발성을 담지한 인민 총체가 신사층 또는 국가가 창도하고자 했던 근대 규율 권력에 전일적으로 포섭되거나 동화될 수는 없다고 본 것이다. 그리고 늙은 중국에서 젊은 중국이 잉태된다는 리다자오 특유의 재생의 철학은 당시 젊은 청년 지식인에게 큰 자극이 되었을 법하다.[47]

당시에 지식인들의 정치 취향은 동양(중국)은 퇴보적, 서양은 진취적이라는 도식에서 벗어나지 않았다. 이러한 견해는 신문화운동 당시 《신청년》의 지도적 인물인 천두슈를 위시하여 거의 모두가 가지고 있었다. 이들은 중국의 위기가 바로 중국적 사고 방식의 특수성에서 기인한다고 생각했다. 따라서 5·4운동 이전까지는 서구 문화를 지향했다. 중국의 문화와 국민의 심성에 근본적 결함이 있기 때문에 중국인들의

---

46 민이를 굳이 다른 이념과 연결하자면 나카에 초민中江兆民이 말하는 은사적恩賜的 자유를 넘어서는 인민의 회복적恢復的 자유 개념과 일맥상통한다고 본다. 松本三之介,《明治思想における傳統と近代》(東京大學出版會, 1996), 147~148쪽 참조.

47 결과론적으로 보면 리다자오의 재생의 형이상학과 낙관적 역사관은 100년 후의 중국을 내다본 격이다. 사실 이전에 제국이었던 나라 치고 다시 부흥한 나라는 중국이 유일하니까 말이다. 중국이 부흥하게 된 원인은 무엇일까? 다양한 시각에서 이론적 검토가 필요한 부분이다.

사상을 변혁하고 신문화를 전면적으로 수립해야 한다, 그렇게 하려면 병든 문화에 아직 침윤되지 않은 '청년'에게 기대해야 한다고 여겼다. 적어도 5·4운동이 시작되기 전까지는 《신청년》 그룹 지식인들은 서양의 민주와 과학에 중국의 미래를 의탁하고 있었다. 1915년 시작된 신문화운동이 유교의 전면 비판과 함께 대안으로 민주와 과학을 슬로건으로 내건 이유는 바로 여기에 있었다.

그러나 지식인들의 이러한 사상적 풍조는 사실상 1차대전이 끝나고 열린 파리강화회의의 결과가 중국에 알려지면서 새로운 전기를 맞게 된다. 5·4운동 이후부터 중국의 진보적 지식인들은 중국의 미래를 구상하기 위해 서구의 민주와 과학이 아닌 다른 이데올로기가 필요해진 것이다. 그러니까 중국에서 러시아혁명과 마르크스주의는 이 이데올로기 자체에 관심이 생겨 도입되었다기보다는 과학과 민주로 상징되는 서양에 실망하면서 대안으로 제시된 것이었다.

그런데 리다자오는 신문화운동 시기에 이미 러시아혁명, 1차대전이라는 역사적 사건을 다른 이들과 조금 다르게 판단한 것 같다. 그는 두 사건이 별개가 아니라 연계되어 있다고 생각했다. 이러한 생각은 리다자오의 문명관과 관계가 있다. 즉 리다자오는 동양 문화와 서양 문화에 대해 비관과 낙관 일변도였던 당시 풍조에 동의하지 않았던 듯하다. 당시 리다자오의 중국 사회와 문명에 대한 인식은 다음과 같이 정리할 수 있다.

첫째, 지정학적 측면을 고려한 동서문명관이다. 그는 동양은 보수적, 서양은 진보적이라는 도식에서 벗어나 양자의 지정학적 차이에 착안한다. 즉 동양과 서양에 걸쳐 있는 러시아를 동서양의 매개자로 보아

주목하고 세계의 위기는 바로 러시아의 문명인 이른바 '제3문명'의 출현에 의해 극복될 수 있다고 믿었다. 둘째, 낙관적 성격의 민중관이다. 앞서 '민의 떳떳함'을 주장한 데서 보았듯이 리다자오는 중국인 한 사람 한 사람이 주체적 사상을 갖는 인민 총체로서 이들에 의해 역사가 창조된다고 파악한다. 이는 정신 해방을 기초로 한 인민 해방 운동과 관련이 있다. 바로 여기에 리다자오 혁명 개념의 독자성이 있다. 셋째, 낙관주의적 역사철학과 우주관이다. 그것은 앞에서 소개한 〈염세심과 자각심〉 외에도 〈지금〉, 〈청춘〉이라는 글을 통해 확인된다. 그가 낙관적 역사철학을 견지할 수 있었던 것은 베르그송과 에머슨 사상에 깊이 공명한 결과였다.

이와 같이 리다자오는 사상적으로 매우 주체적인 역사관을 견지했고 동시대 세계사를 구조적으로 볼 수 있는 넓은 시야를 가지고 있었다. 또 구체적인 계급 분석을 기초로 한 개념은 아니었지만 능동성에 기초한 노동하는 인민을 지향하고 희구했다. 이런 지향으로 인해 리다자오는 "1차대전의 진정한 원인은 자본주의의 발전에 있다. 국가의 생산력을 일국 내에서 다 포용할 수 없기 때문에 세계제국을 건설하고 단일 경제 조직을 편성하는 것이다"라는 레닌의 《제국주의론》의 의미를 누구보다 적극적으로 받아들였다. 1차대전을 제국주의의 경제적 이해관계의 충돌로 인한 비극으로 이해했다. 리다자오는 1차대전을 군국주의에 대한 연합국의 승리가 아니라 인도주의, 사회주의, 볼셰비즘, 세계 노동계급의 승리라고 해석했다. 그리고 이 공적은 윌슨보다는 레닌, 트로츠키, 콜론타이,[48] 마르크스 등의 공적이라고 주장하였다.[49] 또 러시아혁명에 대한 세계사적 의의를 구조적으로 파악했다. 리다자오는 1917년 러시아혁명은 단순히 러시아인뿐만 아니라 20세기 세계 인류의 보편적 심리가 변했음을 입증하는 사건으로 보았다.

마르크스주의 수용과 이탈

마르크스주의를 중국에 적용하는 것은 마르크스의 입장에서 보면 처음부터 이단異端적 이탈을 의미했다. 즉 마르크스는 기본적으로 민족주의를 비판한다. 민족주의를 인간성의 자기 소외의 결과로 보았고 민족주의의 기반은 근대 산업의 세계화로 급속히 사라질 것으로 예상했다. 또 민족주의를 포함한 모든 소외 현상을 극복해야 하는 주체로서 프롤레타리아계급을 설정했다. "노동자에게는 조국이 없다"는 말은 프롤레타리아가 국가에 갇히지 말고 세계적 차원에서 제 역할을 해야 한다는 의미였다.

그러나 리다자오는 마르크스주의가 중국에 들어와서 힘을 발휘하기 위해서는 본래 모습에서 변화해야 한다고 보았다. 따라서 마르크스주의가 중국화되기 위해서는 심각한 이탈 과정을 거쳐야만 했다. 물론 모든 이론은 일단 이데올로기 형태로 만들어지면 본래 성격에서 멀어지는 경향이 있다. 하지만 중국의 마르크스주의는 조금 비약하자면 마르크스가 부정했던 것을 완벽하게 긍정하는 방식으로 성공할 수 있었다. 리다자오는 러시아혁명의 사례를 보면서 나름대로 자신감을 가졌던

48 알렉산드라 미하일로브나 콜론타이(1872~1952). 러시아 제국과 소비에트연방의 노동운동가, 여성운동가, 정치인이자 외교관, 소설가, 사회주의자로 1917년의 러시아혁명에도 참여했고 이후 소비에트연방 정부와 인민위원회에도 참여해 활동했다. 한국의 여성해방 운동가에게도 영향을 주었다.
49 李大釗,〈Bolshevism的勝利〉,《李大釗文集》上, 598~599쪽.

것으로 보인다. 자본주의가 발전한 유럽에서 경험한 문제를 러시아는 농촌공동체인 미르를 매개로 피해갈 수 있다는 인민주의적 가정, 즉 러시아처럼 중국도 경제적 후진성을 오히려 사회주의 실현을 위한 조건으로 활용할 수 있다는 믿음을 리다자오는 굳세게 견지했다.

더구나 당시 중국은 봉건적 군벌들의 할거로 혼란에 빠져 있었고 배후에는 제국주의 열강의 중국 지배라는 현실이 버티고 있었다. 이중의 모순, 계급 모순과 민족 모순이 중첩되어 있었다. 리다자오가 보기에 중국의 이러한 현실은 마르크스주의를 러시아의 경우보다 더 민족주의적으로 변형하도록 촉구하는 요인이었다. 리다자오는 국제 자본주의 경제체제에서 중국이 차지하는 프롤레타리아적인 지위로 인해 중국의 전 국민에게 프롤레타리아적인 의식이 잠재해 있다고 했다.[50] 리다자오는 이처럼 중국의 민족을 프롤레타리아로 인식하여 계급투쟁을 계급에서 민족적 기반으로 옮겨 사고했다. 즉 계급투쟁을 국가 내부의 투쟁에서 국가 간의 투쟁으로 옮겨놓았다. 이는 19세기 말 20세기 초 중국 사회를 지배한 지식 패러다임이었던 사회진화론을 개인 간의 경쟁에서 국가 간의 경쟁 구도로 옮겨놓았던 옌푸와 량치차오의 문제의식과 구조적으로 유사했다. 중국 지식인들이 얼마나 강한 민족주의적 입장에서 서구 사상을 수용했는가를 알 수 있는 대목이다. 물론 이런 방식의 수용을 부추긴 쪽은 일차적으로 서구와 일본 제국주의였다. 이렇게

---

50 전 국민의 프롤레타리아화는 1920년대에 식민지 공산주의 운동에 나타났던 '민족 프롤레타리아트' 개념이다. 나중에 코민테른에 의해 비판당하게 되지만 이 관념은 "주된 대립 관계는 중국 안에서 발생하는 것이 아니라 중국 국민과 외국 제국주의 사이에 생기는 것"이라는 마오쩌둥의 주장으로도 이어진다. 물론 이후 마오쩌둥이 민족 모순과 계급 모순을 정리함으로써 폐기된다.

본다면 리다자오를 비롯한 중국의 초기 마르크스주의자들이 노동자 국제주의를 지향하던 마르크스주의를 중국의 민족주의적 동기로 인해 수용했다는 이상한 역설이 성립하는 꼴이 된다.

물론 리다자오가 모든 문제의 근본에는 경제문제가 존재하고 이를 해결하기 위해서는 어떤 '주의'를 받아들여야 한다는 마르크스주의의 기본 개념을 수용하지 않은 것은 아니었다. 리다자오는 "사회문제의 근본적인 해결은 사회 대다수 사람들의 공동의 운동에 의해야 한다. 다수가 공히 목표로 삼는 이상과 주의가 있어야 한다. 그래야만 민중들의 일상생활에서의 불만을 근원에서부터 해결할 수 있다"고 믿었다. 리다자오는 마르크스주의의 기본 원리를 운동의 개념 속으로 끌어들여 실천적 차원에서 받아들이려 했다. 이러한 리다자오의 근본 입장은 앞에서 소개한 바 있는 후스와 맞섰던 '문제와 주의 논쟁'에서 잘 드러난다. 리다자오는 '주의'란 공담만을 일삼는 것이 아니라 사회의 구체적인 문제와 실제 상황을 판단할 수 있는 기준이자 문제 해결의 수단으로 인식해야 한다고 주장하였다. 구체적인 문제의 해결은 근본적인 문제의 해결이 전제될 때 비로소 가능하다. 근본적인 문제는 곧 경제문제이며 이를 해결해야만 다른 모든 문제를 해결할 수 있다고 하였다.

그러나 리다자오는 경제의 중요성을 지나치게 강조하면 마르크스주의의 경제결정론의 구조를 무비판적으로 받아들이는 격이 될 수도 있다고 생각했던 것 같다. 따라서 마르크스주의 수용 초기부터 인민의 주체성과 의지를 강조했던 것은 중국의 현실에서는 불가피한 측면이 있었다. 마르크스주의를 경제결정론으로 해석하면 자본주의사회가 도래했을 때에만 비로소 사회주의로 나아갈 수 있는 가능성이 열린다는 결론이 나온다. 이 가정은 자본주의사회의 문제점이 극에 달했을 때 보편계급인 프롤레타리아가 계급투쟁을 벌여 자본주의사회를 종식시키고 사회주의로 나아갈 수 있다는 도식으로 마무리된다. 이 가정에서 혁명의 전제는 자본주의 발전과 프롤레타리아계급의 형성이다. 그러나 당시 중국에서는 이 두 가지가 형성되지 못했다. 어떻게 해야 하는가. 인간의 의식에 기대는 수밖에 없다. 여기서 20세기 중국혁명 기간 내내 회자되었던 '후진성의 이점'이라는 아이디어와 함께 프롤레타리아 없는 프롤레타리아라는 말이 나오게 된다. 중국의 상황을 역전시키기 위해서는 인간의 주체성과 능동성이 무엇보다 중요해지는 것이다.

리다자오는 따라서 인민의 주체적 참여가 마르크스주의에 결핍돼 있느냐 여부와 관계없이 중국 상황에서는 매우 중요하다고 판단했다. 리다자오가 1919년 마르크스주의를 새롭게 해석해서 중국 사회에 제시해야 하는 시점에서 인민의 능동성을 강조하는 언사나 주장들을 동시다발적으로 토해내는데, 근본 이유가 바로 여기에 있다. 〈계급경쟁과 호조階級競爭與互助〉(1919. 7.), 〈나의 마르크스주의관我的馬克思主義觀〉(1919. 5.), 〈문제와 주의를 재론한다再論問題與主義〉(1919. 8.), 〈소년 중국의 소년 운동'少年中國'的'少年運動'〉(1919. 9.) 등의 글에서 공히 물심양면物心兩面의 개조, 영육일치靈肉一致의 개조를 주장한 이유는 바로 그러한 판단을 내렸기 때문이다. "우리는 인도주의로 인류 정신을 개조하고, 사회주의로 경제조직의 개조를 주장한다. 경제조직을 개조하지 않고 단순히 인류 정신을 개조하려 한다면 아무 효과가 없을 테고 인류 정신을 개조하지 않고 단순히 경제조직을 개조하려 한다면 성공하기 힘들 것이다. 따라서 우리는 물심양면의 개조, 영육일치의 개조를 주장한다."[51] 또 그는 계급투쟁은 사회조직을 개조하는 수단이고, 서로 돕는 것互助은 인류 정신을 개조하는 신조이기 때문에 반드시 물심양면을 개조해야 한다고 주장한다.[52] 중국의 미래를 책임질 '소년 중국' 또한 물질과 정신 양면을 개조하여 만들어진, 영육일치의 소년 중국이어야 한다[53]고 주장했다.

요컨대 리다자오는 마르크스주의의 사적유물론을 경제결정론으로 해석하고, 인간의 의지와 계급투쟁을 강조해야 한다고 보았다. 그리고 인간의 의지와 계급투쟁은 인간 사회의 원리인 인도주의나 호조의 원칙에 기초를 두어야 한다고 생각했다. 이것이 리다자오가 물심양면의 개조를 강조하는 이유였다. 중국 최초의 마르크스주의자인 리다자오의 위와 같은 문제의식이 오롯이 그 자신만의 노력의 결과인지는 더 확인할 필요가 있지만 5·4시기 중국 급진주의자들은 마르크스주의를 경제결정론에 치우친 이념으로 보았다. 그런데 이러한 해석은 리다자오가 일본에 유학하던 시기, 일본의 사회주의 사상가 가와카미 하지메河上肇의 사적유물론에 대한 해석에서 이미 강하게 나타난다. 이 내용을 담은 책이 바로 유명한 《가난 이야기》[54]이다. 이 책은 1910년대 사회주의적 전망을 품고 일본에 유학한 동아시아 지식인에게는 거의 필독서였다.

리다자오를 비롯하여 당시 다수의 중국 지식인들이 가와카미를 통

---

51 李大釗, 〈我的馬克思主義觀〉, 《李大釗文集》中, 68쪽. 리다자오의 저작 중 독창적 해석의 한 가지 사례로 평가되는 이 글은 다음의 연구에 의하면 마르크스주의를 비판하는 대목에서 가와카미 하지메의 관점을 거의 그대로 받아들이고 있다. 石川禎浩, 〈李大釗のマルクス主義受容〉, 《思想》 1991年 5月, 93쪽. 가와카미를 받아들여 리다자오가 자기의 사상으로 재구성했다고 해서 리다자오의 사상이 덜 위대해지는 것은 아니다.

52 李大釗, 〈階級競爭與互助〉, 《李大釗文集》中, 18~19쪽.

53 李大釗, 〈'少年中國'的'少年運動'〉, 《李大釗文集》中, 42쪽.

54 이 책은 한국어로 두 출판사에서 제목을 달리하여 번역 출판했다. 가와카미 하지메, 《빈곤론》, 송태욱(꾸리에, 2009) ; 가와카미 하지메, 《가난 이야기》, 전수미(지만지, 2010).

가와카미 하지메

해 마르크스의 사적유물론에 접근했다. 가와카미의 책에서 말하고 있는 '사회조직의 개조'와 '개인 정신의 개조'(혹은 인심의 개조)는 리다자오가 말하는 물심양면의 개조, 영육일치의 개조에 해당한다. 중국에서 마르크스주의를 수용하던 초기에 인민의 주체적 참여와 계급투쟁을 무엇보다 강조한《공산당선언》이 집중 소개된 것은 결코 우연이 아니다.

리다자오와 마오쩌둥의 연속성과 불연속성

리다자오를 서술하는 장에서 이제 그와 마오쩌둥의 이론적 연계를 다루고 글을 맺어야겠다. 리다자오는 마르크스주의를 중국의 상황에 맞게 '주체적'으로 흡수하여 독특한 이념적 경향을 만들었다.[55] 이러한 경향들은 중국공산당에 승리를 안겨준 정치 전략과 밀접한 관계가 있다. 결과적으로 마르크스의 이론과 전략을 뛰어넘는 '혁신성'이 중국 농민 혁명을 성공으로 이끈 주 원인이 되었다고 할 수 있기 때문이다. 여기에는 역설이 있다. 사실 역사를 살펴보면 역설 없는 승리는 없다. 필자는 그 역설을 문화대혁명으로 본다.

---

55 사실 리다자오의 사상이 중국 공산주의 작풍의 기원으로 받아들여진 것은——앞에서도 저자가 여러 군데서 인용한 바 있는——저명한 중국 공산주의 연구가 모리스 마이스너의 기념비적인 책《리다자오와 중국 마르크스주의의 기원 *Li Ta-Chao and The Origin of Chinese Marxism*》(1967년 집필, 1977년 출판)과 무관하지 않다. 제목이 암시하듯, 이 책이 나온 이후 리다자오의 사상이 중국식 마르크스주의, 즉 마오주의의 기원이라는 공식은 거의 신화화되었다. 지금까지도 이 공식을 부정할 정도로 뛰어난 연구서는 필자가 아는 바로는 나오지 않고 있다.

그렇기 때문에 이제는 '혁신성'의 주요 내용인 주관능동성의 측면이 유토피아주의와 연결되어 문화대혁명[56]과 같은 '비극'을 낳지는 않았는지 조심스럽게 다시 검토해야 하지 않을까. 리다자오가 중국공산당의 실천적 토대인 문화 이론의 기초를 다진 주인공이라면 이러한 사후적 질문도 의미가 없지 않다.

마르크스주의에 대한 리다자오의 혁명적 주의주의와 민족주의적 재해석을 토대로 마오주의는 탄생할 수 있었다. 중국혁명의 성공은 이 두 사람에 의해 진행된 이중의 이탈 전략에서 연유한다. 하나는 리다자오의 단계에서 이루어진 이론적 이탈이다. 둘째는 마오쩌둥의 혁명 실천에서의 이탈이다. 마오쩌둥은 리다자오가 진행한 이론적 차원의 이탈 전략을 바탕으로 하여 실천 측면에서 이탈을 단행했다. 즉 이탈된 이론을 기반으로 하여 중국 사회 저층의 요구를 잘 파악했고 이를 근거로 혁명 전략과 정치 전략을 '창조적'으로 구사했다. 이러한 '창조적' 이탈을 전제로 하여 중국혁명은 성공할 수 있었던 것이다. 따라서 중국혁명의 성공에는 리다자오의 이론적 지분이 포함되어 있다고 할 수 있다. 마오쩌둥의 사상과 혁명 전략이 주효하여 중국혁명이 성공했다면 마오 사상의 형성에서 리다자오가 차지하는 부분이 적지 않다고 할 수 있다. 물론 리다자오의 이론은 마오쩌둥이 단행한 실천의 단계에서 불가피하게 주관능동성의 측면이 강화되었을 것이다. 특히 1949년 권력을 장악한 이후에는 이 주관능동성은 인민의 참된 자발성이 아닌 '비자발적인 자발성', 즉 강요된 자발성으로 변질되었을 가능성이 충분히 있다.

---

56 이에 대해서는 뒤의 마오쩌둥편 참조

일단 리다자오와 마오쩌둥은 마르크스주의의 발전 단계설을 인정하게 되면, 이를 중국에 매우 제한적으로 적용할 수밖에 없다는 사실에 매우 당혹스러웠을 법하다. 마르크스의 이론을 기준으로 하면 중국은 사회주의를 실현하는 데 필요한 객관적 조건이 전혀 갖추어지지 않았기 때문이다. 그러나 그러한 객관적 조건을 '후진성의 이점'으로 대담하게 해석하여 중국 사회에 적용하는 이른바 중국식 '전유' 방식은 중국이 전통 시대부터 사용해왔던 문화 수용의 방법이었다. 중국과 같이 외부의 침략과 내부의 모순이 중첩된 상황에서 이들의 신념은 마르크스의 발전법칙에 기대지 않고 자발성과 의지에 기댈 수밖에 없었다. 이럴 때 이들 입장에서는 마르크스가 추구했던 국제주의 요소보다는 그가 부정했던 민족주의 요소를 강화할 수밖에 없었다. 중국에 보탬이 된다면 원본을 거꾸로도 해석하는 담대함의 표현이라고 해야 할까.[57]

중국혁명에서 거론되는 주의주의적 측면과 유토피아성은 사실 20세기 초반 중국 사회 문제의 해결 수단으로 혁명이 거론되기 시작하면서 나온 개념이라 할 수 있다. 즉 '후진성의 이점'이라는 개념을 19세기 말 20세기 초 풍전등화 같은 상황에서 처음으로 사용한 인물은 쑨원이다. 쑨원은 앞에서 소개한 것처럼 후발자의 이점을 살리면, 일본이 30년 동안 이룩한 것을 20년 또는 15년 만에 달성할 수 있다, 혁명으로 공화국을 건설하여 정치혁명과 사회혁명을 단번에 이룩하여 구미를 앞지를 수 있다고 주장한 바 있다. 1949년 이후 마오쩌둥도 이와 비슷한 성격의 발언을 했다. 물론 이러한 발상의 근원에는 지금은 심각한 위기에 처해

---

57 이와 관련하여 앞의 옌푸편의 《천연론》 '일러두기'에서 서술한 '경우에 따라서는 원본을 거꾸로 해석하여 보탬이 되게 하겠다'는 방침을 여기서 다시 한번 상기할 필요가 있다.

있지만 서구와는 다른 더 좋은 사회를 만들 수 있는 기회라는 인식이 있었을 것이다.

혁명을 통해 일거에 이상사회를 건설할 수 있다는 유토피아적 인식은 이처럼 낙후한 현실과 주의주의의 산물이며 문화대혁명이 바로 그 결과였다. 그렇다고 창조적이고 주체적인 수용을 '감행한' 리다자오에게 문화대혁명의 책임을 묻는 것은 어불성설이다. 마치 사회주의혁명의 실패의 책임 또는 성공의 공로를 이론 제공자인 마르크스에게 돌리는 것과 같은 꼴이다. 1차 책임자는 마오쩌둥을 중심으로 한 통치 체제에 있다. 하지만 그렇다고 해서 중국의 지식인과 인민을 희생자로만 인식할 수는 없다. 쑨원이건 리다자오건 나름대로 변형한 이론은 국내 상황이나 국제적 지정학에서나 불가피한 측면이 있었다. 이들의 이론을 문화대혁명과 직접 연결할 수는 없다. 다만 중국혁명이 문화대혁명으로 나아간 것이 진정 문제라고 가정한다면 20세기 전체 중국혁명사를 이제 반성적으로 재검토해볼 필요는 있다는 점을 말하고 싶은 것이다. 그러할 때 리다자오의 이론 또한 예외일 수 없다.

모든 역사적 사건은 당시의 지정학적 조건들의 영향을 받아 일어난다. 그리고 해당 사회의 급박한 요구와 권력자 개인의 심리적 특성이 함께 작용하여 일어난다. 상황에 따라 차이가 있겠지만 보통은 이러한 세가지 요소가 상호 영향을 주고받는 가운데 긴장과 갈등 속에서 어떤 사건이 발생한다. 그런데 민주주의 체제가 아닌 상황에서는, 즉 제도로 악을 저지하는 데 한계가 있는 독재 체제에서는 세 가지 중 마지막 것, 즉 최고 권력자 개인의 특성이 좀 더 많이 개입될 소지가 있다.

사실 중국 사회주의는 마르크스주의에서 이단異端적으로 이탈함으로써 성공했지만, 문화대혁명[58]과 같은 역설적 결과를 낳고 말았다. 결과적으로 이탈이 혁명 초기에는 성공 전략이 되었지만 공산당이 권력을 장악한 이후에는 오히려 비극을 초래하는 원인이 되었다.

나오며

역설적이지만 당시 중국의 지식인들은 마르크스주의를 알기 전에 먼저 공산주의자가 되었다. '선 실천 후 이론'은 중국 5·4시기의 마르크스주의 수용의 특징을 표현하는 데 가장 적절한 말이다. 이는 모든 비서구권 국가의 공산주의 운동에서 거의 동일하게 나타나는 현상이었다. 이런 맥락에서 실천의 중요성은 무시할 수 없으며 혁명적 자율성 또한 매우 중요한 덕목이었다. '북이남진'이라는 말로 대표되는 중국공산당 초기의 조직과 마르크스주의 이론은 물질적 선행 조건이 전혀 없었던 중국이라는 척박한 땅에서 일궈낸 이른바 민족적 혁명의 결과였다. 리다자오가 처형되고 천두슈가 서기장직을 박탈당하는 1927년은 중국 공산주의 운동사의 제1기에 해당한다. 이후 중국공산당 지도자들은 이러한 초기의 결과를 물려받아 그들의 정치 전술에 적용하였고, 혁명에 성공할 수 있었다.

천두슈는 리다자오보다 전통의 영향을 깊이 받았기에 젊어서부터 그것에 강하게 반발했다. 그리하여 신해혁명으로 공화제가 들어섰지만

---

58 문화대혁명에 대해서는 뒤의 마오쩌둥편 참조.

도덕과 문화는 전혀 변하지 않았다고 판단하여 실제 행동에 나섰다. 그의 강한 추진력은 1915년 《신청년》의 창간으로 열매를 맺었고 이로써 전통을 근본적으로 비판할 수 있는 논의의 장이 열렸다. 중국 근대 문화운동은 이처럼 천두슈 개인의 희생과 거침없는 추진력이 없었더라면 상상하기 힘든 것이었다. 이런 점에서 중국 근대의 신문화운동과 초기 공산주의 운동에서 가장 중요한 역할을 한 인물이 바로 천두슈였다. 이 시기 천두슈는 중국 사회를 근본적으로 바꾸어야 한다고 생각했고 이를 위해 전통적 가치 체계를 완전히 바꾸어 민주주의와 사회주의를 뿌리내려야 한다고 믿었다. 전통에 대한 반감이 동력으로 작용했음이 확실하다.

하지만 전통에 대한 이러한 즉자적 반발심은 초기 혁명을 추진하는 데 놀라운 힘을 발휘했지만, 역으로 자신이 터잡은 중국 사회에 대한 신중한 접근을 방해하는 요소로도 작용했다. 또한 실천의 토대가 되는 정치이론가로서 입지를 확보하는 데 일정한 한계로 작용했다. 즉 서구의 민주주의 이론과 공산주의 이론을 중국 사회에 정착시키기 위해 이를 어떻게 변용해야 할 것인가에 대해서는 노력을 경주하지 않았다.

이는 러시아혁명과 마르크스주의를 고민해 민족주의적, 의지주의적 변용을 보여준 리다자오와 비교했을 때 현격한 차이를 드러낸다. 천두슈의 이런 점은 그의 실천, 즉 정치 지도자로서의 조직과 실천에 일정한 한계로 작용했을 법하다. 물론 천두슈는 정치적으로는 공산당 초대 총서기직을 맡아 코민테른의 중국혁명 노선과 중국공산당 고유의 노선 사이에서 희생된 면이 없지 않다. 이론 면에서 그는 흔히 지적되듯이 파괴하는 데 집중했지 건설하는 데 능하지 못했다. 전통을 파괴한 다음 서양 사상, 즉 과학과 민주, 사회주의를 어떤 방식으로 변용하여 중국 사회에 적용할지 적극 고민하지 못한 것은 아마도 천두슈가 가지고 있던 유교 전통에 대한 관념이 내면에 방화벽을 만들어 유연한 사고를 가로막은 탓인지도 모른다. 더불어 조직에 대한 중요성을 제대로 인식하지 못하고 타협에 대해 결벽주의적 태도를 보임으로써 현실 정치에서 실패했는지도 모른다. 천두슈는 이러한 점들로 인해 혁명가로서 보여주어야 할 단호함 못지않게 중요한 유연한 전략을 내놓는 데 한계를 가질 수밖에 없었다.

반면 리다자오는 천두슈와 비교했을 때 전통에 대한 입장에서 또 농민 문제에 대한 입장에서도 완전히 달랐다. 리다자오는 천두슈보다 열 살가량 적다. 시시각각 시대상이 달라지는 격변의 시기에 전통에 대한 전망은 서로 다를 수밖에 없었다. 그리고 천두슈는 가족 내에서 전통의 압박을 온몸으로 겪으면서 성인이 된 반면 리다자오는 전통으로 인해 직접적 고통을 겪지 않았다. 리다자오는 중국의 농민계급을 중국의 미래를 결정할 에너지를 가진 일종의 체현자로 본 데 반해, 천두슈는 농민계급의 잠재력을 믿지 않았다. 그렇기 때문에 농민 문제에 관해서도 리다자오는 이론적으로는 코민테른의 권위에서도 벗어날 수 있었으며 1926년 시기의 중국공산당의 중앙위원회 노선, 즉 천두슈의 노선과도 차별화할 수 있었다. 리다자오는 비록 1927년 자신의 이론을 제대로 펼치지 못하고 군벌에 의해 희생되었지만 그의 이론은 마오쩌둥에게 충실히 계승되어 중국혁명이 성공함으로써 빛을 볼 수 있었다. 이처럼 전통과 농민에 대한 두 사람의 견해 차이가 중국의 미래에 대한 전망의 차이를 낳았고 결국 이들에 대한 평가도 달리 하게 만들었다.

리다자오는 천두슈와 달리 혁명적 자율성과 민족주의적 동기를 강조했다. 이로 인해 마오쩌둥에게 사상의 원형을 제공했다는 평가를 받아왔다. 여기서 혁명적 자율성이란 중국의 후진성이야말로 혁명을 추진하는 동력이 된다고 보는 견해이다. 이러한 발상은 사실상 쑨원의 혁명론에서도 살펴본 바 있다. 중국에 사회주의 실현을 위한 객관적인 전제조건이 결여되었다는 인식은 마오쩌둥에게는 유토피아성이 좀 더 강화되는 형태로 수용된다.

하지만 이러한 리다자오의 혁명적 자율성 강조와 민족주의적 입장의 강조는 중국혁명에 긍정적 요소로만 작용한 것은 아니다. 이제는 이러한 점을 포함하여 중국 근현대사 자체를 20세기 중국사, 그리고 세계사 차원에서 폭넓게 성찰할 때가 되었다. 천두슈의 경우에도 중국 현대사에서 해낸 그의 역할에 비하면 정당하게 평가되지 못한 측면이 있다. 이제는 사회주의혁명 시기의 어떤 개인이나 사상도 중국혁명의 성공만을 기준으로 서술될 수 없다. 그 안에 숨겨진 중요하지만 무시되어온 것들이 적지 않다. 당을 둘러싼 구조적 문제, 그리고 당내의 조직 문화 등에 대해서도 미시적, 거시적 관점을 모두 동원하여 재평가해야 한다.

기존의 중국공산당사에서 1920년대의 천두슈를 평가할 때 항상 따라다니는 꼬리표는 제1차 국공합작의 실패를 초래한 우익 기회주의자, 당 생활 말기에 트로츠키의 중국 문제에 공명하여 후에 중국 트로츠키 조직의 영수가 된 인물일 것이다. 그리하여 다른 공헌, 예컨대《신청년》의 창간과 근대적 지식장의 창출, 그리고 공산당 창당에서의 주도적 역할, 학문적 업적까지도 정당한 평가를 받지 못했다.[59] 리다자오와 비교하면 이러한 처사는 최소한의 학문적 공정성조차 지켜지지 않는 사례라고 해야 할 것이다.

리다자오에 대해서도 마찬가지이다. 이제 좀 다른 시각에서 리다자오를 평가할 수 있어야 한다. 그것은 비단 시각의 문제만이 아니고, 사실의 차원에서 그렇다. 중국 공산주의 운동의 정통적 시각은 이제 많이 유연해졌다 해도 아직 공산당 운동사 관련 인물에 대한 서술에서는 다양한 견해를 모두 포용하는 것 같지 않다. 마이스너의 리다자오 연구의 최대 문제는 리다자오 사상 형성에 있어서 러시아적 단계 그리고 마르크스주의 수용에 있어서 일본적 단계를 명확히 해주지 않았다는 점이다. 그리하여 이론에서 리다자오의 독창성이 어디까지 발휘되었는지가 불분명하다. 물론 마르크스주의의 이론과 실천을 중국의 상황에 맞도록 과감하게 재해석하여 수용한 것은 전적으로 리다자오의 몫이라는 점은 분명하지만 말이다.

---

59 이에 대해서는 橫川次郎, 〈陳獨秀の評價をめぐつて〉, 《中國硏究月報》 408號(1982年 2月), 1쪽 참조.

3부　사회주의의 제도화와 개혁개방

5장

'계급 중국'을 꿈꾼
마오쩌둥

VS

'윤리 중국'을 구상한
량수밍

들어가며

마오쩌둥毛澤東(1893~1976), 그를 빼놓고는 중국의 현대사를 말할 수 없다. 그는 1920년대 말부터 1970년대 말까지 약 반세기 동안 중국 공산당과 중국 전체를 좌지우지했다. 마오쩌둥은 죽은 지 40년이 다 됐지만 그의 유령은 아직도 중국 대륙을 배회하고 있다. 중국 인민들의 고단한 현실이 마오쩌둥을 끊임없이 불러내고 있기 때문이다. 2008년 주민 종교 신앙 조사에 따르면 중국인 가정 중에 마오쩌둥상像을 모시는 경우가 11.5퍼센트에 달했는데, 이는 조상신(12.1퍼센트) 다음가는 순위

마오쩌둥

였다. 그다음으로 불상이 9.9퍼센트, 재물신이 9.3퍼센트였다. 그만큼 마오쩌둥은 아직도 중국 인민의 생활에 밀착되어 그들의 행동과 사고에 영향을 주고 있다.

이러한 현상은 대중들에게만 국한되지 않는다. 지식인 사회도 마오쩌둥에게서 벗어나지 못하고 있으며 다만 마오쩌둥의 영향력이 조금 다른 방식으로 표현되고 있을 뿐이다. 중국 지식인들의 주요 담론들은 문화대혁명 해석에서 극단적인 대립을 드러낸다. 대표적인 예가 1990 년대에 있었던 신좌파-자유주의 논쟁이다. 이 논쟁은 중국의 자본주의화 과정에서 발생한 문제점의 원인이 어디 있느냐와 더불어 마오쩌둥의 통치 시기를 어떻게 보느냐가 핵심 쟁점이었다. 1990년대 논쟁의 2라운드라 할 수 있는 2000년대의 중국 모델론 논의에서도 마오쩌둥 시대에 대한 해석은 완전히 갈렸다. 대립 논점을 간단하게 정리하자면, 신좌파는 문화대혁명 시기야말로 민주가 실현된 시대라 보고 현대 중국의 '제도 창신'을 위해 마오쩌둥 시대의 합리성을 인정해야 한다고 주장한다. 이에 반해, 자유주의 진영에서는 사회의 공공 재부를 무상으로 점유했고 다른 의견을 억압했던 문화대혁명 시대는 비판적으로 접근할 필요가 있다고 본다.

마오쩌둥에 대한 평가가 힘든 것은 일반 인민들의 마오쩌둥에 대한 신격화와 지식인들의 마오쩌둥에 대한 '주관적' 재해석 때문만이 아니다. 중국 정부 또한 자신의 이해관계에 따라 마오쩌둥을 현실 정치에 개입시키고 있어 마오쩌둥과 그의 시대에 대한 역사적 평가를 가로막고 있다. 대표적으로 문화대혁명은 덩샤오핑 정권이 1981년에 '역사 결의'를 통해 잘못되었다는 공식 입장을 내놓은 이래 암묵적으로 문화대혁명에 대한 학문적 논의는 금지된 셈이나 다름없다.[1] 게다가 1989년 톈안먼사태로 덩샤오핑 정부가 위기를 맞게 되자 돌파구를 마련하고자 1992년에 자본주의 개방을 강화하는 정책과 함께 문화대혁명과 마오쩌둥에 대한 대대적인 상품화 전략을 구사한 적도 있다. 이러한 분위기에 맞서 비판적인 중국학계 일각에서는 "문화대혁명은 중국에 있고 문화대혁명 연구는 외국에 있다"는 조소 섞인 말이 나왔다. 이처럼 마오쩌둥은 자신의 의도와는 상관없이 사후에도 중국 대륙의 거의 모든 분야에 거대한 그늘을 드리우고 있다. 그도 그럴 것이 마오쩌둥을 어떻게 볼 것인가의 문제는 곧 중국 사회주의를 어떻게 볼 것인가라는 문제이기 때문이다.

중국문학사 연구가인 첸리췬錢理群은 마오쩌둥을 아래와 같이 서술한다. "마오쩌둥이 후대에 물려준 것은 복잡하고 풍부한 유산이며, 먹을 수도 없지만 또 버릴 수도 없는 과실이다. 중국 역사에서 보기 드문 유토피아 사상가이자 독재자로서 그의 사상과 실천 속에서 천재적인 상상과 심각한 후과가 하나로 교직되어 있다. 서방 공업 문명의 폐단을 피하고 비서구의 현대화 노선을 탐색했던 천재적인 마오쩌둥의 상상과 실험은 그가 새롭게 세워낸 전제 체제와 이로부터 발생한 엄중한 후과가 하나로 밀착되어 있는 것이다."[2]

량수밍梁漱溟(1893~1988)은 한국에 많이 알려지지 않은 인물이다. 하지만 중국의 현대사상가 전체를 통틀어 량수밍만큼 유교의 수기치인

---

1 이에 대해서는 졸고, 〈중국 주류 지식인의 과거 인식의 방법과 문화대혁명 담론 비판〉, 《사회와 철학》 2015년 4월호 참조.
2 첸리췬, 《모택동 시대와 포스트 모택동 시대 1949~2009》 하, 연광석(한울, 2012), 388쪽.

량수밍

修己治人을 몸소 실천하는 삶을 살았던 인물은 드물다. 공자가 행동에는 민첩하고, 말에는 어눌한(敏於行, 訥於言) 사람을 군자라 할 만하다고 했는데 그런 인물이 바로 량수밍이었다. 량수밍 전기를 쓴 시카고대학 교수 가이 살바토레 앨리토Guy Salvatore Alitto는 그래서 량수밍을 '최후의 유자儒者'라 했다. 여기서 유자는 어떤 계층을 의미하기보다는 유교적 가치를 새롭게 해석하여 새 시대에 맞는 질서와 가치를 만들어가려 했던 '보편적' 지식인을 의미한다.

량수밍은 1920년대 중국에서는 《동서 문화 및 철학》이라는 책을 통해 알려졌다. 서양 문명, 중국 문명, 인도 문명이 차례대로 도래할 것이라는 문명론을 예언한 사상가로 유명하다. 문화는 고유한 것이어서 공유할 수 없다는 가설에 입각한 '문화유형론'은 나중에 문화의 보편타당성을 주장했던 후스의 주요 공격 대상이 되기도 하였다. 량수밍은 유학 경험도 없으며 대학도 졸업하지 않았지만 차이윈페이의 실력을 위주로 한 파격적인 교수 채용 덕분에 리다자오, 천두슈, 후스와 함께 베이징대학 철학과 교수를 지냈다. 하지만 베이징대학 교수직을 7년 만에 그만두고 농촌으로 들어가 자신의 앎을 실천에 옮기고자 했다. 이로 인해 량수밍이 중국 지성사에서 차지하는 위치는 매우 독특하다. 이러한 특별한 위치로 인해 오히려 후학들로부터 특별히 존경을 받는 지식인 이다.

공자의 사상에 충실할수록 유교는 자기 개혁을 마다 않는 이른바 '불온한 사상'이 될 가능성이 있다. 왜냐하면 공자의 《논어》야말로 궁극 적으로는 당시 사회의 근본 혁신을 통한 인간관계의 변화를 목표로 했 다고 할 수 있기 때문이다. 이를 기준으로 보면 량수밍이야말로 자기 개 혁을 마다 않는 '불온한 사상가'가 될 소지가 아주 많은 지식인이다. 따 라서 자신의 주장이나 실천으로 인해 '어떤 주의자'로 불린다거나 어떤 진영에 속하는 것을 중요시하지 않았으며 시종일관 독립 노선을 취했 다. 량수밍 사상의 가장 위대한 점은 그가 주장한 어떤 사상에 있다기보 다는 몸소 보여준 실천적인 삶의 태도에 있다. 여기에 근거하여 끝없이 자신을 연마하고 사회적으로 실천했다. 그런 점에서 량수밍의 학문은 남에게 보여주기 위한 위인지학爲人之學이 아니라 자기의 수신과 즐거움 을 위한 위기지학爲己之學[3]이었던 것이다. 그는 자기완결적인 이론 체계 를 구성해야 한다는 이론적 차원의 욕망과 장래에 무엇이 되어야 한다 는 속칭 입신출세 욕망을 가지고 있지 않았다. 그렇기에 두려할 것이 없 었다.

량수밍은 여러 면에서 마오쩌둥과 비교되는 인물이다. 마오쩌둥과

---

3 공자의 공부론으로 《논어》의 〈헌문憲文〉에 나오는 "옛날의 학자는 자기를 위해서 공부하지만 지금의 학자는 남을 위해 공부한다"는 내용에서 유래하였다. 여기서 위기지학은 자기 내면에 충실하고 자기 성찰에 중점을 둠으로써 세상의 평가에 초연한 경지를 가리킨다. 위인지학은 그 반대의 의미가 있다.

량수밍은 기본적으로 중국 사회를 진단하고 전망함에 있어서 생각을 달리한다. 이들은 각각 '계급 중국'과 '윤리 중국'을 구상했다. '계급 중국'에는 중국이 제국주의와 봉건 권력에 둘러싸여 있다는 문제의식을 안고 혁명을 꿈꾼 마오쩌둥의 이상이 담겨 있다. '윤리 중국'을 구상한 량수밍은 현실을 있는 그대로 긍정하진 않았다 해도, 유교라는 아비투스(습속)와 중국을 분리하는 것은 비현실적 상상이라고 보는 듯하다. 유교라는 현실을 바탕으로 해야 실현 가능한 개혁 프로젝트를 구상할 수 있다는 것이다. 여기서 아비투스란 '도덕화된 제도', '제도화된 도덕'으로서 구조화, 신체화된 유교를 의미한다. 모럴이나 가치로서의 유교라기보다는 일상에서 사유와 행동을 지배하는 습속을 의미한다.[4]

마오쩌둥은 마르크스주의에 기초하여 계급에 입각해 중국을 새롭게 변화시키려 했고, 량수밍은 유교에 기초하여 윤리 본위의 사회를 어떻게 하면 더 잘 만들어갈 수 있을까를 고민했다 할 수 있다. 이렇게 본다면 마오쩌둥은 (량수밍과 도식적으로 비교했을 때) 이론적으로는 서화론자가 되는 셈이다. 마르크스주의에 기초한 계급 분석은 서양에서 발원한 것이기 때문이다. 여기서 두 사람은, 앞에서 언급한 루쉰과 후스의 경우와는 또 다른 방식의 '두 가지 길'을 제시한 것이다.

량수밍은 이런 생각에 기초하여 1973년 비림비공 시기 공개적으로 비판받는 상황에서 〈오늘날 우리는 공자를 어떻게 평가해야 하는가〉라는 글을 발표했다. 그는 "공자가 노예제를 옹호했다는 것은 사실과 부합하지 않다. 사회발전 5단계로 나누는 잘못된 설을 보편적 규율로 보

---

4   필자는 이러한 아비투스가 체제화된 유교, 즉 루쉰이 말하는 예교와 통하는 것이라고 본다. 량수밍은 이것을 현실로 받아들여 미래를 재구성하자고 제안했다.

면 안 된다"⁵고 주장했다. 량수밍은 중국 사회 발전은 특수성을 띠고 있으며 이는 간단하게 5단계로 구분해서는 안 된다고 하였다.⁶

마오쩌둥은 정치가이고 량수밍은 학자다. 량수밍은 정치가가 아니면서 마오쩌둥과 '맞짱'을 뜬 인물로도 유명하다. 1953년 중화인민공화국 초기 과도기 총노선을 보고하는 자리에서 량수밍은 '농민을 버렸다'며 작심하고 마오쩌둥을 비판했다. 이 때문에 량수밍은 혹독하게 비판받았다. 침묵조차 허용되지 않았던 이 시기에 어떻게 이런 태도를 보일 수 있었을까. 생각해보면, 역설적으로 정치가가 아니기 때문에 그럴 수 있었을 것이다. 이처럼 이들은 서로 다른 구상을 가지고 중화인민공화국 성립 이전에도 이후에도 여러 차례 대화를 나누었다. 하지만 서로의 차이를 확인했을 뿐, 상호 의견을 좁혀가거나 상대방의 주장을 받아들여 자신의 생각을 수정하진 않은 것 같다. 그러나 량수밍은 1980년에 14일간 진행된 앨리토와의 인터뷰에서 중국 역사상 그리고 세계 역사상 가장 위대한 인물은 마오쩌둥이라고 밝혔다. 마오쩌둥은 비록 만년에 잘못한 일이 많지만 그가 없었으면 공산당도 없었고 신중국도 없었을 것이라고 말했다.⁷

---

5 梁漱溟, 〈今天我們應當如何評價孔子〉, 《梁漱溟全集》第7卷(山東人民出版社, 1993), 304쪽 ; 幹春松, 〈1973年的梁漱溟和馮友蘭〉, 《制度儒學》(上海人民出版社, 2006), 276~278쪽 참조.

6 幹春松, 〈孔子 : 是保守還是進取─張岱年和後"批林批孔"時期的儒學觀重建〉, 《制度儒學》(上海人民出版社, 2006), 293쪽.

7 梁漱溟, 《我是怎樣一個人》(當代中國出版社, 2012), 274쪽.

1. 마오쩌둥, 신중국을 만든
위대한 혁명가이자 거대한 그림자

신화가 된 중국의 붉은 별

마오쩌둥은 1893년 12월 26일 후난성 샹탄현湘潭縣 샤오산충韶山衝의 빈농과 중농의 중간 수준의 농민 가정[8]에서 태어났다. 그가 태어나고 얼마 지나지 않아 청나라가 일본에 패했다. 중화 제국의 붕괴에 이어 분할이 현실화되는 실로 엄중한 시기였다. 그는 서당에서 공부하면서 아침저녁으로 농사일을 도왔다. 마오쩌둥은 경전을 공부했지만 그것보다는 역사소설 읽기를 좋아했다. 특히 진나라 초기의 재상 상앙商鞅에 관심을 가졌다. 마오쩌둥은 그를 중원을 통일하고 백성들의 안녕을 지키고 국가의 명예를 드높인 인물로 평가했다. 상앙을 무자비한 인물로 평가한 사마천司馬遷과는 매우 달랐다.

청년 마오쩌둥의 지적 세계에 가장 영향을 많이 준 인물은 창사長沙 사범학교의 양창지楊昌濟 선생이었다. 1870년 창사에서 태어난 양창지는 1902년에서 1913년까지 일본, 영국, 독일에 유학했다. 그는 칸트의 관념론과 영국 철학자들이 만든 개인의 '자아실현' 이론을 접목하여 자신만의 포괄적인 윤리 체계를 창안했다. 그는 독일의 철학자 프리드리히 파울젠Friedrich Paulsen의 《윤리학 체계System der Ethik》(이 책은 《윤리학 원리倫理學原理》라는 제목으로 차이웬페이가 번역하여 1913년 상하이에서 출판했다)를 마오쩌둥에게 소개했다.

---

8   최근 중국에서 홍색 여행 상품이 유행인데 마오쩌둥의 고향집 방문 코스도 매우 인기 있는 상품이다.

이 책은 청년 마오쩌둥의 사상에 가장 큰 영향을 준 서양의 철학서이다. 마오쩌둥은 이 책의 여백에 1만 1,000여 자의 메모를 남겼는데 이것이 바로 지금도 남아 있는《윤리학 원론 비어倫理學原理批語》이다. 이 메모를 통해 마오쩌둥 청년 시절의 사고 과정을 추적해볼 수 있다.《윤리학 원리》에서 "저항이 없으면 동력이 없고 장애가 없으면 행복도 없다"는 구절을 마오쩌둥은 지극한 진리이자 철언徹言이라 논평했다. 콜럼버스와 아메리카 신대륙의 관계, 우禹임금과 홍수의 관계를 설명하면서 "대세력에 대해서는 대저항이 필요하고 이는 보통 사람에 대한 보통의 저항과 같은 것이다"라고 기술했다.

마오쩌둥이 24세 때 쓴 〈체육의 연구〉(《신청년》 3권 2호, 1917년 4월)라는 글은 바로 양창지와《윤리학 원리》가 마오쩌둥의 지적 세계에 자리 잡은 시기의 대표작이다. 체육과 운동에서 마오쩌둥은 관념성보다는 체백성體魄性(체력과 기백의 조화)을 강조한다. "정신을 문명화하려면 먼저 체백을 튼튼하게(야만화) 해야 한다. 체백을 튼튼하게 하기만 하면 문명의 정신이 뒤따르게 된다."[9] 마오쩌둥의 사상이 여타 지식인과 다른 점은 이미 이때부터 드러나고 있었다. 리쩌허우는 이에 근거하여 마오쩌둥이 힘[力], 강强, 체력, 노동을 강조한 묵가 철학에 좀더 근접해 있다고 지적한다. 마오쩌둥이 늙어서까지 수영을 즐긴 데서도 보이듯이 체력 단련에 대한 그의 남다른 생각은 청년 시절부터 노년 시기까지 쭉 이어졌다고 할 수 있다.

1918년 마오쩌둥은 양창지의 도움을 받아 창사에서 '신민학회新民

---

9 毛澤東, 〈體育之硏究〉,《新靑年》第三卷 第二號, 167쪽.

양카이후이

學會'를 만들었다. 이즈음 마오쩌둥은 양창지의 딸 양카이후이楊開慧를
만났고 1921년 그녀와 결혼하게 된다. 마오쩌둥은 같은 해 창사사범학
교를 졸업했다. 그해에 양창지가 베이징대학으로 옮겨 감에 따라 제자
인 마오쩌둥도 따라갔고, 양창지는 베이징대학 도서관 사서 일자리를
주선해주었다. 이로써 그는《신청년》을 통해 당시 지식계의 새바람을
일으키고 있던 베이징대학 교수들, 그러니까 천두슈와 리다자오 밑에서
일할 수 있었다. 마오쩌둥은 새로운 지식장의 한복판에서 신지식 담론
을 접하면서 '반전통反傳統'의 필요성을 더욱더 확신하게 되었을 것이다.
이때 마오쩌둥은 리다자오의 지도로 마르크스주의를 접하게 되었다.

　　마오쩌둥은 1921년 7월 상하이의 한 호수에서 비밀리에 열린 공산
당 창당 대회에 참여한 열다섯 명 중의 한 명이었다. 이는 그의 개인사

에서 매우 중요한 경력이 된다. 1922~23년 마오쩌둥은 농촌과 도시를 오가면서 농민의 잠재력을 조사했고 국민당과 합작한 공산당 내에서 여러 직책을 맡으면서 정치 감각을 키워갔다. 1927년 초에 마오쩌둥은 후난성 농촌에 들어가 농민 현실을 관찰한 후 〈후난 농민운동 고찰 보고湖南農民運動考察報告〉를 작성했다. 이로써 마오쩌둥은 중국의 운명은 농민들의 손에 달려 있다는 점을 확신하게 되었다. 이후 중국 공산주의 운동은 마오쩌둥이 '후난 보고'에서 주장한 바와 같이 어쩔 수 없이 농촌 혁명의 성격이 강조될 수밖에 없었다.

앞 장에서 공산당의 중요한 지도자이자 마오쩌둥의 선생이었던 리다자오가 군벌 장쭤린에 의해 처형됐음을 언급한 바 있다. 1927년은 장제스와 군벌들이 상하이의 노동조합, 공산당 지도자들을 일제히 검거하여 공산주의 운동이 치명적인 타격을 입은 해이다. 따라서 이후 공산주의 운동은 지하로 들어가거나 농촌으로 근거지를 이동할 수밖에 없었다. 즉 1927년 중국공산당으로서는 모든 것이 무너진 해였다고 할 수 있다. 하지만 이때가 마오쩌둥에게는 오히려 기회였다. 물론 결과론적 해석이지만 공산주의 혁명 운동이 농촌으로 들어가면서부터 중국혁명 이론으로서 마오주의가 싹트기 시작했다.

1927년 마오쩌둥은 도시 폭동을 일으켰으나 실패한 공산당 패잔병과 함께 장시성江西省 징강산井岡山으로 들어갔고 1931년에는 천신만고 끝에 이곳에 장시소비에트[10]라는 해방구를 만들었다. 1931~34년 존속했던 장시소비에트는 비록 존속 기간은 짧았지만 마이스너는 중국혁명

10 소비에트의 원래 의미는 러시아 제국의 노동자, 농민, 병사가 참여한 민주적 자치 기구를 뜻한다.

에서 결정적이었던 옌안 시기를 위한 '리허설'이었다고 평가한다.[11] 이후 장시소비에트는 국민당의 포위 공격으로 붕괴되어 공산당 지도부는 혁명 근거지를 버리고 피신해야 했다. 이것이 우리에게 잘 알려진 이후 1년 동안 진행된 천신만고의 '대장정'이다. 대장정은 공산당의 홍군이 국민당군의 포위망을 뚫고 탈출을 감행, 1934년에서 35년까지 약 1년 동안 9,600킬로미터를 행군한 사건이다. 《중국의 붉은 별》로 유명한 에드거 스노Edgar Snow는 대장정을 '근대의 그 무엇과도 견줄 수 없는 오디세이적 여정'이라고 말한 바 있다. 이를 계기로 마오쩌둥이 공산당의 핵심 지도자로 부상한다.

사실상 도시에서 농촌을 공격하는 리리산李立三 노선이 실패한 후, 코민테른 지도부는 왕밍王明을 중심으로 하는 일명 '28인의 볼셰비키'──모스크바의 쑨원대학에서 훈련받은 스탈린 노선에 충실한 중국의 소련 유학파──를 귀국시켜 중국공산당 중앙에 코민테른의 영향력을 강화하려 했다. 하지만 장정 도중 1935년에 개최된 쭌이遵義회의에서 마오쩌둥은 이들을 물리치고 당정치국 주석으로 선출되었다. 마오쩌둥은 이들에게 장시 중앙소비에트를 포기한 사건의 책임을 추궁했다.

마오쩌둥의 등장으로 중국공산당은 스탈린이 이끄는 코민테른의 권위에서 벗어날 수 있게 되었다. 당시 국제 공산주의 운동 조직의 권위가 막강한 상황에서 스탈린에 대한 마오쩌둥의 도전은 이후 마오쩌둥의 지도적 위치를 확고히 하는 데 큰 도움을 주었다. 그런 점에서 비록 대장정은 '군사적' 패배에도 불구하고 공산주의혁명의 승리를 여는 전

---

11 모리스 마이스너, 《마오의 중국과 그 이후》1, 김수영(이산, 2004/2쇄, 2006), 65쪽.

주곡이었으며 이 점에서 중요한 정치적 의미가 있는 사건이었다.[12] 적어도 마오쩌둥에게는 그랬다. 중단 없는 이상의 추구 자체를 목적으로 삼는 것이 마오 사상의 특색이라고 한다면 대장정에서 이런 특색이 유감없이 발휘되었다. 대장정 과정에서 참가자들이 극한의 절망적 상황을 극복할 수 있었던 것은 이타적 행동, 철의 규율, 자기희생, 근검 등 금욕적 가치들을 지켜냈기 때문이었다. 이는 살아남은 자들의 의식의 기저에 공산주의를 실현할 수 있다는 의지로 가득한 희망과 이상이 없었다면 불가능한 것이었다. 대장정에서 견지한 금욕주의적 가치들은 이후 옌안에서 마오주의가 탄생하는 데 밑거름이 되었다.

마오쩌둥 숭배가 대장정에서 비롯되었다는 것은 사실상 마오쩌둥이 생존자들을 이끌고 광야를 헤쳐나온 선지자로 각인되었다는 뜻이다. 1937년에 스노는 마오쩌둥이 이미 불사신으로 통하고 있었다고 기록했다.[13] 조너선 D. 스펜스에 의하면 대략 1938년 이후부터 이미 마오쩌둥을 정면으로 비판하고 나선 사람은 거의 없었다. 이는 우리가 일반적으로 알고 있는 것보다 훨씬 일찍부터 마오쩌둥 숭배가 시작되었음을 의미한다. 공산당 내의 이론가 천보다陳伯達는 마오쩌둥의 역할을 공자에 비유했다. 공자가 자신의 잠언을 통해 자기 시대의 이론적 핵심을 포착했듯이 마오쩌둥은 1927년 '후난 보고'를 통해 '역사적 시대'의 '전체적 본질'을 포착했다는 것이다."[14]

마오쩌둥은 1942년 즈음이면 무엇이 '올바른지' 누구보다도 자신

---

12 모리스 마이스너,《마오의 중국과 그 이후》1, 67쪽.
13 에드거 스노,《중국의 붉은 별》, 홍수원 외(두레, 2013).
14 조너선 D. 스펜스,《무질서의 지배자 마오쩌둥》, 남경태(푸른숲, 2003), 147쪽.

이 잘 알고 있다고 확신했다. 1943년 5월부터 마오쩌둥은 공산당 중앙위원회 '주석'과 정치국 의장직을 겸하게 된다. 이제 혁명 역사의 중심으로 입지를 굳히게 된 것이다. 이러한 권력 독점은 당연히 '숭배' 현상을 낳았다. 장차 중국의 인민들은 "마오쩌둥 동지의 사상으로 무장하고 마오쩌둥 동지의 방식을 이용하여 당내의 잘못된 사상을 일소해야 할 것이다". 쭌이회의에서 마오쩌둥을 비판했던 사람들은 이제 그를 '중국혁명의 조타수'라고 불렀다.[15] 하지만 자유롭게 진실과 사실을 말할 수 없고 비판이 허용되지 않게 되면 비민주적 조직이 되고 결과적으로 대중노선을 유지하지 못하게 된다.

1949년 중화인민공화국이 탄생한 후 1950년 혼인법이 시행되었고, 1950~52년 토지 개혁 시행으로 3억 명이 넘는 농민에게 토지가 분배되었다. 이후 농업 집단화 정책, 대약진운동, 인민공사 설립, 류샤오치의 조정, 프롤레타리아 문화대혁명 등이 이어졌다. 문화대혁명은 1976년 9월 9일 마오쩌둥이 사망함으로써 종료되었다. 마오쩌둥은 죽기 전에 자신의 공적으로 두 가지를 꼽았다고 한다. 하나는 장제스와 수십 년 동안 싸워서 그를 타이완의 작은 섬으로 쫓아낸 것이고, 다른 하나는 오랜 항전 끝에 일본을 그 조상들의 고향으로 돌려보내고 자금성에 입성한 것이었다. 하지만 문화대혁명에 대해서는 미완의 혁명이라 평하면서 다음 세대에게 과제를 넘긴다고 했다.[16]

---

15 조너선 D. 스펜스,《무질서의 지배자 마오쩌둥》, 153~155쪽 참조.
16 첸리췬,《모택동 시대와 포스트 모택동 시대 1949~2009》하.

마오주의의 원형—주의주의, 민족주의, 인민주의

마오쩌둥은 청년 마오쩌둥, 대장정과 옌안 시절의 마오쩌둥, 1949년 이후의 마오쩌둥 등으로 구분해서 볼 수 있다. 청년 마오쩌둥의 시기는 앞에서 본대로 1927년 이전까지로 실무 경험을 한 시기이다. 1927년에서 49년까지가 마오주의가 형성되는 시기이다. 1949년 이후에는 마오주의가 정책으로 집행되면서 현실화되는 시기이다. 이런 구분을 의식하면서 마오주의의 기원과 형성, 문화대혁명의 의미와 아포리아, 그리고 중국 밖에서 마오주의가 어떻게 유통, 소비되었는가를 차례대로 살펴보고자 한다.

마오 공산주의의 가장 큰 특징은 주관능동성 또는 주의주의主意主義, voluntarism, 쉽게 말하면 '자발적 행동주의'라 할 수 있다. 이 주의주의는 청년 마오쩌둥의 사상 안에서 민족주의, 인민주의와 화학작용을 일으켜 농민혁명을 성공으로 이끈 주 요인이라 할 수 있다. 중국에서 농민혁명은 마르크스-레닌주의로부터 이탈해야만 성공할 수 있었다. 그 이탈의 결과물이 바로 중국적 마르크스주의, 즉 마오주의였다. 세계 공산주의 운동사에서 중국혁명은 정통 마르크스-레닌주의와 비교하여 매우 이단적인 혁명 전략을 구사하여 성공한 첫 번째 사례이다.

마오쩌둥이 초기에 코뮌을 지향했을 때에도 그 심리적 배경에는 바로 인간의 정신성, 마음의 힘에 대한 강한 믿음이 자리 잡고 있었다. 이와 관련해서 빠트릴 수 없는 것이 마오쩌둥 청년 시절의 남다른 경험이다. 그는 신문화운동 시기에 후난성 창사에서 신민학회를 조직하여 후난의 5·4운동에 참여했는데 이런 활동의 거점이 된 곳이 바로 선산학사船山學舍였다.[17] 왕촨산은 명말 청초 후난의 사상가로 사회적 실천을 본심을 탐색하는 과정으로 생각했다. 이러한 실천을 왕촨산은 '조명造命'이라 했다. 조명이란 천명을 단순히 좇는 것이 아니라 오히려 천명을 만들어내고 천명을 변화시키는 실천 과정을 의미한다.[18] 마오 사상의 핵심에는 이러한 선산학사의 흔적이 뚜렷하다. 이는 앞에서 소개한 마오쩌둥의 글 〈체육의 연구〉에서도 강하게 도드라지는데 운명을 주체적으로 변화시키는 데 필요한 것은 마음만이 아니라 체력과 기백의 결합이다.

이외에도 마오쩌둥 주의주의의 형성 과정을 들여다보기 위해서는 두 가지 요소를 고려해야 한다. 하나는 러시아혁명과 이에 대한 이론화 과정에서 마오주의가 무엇을 취사선택했느냐이다. 다른 하나는 중국의 사회현실에서 어떤 요소와 방법을 구사했기에 중국혁명이 성공할수 있었느냐 하는 것이다. 앞의 리다자오편에서 살펴본 것처럼, 정통 마르크스주의가 경제적 조건을 강조하는 데 반해, 이런 조건이 갖추어지지 않은 중국에서 마르크스주의는 애초부터 주의주의적 요소를 강조하는 형태로 수용되었다. 여기에는 중국의 특수한 상황이 강하게 작용했으니, 바로 서구 제국주의의 침략과 중국 봉건 권력의 억압이었다. 대항 세력으로 자본가계급이 발전하지 않았던 상황에서 프롤레타리아가아닌 농민이 주력이 될 수밖에 없었다. 이러한 '흩어진 모래'와 같은 농민을 하나의 '계급'으로 묶어내 '근대적 대중 민족주의'로 전환시켜야했다. 중국 공산주의는 이 과업을 해냄으로써 혁명에 성공할 수 있었다.

---

17 선산학사는 신해혁명 후 1914년 후난 개명파인 류런시劉人熙가 왕촨산 사상의 유포를 위해 창설한 것으로 1919년 그가 죽자 폐쇄되다시피 했는데 이를 마오쩌둥이 이용한 것이다.
18 加加美光行,《裸の共和國—現代中國の民主化と民族問題》(世界書院, 2010), 13~16쪽.

그리고 이것이 마오주의의 핵심 요소가 되었다.

쑨원이 중국에서의 혁명은 '후진성의 이점the advantages of backwardness'이 있기 때문에 서양보다 수월하다고 했던 점과 리다자오가 이미 경제 결정론과의 차별성을 강조했던 것은 마르크스주의에 대한 재해석의 결과였다. 물론 이러한 해석은 러시아혁명을 성공시킨 레닌의 해석을 참고로 하면서 도출된 결과였다. 마르크스주의가 이론이 아닌 역사에서 최로로 현실화된 사건은 주지하듯 러시아혁명이었다. 마오주의는 레닌의 전위주의적 엘리트주의보다는 인민주의적 대중주의에 훨씬 더 친화성이 있었다.

러시아 또한 자본주의국가가 아니라 농업 국가였다. 헤르첸과 같은 인민주의자들이 후진성 자체를 좋게 본 것은 아니었지만 러시아는 유럽의 여타 국가들과 달리 전통에서 자유롭다고 생각했다. 이런 점이 오히려 자본주의 단계를 뛰어넘어 사회주의혁명을 이루는 데 장점이 된다고 보았다. 거기다가 러시아는 유럽과 달리 미르라는 집단주의적 전통이 남아 있고 이를 매개로 사회주의로 나아갈 수 있다고 본 것이다. 물론 이러한 인민주의에 레닌은 완전히 동의하진 않았다. 레닌은 후진국 혁명에서 농민의 역할에 호의적이긴 했지만 인텔리겐차의 의식에 비해 농민의 자발성을 믿는 편은 아니었다. 따라서 후진성의 이점이라는 주장을 모두 수용하지는 않았다.[19]

사실 현실의 모든 혁명은 엘리트주의와 인민주의적 신념의 긴장을 해소하지 못했다. 마오주의도 마찬가지였다. 여기서 인민주의의 신념

---

19 여기서 로자 룩셈부르크는 레닌이 주장한 엘리트 관료 조직의 문제가 10월혁명 이후 현실로 나타나자 관료제가 '소수 정치인의 독재'가 될 것이라고 예언했다는 점을 기억해두자.

대약진운동 당시 농촌에는 강철의 자급자족을 위한 토법고로(전통 기술로 만든 작은 용광로)가 다수 세워졌다.

이란 농민이야말로 사회주의적 의식의 소유자라는 신념이다.[20] 레닌과 달리 마오쩌둥은 대중의 자발성을 신뢰했다.[21] 그 증거는 대약진운동과 문화대혁명에서 분명히 드러난다. 1950년대 말 중국에서는 소련공산당의 도움을 받을 수 없게 되자 자력갱생의 일환으로 1958년 대약진운동이 일어났고 여기에서 마오쩌둥은 대중의 잠재력에 무한한 신뢰를 보냈다.[22] "모든 반역은 정당하다. 사령부를 포격하라"는 유명한 구호로

---

20 모리스 마이스너,《마오쩌둥 사상》, 김광린·이원웅(소나무, 1987), 138쪽 참조.
21 마오쩌둥 전문가 스튜워트 슈람이 마오쩌둥을 레닌주의자라고 보는 반면 마이스너는 마오가 인민주의자에 더 가깝다고 본다.
22 그러나 대약진운동은 결과적으로 실패했으며 결국 마오쩌둥은 정치의 전면에서 물러나고 류샤오치와 덩샤오핑의 생산력 중심 노선이 등장하게 되었다. 마오쩌둥이 대약진운동의 실패로 약해진 자신의 정치적 입지를 강화하기 위해 문화대혁명을 발동시켰다는 정치 투쟁적 해석 또한 존재한다.

상징되듯이 마오쩌둥은 당에 저항하라며 대중들에게 힘을 실었다. 물론 나중에는 문화대혁명으로 인한 혼란이 극심해지자 당의 권위가 지켜져야 한다고 후퇴하는 모습을 보여주었다.

마오주의의 핵심 요소는 농민 민족주의이다. 1937년 일본의 중국 침략이 농민 민족주의 형성의 계기가 되었다. 즉 일본 침략자들이 중국 농촌에 진입하기 위해서는 지주들의 협조가 꼭 필요했다. 지주들이 남아 있던 지역에서는 일본군은 지주층에게 자신들에게 협조하는 대가로 농민을 착취할 수 있는 특권을 주었다. 이에 농민들에게 지주계층은 경제적 억압자일 뿐만 아니라 국가 반역자로 비쳤다. 공산주의자들은 증오받는 착취자인 지주에 국가 반역자 이미지를 더함으로써 민족 모순과 계급 모순이 긴밀하게 결합되어 있다는 점을 호소했고 이는 소박하고 단순한 반외세 감정을 근대 민족주의로 전환시키는 데 핵심 역할을 했다.[23]

마오쩌둥은 기본적으로 지식인의 '지식'을 불신하고 농민의 '지혜'를 흠모했다.[24] 이 연장선상에서 옌안 시기에 관료와 지식인을 생산 활동에 정기적으로 참여시켰는데 이는 정신노동과 육체노동을 철저히 분리하던 중국의 전통에 적어도 상징적인 타격을 가했다. 특히 지식인을 농촌으로 보내 육체노동을 경험하게 했던 하방下放 하향下鄕 운동을 통해 관료주의에 반대하는 풍조를 조성했는데 이는 마오쩌둥 시대의 특징이라고 할 수 있다. 이처럼 옌안 시기에 마오쩌둥은 1949년 이후 새로운 토대가 될 만한 사회주의적 원형이 되는 가치와 형식을 맹아 형태

---

23 모리스 마이스너,《마오의 중국과 그 이후》1, 72~77쪽 참조.
24 모리스 마이스너,《마오의 중국과 그 이후》1, 81쪽.

로나마 만들어 제시했다. 그러나 옌안 시기에도 이미 정치적·사상적 반대자를 가혹하게 탄압했다. 마이스너는 사회경제적 자유와 정치적·사상적 억압의 불일치는 1949년 이전과 이후를 통틀어 마오주의의 가장 큰 특징이라고 말한 바 있다.[25]

주의주의의 근원─'근거지 철학'

다케우치는 1951년에 《평전 마오쩌둥評傳毛澤東》을 썼다.[26] 그도 마이스너처럼 대장정을 매우 중요하게 여긴다. 마이스너는 이 시기를 옌안 시기를 예비하는 리허설이었다고 보는데 다케우치 또한 대장정에서 '근거지 철학'을 끄집어낸다. 여기서 근거지는 '무로부터의 창조'를 의미한다. 다케우치는 근거지를 장소로 이해하지 않고 철학적 범주로 해석하고 궁극적으로는 자기 개조의 문제와 연결한다. 다케우치의 주장에 동의할 수 없는 부분도 있지만, '근거지 철학'이라는 개념으로 마오쩌둥 주의주의의 핵심을 잘 꿰뚫고 있기에 이 개념을 빌려 주의주의에 접근해보고자 한다.

이는 적은 강대하며 나는 약소하다는 인식과 나는 절대 패하지 않는다는 확신이 '모순의 조합'을 이루어 만들어진 것이다. 다케우치는 이야말로 마오 사상의 근본이고 원동력이며 사회주의 시기의 모든 이론과 실천의 원천이라고 말한다. 근거지란 앞에서 말한 것처럼 철학적 개념이다. 절대로 빼앗을 수 없는 것이라는 뜻이며, 고정돼 있지 않고 동

---

25 모리스 마이스너, 《마오의 중국과 그 이후》 1, 87~90쪽 참조.

26 [다케우치 요시미 선집] 다케우치 요시미, 〈평전 마오쩌둥〉(초록), 《내재하는 아시아》, 윤여일 (휴머니스트, 2011), 275~288쪽 참조.

적인 성격을 띤다. 고수해야 할 것이 아니라 발전시켜야 하는 것이다. 폐쇄적이지 않고 개방적이다. 적은 나의 근거지로 들어오면서 점차 전력이 약해진다.[27]

그렇다면 농민의 잠재적 혁명 에너지를 끌어내는 원동력의 철학적 근거는 무엇인가. 그가 인도주의에서 마르크스주의로 이행하는 내적 필연성은 무엇인가. 아마 마오쩌둥의 근거지 이론 자체가 해답이 될 수 있을 것이다. 여기에서 나온 이론이 지구전론이다. 지구전론은 근거지 이론의 역동성과 관련이 있다. 근거지는 움직이는 장이란 의미다. 여기서는 전력이 강한 적이 섬멸될 뿐 아니라 거꾸로 그만큼의 힘이 이쪽에 붙는다. 즉 가치가 전환되는 장을 뜻한다. 점령지는 빼앗을 수 있지만 근거지는 빼앗을 수 없다. 따라서 주어질 수도 없다. 근거지는 스스로의 에너지로 자생하는 것이다.

근거지는 세계적 규모로도 민족적 규모로도 존재한다. 인간 활동의 모든 분야에서 존재한다. 근거지의 최소 단위는 개인이다. 이는 인격의 독립이라는, 빼앗을 수 없는 궁극의 장을 내포한다는 의미다. 인격은 자체의 힘으로 자생한다. 다른 힘에 의존하지 않는다. 서로 영향은 주지만 지배할 수는 없다. 지배받으면 독립할 수 없다. 혁명에서 근거지가 필요하듯 개인도 근거지를 자각해야만 한다. 근거지의 법칙은 개인과 집단을 불문하고 모든 인간 활동에 적용된다. 자기 내부에 근거지를 갖지 않는 자는 혁

27 [竹內好評論集 第1卷] 竹內好, 〈評傳 毛澤東〉, 《現代中國論》(筑摩書房, 1966/3쇄 1969), 337~339쪽 참조. 한국에 번역된 다케우치 요시미 선집에는 마오쩌둥 평전의 일부만 번역되어 실려 있다. 다케우치 요시미, 〈평전 마오쩌둥〉(초록), 《내재하는 아시아》.

명의 담당자가 될 수 없다. 그런데 근거지는 권력 탈취에서 출발한다. 혁명의 담당자인 개인도 가치 전환을 경험해야 한다. 즉 자기 개조가 필요한 것이다.[28]

앞에서 말한 것처럼 다케우치는 옌안 시절 정풍 운동의 철학적 기원을 징강산 소비에트에서 행한 투쟁으로 본다. 적을 과소평가하지 않으면서도 불패의 신념을 간직하는 것, 즉 진정한 혁명가가 되는 일이 얼마나 어려운지 마오쩌둥은 통감했다고 본다. 자신 있는 자는 비판을 겁낼 리 없다. 자기를 고집하는 자는 비판을 두려워하고 자기를 속인다. 자기를 고집하는 것은 근거지를, 즉 진정한 자기를 갖지 않는 것이다. 모든 것을 잃었을 때 그는 모든 것을 얻었다. 즉 힘의 변증법이라는 근본 원리를 움켜쥐었다. 자기 개조의 근본은 자기주장을 버리는 것이다. 그것이 진정한 자기 획득의 길이다. 인텔리는 인텔리의 특권을 버려라. 그로써 진정한 인텔리가 된다. 자기를 고집하는 자는 독립을 잃은 자다. 왜냐하면 이 자기는 고립되어 있지 전체의 조화 속에 있지 않기 때문이다. 진정한 독립은 온전한 자세로 판을 크게 읽음으로써만 획득할 수 있다.[29] 사실 이러한 방법론과 정신이 마오쩌둥의 농민 혁명을 승리로 이끌었다고 할 수 있다. 21세기인 현재에도 중국혁명을 비판적으로 보되 이를 재해석할 여지가 있다면 과감하게 그렇게 해야 한다. 그런 점에서 근거지 경험에 대한 다케우치의 철학적 해석은 시사하는 바가 적지 않다.

---

28 [竹內好評論集 第1卷] 竹內好, 〈評傳 毛澤東〉, 《現代中國論》, 340~342쪽 참조.
29 [竹內好評論集 第1卷] 竹內好, 〈評傳 毛澤東〉, 《現代中國論》, 343~349쪽 참조.

다케우치의 해석은 1949년 이전의 마오쩌둥의 경우 상당한 설득력이 있다. 왜냐하면 바로 이러한 근거지 철학을 실천했기에 마오쩌둥이 혁명에 성공할 수 있었기 때문이다. 그러나 권력을 장악한 이후에 근거지 철학이 실현되었느냐라고 물었을 때 예스라고 말하기 힘들다. 정치란 혁명과 다른 메커니즘으로 작동하기 때문이기도 하지만 권력을 장악한 혁명가 자신을 비롯하여 그를 둘러싼 주객관적 상황이 변했기 때문이다. 여기서 정치란 "모든 폭력성에 잠복해 있는 악마적 힘들과 관계를 맺게 되는 것"[30]이라는 막스 베버의 말을 기억할 필요가 있다. 마오쩌둥이 더 이상 혁명가가 아닌 정치가라고 한다면 정치의 윤리나 자질이라는 차원에서 그가 보여주었던 책임윤리와 균형감각의 상실은 토론의 여지가 있다. 이는 '나가며'에서 더 논의한다.

문화대혁명의 트라우마와 '역사 청산'의 아포리아

문화대혁명은 지금까지도 중국에서 마오쩌둥을 호출할 때 항상 따라붙는 중국 사회주의의 대표적 상징이다. 문화대혁명은 중국 정부의 공식 언어 속에서는 1966~76년에 벌어진 '10년의 동란'으로 남아 있다. 1981년 덩샤오핑 정권은 '약간의 역사 문제에 대한 결의'를 통해 마오쩌둥의 오류에 대한 평가를 공식 정리했다. 하지만 문화대혁명은 마오쩌둥과 더불어 기회가 있을 때마다 나타나 중국의 현실 문제에 개입하고 있다. 그런 점에서 문화대혁명은 여전히 '역사 청산'을 기다리고 있는 매우 뜨거운 문제이다. 하지만 역사 청산은 쉽지 않다. 아직도 입

---

30 막스 베버, 《직업으로서의 정치》, 전성우(나남, 2014) 참조.

장에 따라 문화대혁명을 정반대로 해석하며, 또 가해자와 피해자가 불분명하기 때문이다.

마오쩌둥의 문화대혁명 발생설에 대한 고전적 해석은 주로 두 가지이다. 하나는 권력투쟁설이다. 순수한 정치적 측면을 강조하는 것이다. 즉 마오쩌둥과 이른바 주자파走資派 정치 지도자들이 벌인 순수한 권력투쟁으로 보는 것이다.[31] 다른 하나는 마오쩌둥이 경제발전을 희생시켜서라도 독특한 사회주의 유토피아를 실현하려는 과정에서 벌어진 사건이라는 것이다. 사실상 문화대혁명은 옌안의 모델로 돌아가려는 운동이었다는 주장도 있다.[32] 문화대혁명 발생설에 대한 세 번째 새로운 접근법은 사회적 충돌설이다. 이 입장은 문화대혁명 이전에 누적되어온 사회적 모순이 문화대혁명의 공간 속에서 표출된 것으로 해석한다. 하나는 관료와 대중의 괴리이고, 다른 하나는 대중들 사이에서 나타난 차별이다.[33] 문화대혁명에 대한 또 하나의 시각은 이매뉴얼 월러스틴 등 세계체제론자들이 제시했는데 68혁명의 일환으로 보는 것이다. 이 시각에서는 국가권력으로 전화한 당에 대한 비판이 핵심이다. 국가권력의 장악은 왜 '사회혁명'으로 전화하지 못했는가. 여기에서 평등과 자유는 무엇을 뜻하는가 등을 쟁점으로 삼는다.[34]

---

31 앨리토는 앞으로 100년이 지나면 사람들은 문화대혁명 연구에서 아마도 권력투쟁의 측면을 그렇게 중요하게 보지 않고 문화대혁명에 체현된 마오주의의 이상적 청사진을 가장 중요하게 여기리라고 예견한다. 艾愷(Guy Alitto), 〈文革 : 四十後的破曉〉, 《二十一世紀》 2006年 2月號, 總第九十三期, 5쪽.

32 마오쩌둥에게 있어서 옌안 이상의 본질은 반현대화였다. 그에게 이는 일생 동안 각종 가치의 시금석으로 작용했다. 대약진과 문화대혁명은 모두 옌안 시대를 모델로 하여 구상된 것이었다. 艾愷(Guy Alitto), 〈文革 : 四十後的破曉〉, 《二十一世紀》, 6쪽.

33 백승욱, 《문화대혁명—중국 현대사의 트라우마》(살림, 2007), 15쪽.

34 백승욱, 《문화대혁명—중국 현대사의 트라우마》, 18~19쪽.

이처럼 문화대혁명은 발생의 기원에 대한 설명과 해석이 다양한데 이는 결국 문화대혁명이라는 사건의 복잡성을 방증한다. 문화대혁명에 대해 결론을 내는 일이 중요한 것이 아니다. 토론으로 복잡성 자체를 드러냄으로써 사건의 본질을 규명할 수 있을 것이기 때문이다. 더구나 이는 문화대혁명에 관해서 아직도 말을 하지 않고 침묵하고 있는 다수 인민이 있다는 사실을 기억할 때 중차대한 문제가 아닐 수 없다.

문화대혁명 발생설과 별도로 결과도 논의해야 한다. 마오쩌둥의 문화대혁명이 초래한 엄청난 정신적 재난과 적지 않은 인명피해는 어떤 말로도 변명할 수가 없다. 다음으로 이 사건의 의미를 따지자면 무엇보다 문화대혁명은 역설로 끝났다는 사실이다. 당을 약화시키려 했으나 오히려 강화했다. 관료제 역시 강화되었으며, 노동자 운동이 다시 억압되었다. 사회주의라는 명분에 걸맞은 제도 변화를 찾아볼 수가 없다. 오히려 문화대혁명으로 기존의 제도가 더 강화되는 결과를 초래한 면도 있다.

하지만 혹자는 문화대혁명 시기에 실시된 하방정책의 결과 기술, 지식 등이 지방으로 유입되었으며 이로 인해 농촌에서 반공(농)반독半工(農)半讀과 같은 실천적 교육 방법이 발달했다고 주장한다. 그리고 이러한 새로운 경험이 4개 현대화 노선의 원천이 되었다고 본다.

문화대혁명은 1981년의 '결의' 이후 토론 자체가 금기시되었다. 또 사회 모순들에 대한 어떠한 대응도 "당신들은 문화대혁명으로 돌아가려고 하는가"라는 자기검열이 작동하면 더 이상 나아갈 수가 없게 되었다. 결과적으로 문화대혁명은 사람들에게 개별 사회주의국가의 한계성, 특히 자본주의 세계체제 속에서 사회주의국가 건설이 가능한가, 또

과연 사회주의가 무엇이었나를 근본적으로 재사유하게 만들었다고 할 수 있다.[35]

　그런 면에서 앞에서 인용한 베버의 말처럼 정치에서는 신념윤리도 중요하지만 이에 못지않게 책임윤리 또한 중요하다. 역사 현실은 가치를 좇는 유토피아적 열정만이 아니라 책임이 동반되어야 한다. 그런데 문화대혁명이 끝난 지 40년이 되어가지만 정부 측이건 민간이건 이를 전면적으로 토론하기를 꺼린다. 가해자와 피해자 등 현실적으로 복잡하고 뜨거운 문제들이 아직도 문화대혁명이라는 판도라의 상자를 열지 못하게 만들고 있는 모양이다. 중국인에게 문화대혁명을 전면적으로 문제 삼는 일은 아직 치유되지 않은 상처를 드러내는 일이기 때문에 피하고 싶을 것이다. 충분히 이해가 간다. 그러나 어떤 상처든 언어화하여 치유하는 과정을 거치지 않으면 절대 벗어날 수 없다. 덩샤오핑 정권 이래 중국인들은 당장 시급한 경제성장에 밀려 의식적 무의식적 '망각협정'을 맺었고 지금은 경제성장을 토대로 한 '중국의 길'에 도취되어 협정이 연장되고 있는 듯하다.

　오스트리아의 중국 연구자 웨이커린魏格林은 중국인은 전면적이고 공개적으로 문화대혁명의 도덕성 문제를 토론하지 않는다고 비판한다. 중국에서 문화대혁명에 대한 성찰이 정치와 사회 측면에서는 나타났지만 도덕적 측면에서는 보기 어렵다는 것이다. 중국인들은 자기 민족을 도덕적 민족이라고 보고 있다. 중국인은 물질적으로는 서양과 비교할 수 없을지라도 도덕 측면에서는 서양을 초월할 수 있다고 생각한다.[36]

35　백승욱,《문화대혁명─중국 현대사의 트라우마》, 86~91쪽 참조
36　魏格林,〈如何面對文化革命的歷史〉,《二十一世紀》2006年 2月號, 總第九十三期, 18쪽.

만일 문화대혁명이 중국 민족의 정체성에 치명적인 작용을 했다면, 중국인들이 고상한 도덕관에 대한 자존심을 잃어버리게 했기 때문이다. 도덕적 규명의 대상으로 다루어야 할 문화대혁명을 가치로서의 사회주의 문명으로 재구성하려는, 2000년대에 들어 중국에서 열풍이 불고 있는 중국 모델론 같은 발상에는 신중히 접근해야 한다. 이런 점에서 (오히려 유교의 근간이 도덕이라면) 유교의 나라인 중국에서 일어난 문화대혁명의 '비도덕성'을 지적하는 오스트리아의 문화대혁명 연구자의 말이 더 각별하게 다가오는 것이다.

중국 대중의 입장에서도 그렇지만, 특히 지식인의 입장에서 본다면 문화대혁명이 빚어낸 문화심리적 요소를 냉정하게 대면하고 언어화하지 않고는 중국이 아무리 경제 대국이 된다 해도 사상적, 문화적으로 또 다른 단계로 진입하기 힘들 것이다. 특히 비림비공이라는 집단 경험과 이로 인한 트라우마는 중국 지식인의 상상력을 제한하는 강력한 기제로 작동되고 있다. 즉 마오쩌둥에게 정치적 타격을 준 린뱌오를 공자와 연결해 봉건주의자로 공격하게 한 것은 물론이고 펑유란馮友蘭이나 량수밍 같은 대학자들을 체육관에 모인 군중들 앞에서 자아비판하게 만들었던 장면들을 중국의 학자들은 모두 기억하고 있다. 중국의 지식인이 정상적인 심성으로 자유로운 사유를 펼치기 위해서는 이제 문화대혁명의 트라우마를 진지하게 담론화해야 한다.

중국 지식인에게 문화대혁명은 공포 그 자체였다. 문화대혁명이 진행되는 와중에 발생한, 입에 담을 수 없을 정도의 온갖 사망 경위에서 이를 확인할 수 있다.[37] 이때 적지 않은 지식인들은 '어떻게 자살할 것인가'를 고민하고 방법을 연구할 정도였다. 지식인들은 모욕을 견디다 못

문화대혁명 당시 불태워진 문화재들
비림비공 운동을 선전하는 포스터

해, 자살이라는 수단이 자신의 존엄을 지키는 최후의 무기가 된다고 생
각했다.[38] 지식인에게 문화대혁명 시기의 이러한 경험들은 이미 무의식
적 유산으로 자리 잡았다고 할 수 있다. 이때의 유산은 이후 지식인의
행동과 사유에서 자발적 자기검열의 근원으로 작동할 확률이 크다.

지금 중국 지식인 사회에서는 다양하고 비판적인 토론이 자취를 감
추고 거의 한 가지 소리, 즉 중국문명론과 같은 담론만이 울려 퍼지고
있다. 이런 현상은 지식인의 문화대혁명에 대한 트라우마와 밀접한 관
련이 있다고 생각한다. 문화대혁명의 트라우마는 현실적으로는 대중들
과 지식인들이 공산당, 정부, 국가를 두려워하는 것으로 나타난다. 두려
워하면 말을 못한다. 말을 못하는 사회는 죽어가는, 또는 이미 죽어버린
사회 아닌가? 대중들은 다음에서 언급하듯이 대중들대로 문제가 있겠

---

37 王友琴, 〈六十三名受難者和北京大學文革〉, 《二十一世紀》 2006年 2月號, 總第九十三期 참조. 왕유
   친은 최근 홍콩에서 출간한 책에서 문화대혁명 과정에서 죽은 600여 명의 사망 경위를 나열했
   는데, 이 작업은 중국인들의 격렬한 비판을 받았다.
38 裵毅然, 〈文革狂濤中的知識分子〉, 《二十一世紀》 2006年 2月號, 總第九十三期, 66쪽.

지만, 지식인에게 권력에 대한 두려움은 치명적이다. 권력을 두려워하면 비판이라는 지식인 본연의 사회적 책무를 수행할 수 없기 때문이다.

이러한 문화대혁명의 트라우마가 깊이 논의되지 않은 채로 자본주의가 도입됨으로써 '권위주의적 자본주의'가 만들어졌다. 1989년 톈안먼사건 이후 이 영역은 연구 금지 구역이 되었고 사람들은 문화대혁명의 신화화 작업에 돌입한다. 1989년 민주화운동으로 쇼크를 받은 덩샤오핑 정권이 1992년 남순강화를 통해 자본주의 강화 정책을 재천명하면서 대중문화 정책의 일환으로 사회주의 상품화 전략이 제시된다. 따라서 1990년대 덩샤오핑 정권하에서 문화대혁명은 철저히 상업적, 오락적 성격을 띠게 된다. 문화대혁명은 소비의 대상이었지 반성의 대상이 될 수 없었다. 이처럼 상업적인 문화대혁명에 대한 기억 속에서 시장의 역량과 관방 권력은 합세하여 문화대혁명에 대한 탈정치화, 탈이데올로기화를 단행했다. 이런 분위기 아래서 쉬번徐賁의 말처럼 문화대혁명의 생활 경험과 문화대혁명의 증거 물품은 원래의 정치사회적 맥락에서 이탈하여 순수한 문화재 또는 소장품이 되었다. 심지어 우상숭배의 대상이 되어갔다.[39]

극단적으로 말하면 지식인의 의식적·무의식적 자기검열은 '문화대혁명 트라우마와 자본주의의 자유로움'이 기이하게 조합된 시스템 속에서 작동한다고 할 수 있다. 그렇기 때문에 문화대혁명을 어떻게 대면할 것인가 하는 문제는 지금의 중국 지식인들에게 여전히 살아 있는 물음이다.[40]

---

39 徐賁, 〈變化中的文革記憶〉, 《二十一世紀》 2006年 2月號, 總第九十三期, 26~27쪽.
40 이에 대해서는 조경란, 〈중국 지식의 '윤리적' 재구성의 가능성―유학 '부흥'과 '비판'의 정치학

문화대혁명을 지지하는 측에서는 문화대혁명 시기에 비로소 중국 역사상 처음으로 중국 노동자가 주인공 의식을 가졌다고 말한다. 그렇다면 노동자는 문화대혁명이 초래한 비극으로부터 자유로울 수 있을까? 마오쩌둥과 4인방[41]이 문화대혁명을 발동했다고 하더라도 그것이 대중적으로 확산되는 데는 중국 인민 대중의 지지 없이는 불가능했을 것이다.[42] 이제 중국인들은 지도자만 탓할 것이 아니라 책임 주체로서 왜 자신들이 마오쩌둥을 뛰어넘지 못했을까, 왜 그를 대상화하지 못했을까라는 근본 질문을 자신을 향해서 던져야 한다. 주인공 의식을 가졌다는 말은 어떤 의미인가? '아버지' 역할을 한 마오쩌둥에 발맞춘 '아들'이 가질 법한 노동자 의식은 아니었을까? 부자관계에서 '아들'은 '아들'의 역할에 충실할 때 역설적으로 책임 주체가 될 수 없다. '아버지'를 '죽여야' 비로소 책임 주체가 될 수 있다. 문화대혁명에 대한 인민과 노동자의 기억을 재구성하는 일은 책임 주체가 될 수 없었던 '아들'로서 자신을 발견하고 이를 직시하는 일로부터 시작해야 한다.

여기서 새삼 《동물농장》을 쓴 조지 오웰의 언급을 떠올려볼 필요가 있다. 대중이 살아 있으면서 지도자들을 감시 비판하고 질타할 수 있을 때에만 혁명은 성공한다. 동물들의 무지와 무기력함이 권력의 타락을 방조한다. 독재와 파시즘은 권력자나 지배 집단만의 산물은 아니기 때

에서 아비투스의 문제〉, 《중국 근현대사 연구》 제61집, 2014년 3월 참조.

41 마오쩌둥의 부인이었던 장칭江青을 비롯하여 정치국 위원이었던 야오원위안姚文元, 중국공산당 중앙위원회 부주석 왕훙원王洪文, 정치국 상임위원 겸 국무원 부총리 장춘차오張春橋를 가리킨다. 1976년 9월 마오쩌둥이 사망한 지 한 달 만에 이들 사인방은 모두 체포되었으며 이로써 문화대혁명은 막을 내렸다. (위키백과 참조)

42 이 문제와 관련해서는 곤도 나오코近藤直子, 〈문화대혁명을 기억한다─찬쉐의 수수께끼와 중국의 아이 죽이기〉, 《역사》 아시아 신세기 2(한울, 2007) 참조.

문이다.[43] 지식인이건 인민이건 문화대혁명에 대한 기억과 관련하여 이제 자기 자신에 대한 근본적이고도 가혹한 질문을 심각하게 던져야만 한다. 이럴 때만이 대항 기억으로서의 보편적 의미를 획득할 수 있게 된다.[44] 이는 사회주의도 아니고 자본주의도 아닌, 제3의 더 나은 사회의 재구성에 경험적 상상력을 더해주는 발원지로서 자리매김하기 위해 반드시 필요한 작업이다.

20세기 마오주의의 유통과 소비

마오주의는 중국에서 역사적으로 엄정하게 평가를 받아야 한다. 물론 이 말이 마오주의의 실패와 성공을 명확히 판단해야 한다는 의미는 아니다. 실패냐 성공이냐를 명확히 가를 수도 없을 뿐만 아니라 의미도 없는 일이다. 다만 마오주의의 현재적 의의를 말하기 위해서는 마오주의가 놓였던 자리를 복합적으로 고려하되 냉정하게 평가해야 한다. 그런데 이러한 평가 안에는 마오주의가 중국 내부에서 생산되는 메커니즘과 '신념윤리'와 '책임윤리'라는 측면이 중요하게 자리 잡아야 한다. 왜냐하면 마오주의가 문화대혁명으로부터 생성됐는데(특히 유럽의 경우), 이 문화대혁명은 마오쩌둥의 '혁명'이 아니라 마오쩌둥의 '정치'로부터 발생한 것이기 때문이다. 의도가 좋다고 하여 결과에 면죄부를 붙여줄 수 없다. 정치는 신념의 영역이 아니라 책임의 영역이기 때문이다. 또 이와는 별도로 이것이 중국 밖에서 어떻게 유통되고 이해되었는가

---

43 조지 오웰, 〈동물농장의 세계〉(해설), 《동물농장》, 도정일(민음사, 1998), 153~157쪽 참조.
44 조경란, 〈개방 30년 노동자의 문화대혁명 기억과 현재의 비판적 인식〉(서평), 《황해문화》 57호, 2007년 겨울호.

에도 주목해야 한다. 다른 이데올로기도 그렇지만 마오주의도 안과 밖에서의 유통 맥락이 꼭 인과관계로 연결돼 있지는 않다. 1960~70년대 소위 냉전 시대 제3세계와 유럽에서 마오주의는 신사회운동이나 해방의 철학으로 기능했으며 어떤 지역의 서발턴에게는 지금까지도 희망의 상징이 되고 있다.[45]

마오쩌둥은 경제결정론을 그대로 받아들이지 않고 뒤집어서 상부구조의 상대적 독립성을 강조했다. 그렇다고 마르크스의 근대주의에서 완전히 벗어날 수는 없었다. 양쪽의 중간 지점 어디에서 마오주의가 형성되었다고 할 수 있다. 마오주의는 이런 의미에서 서양과는 다른 동아시아와 중국이 처한 구체적 상황을 기초로 이해해야 한다. 마오쩌둥이 마르크스의 경제결정론을 거부한 것은 중국 자본주의가 성숙하지 않아 프롤레타리아계급이 없고 이를 대체한 계급이 농민이라고 판단했기 때문이다. 하지만 그러한 상황에서도 생산력을 높여 근대화를 달성해야 했기에 마오쩌둥은 마르크스의 계몽적 목적론을 승인할 수밖에 없었다. 따라서 중국의 쑨원을 비롯한 역대 혁명가들이 중국혁명의 용이성을 '후진성의 이점'으로 주목하면서도 끝내 부강론을 내려놓지 못했던 딜레마는 마오쩌둥 노선 내부에서도 살아 있었다.

마오주의의 모순된 유산은 중국 내에서만이 아니라 중국 밖에서도 간단하게 배척할 수 없는 측면이 있다. 우선은 1940년대부터 70년대까지 마오주의는 제3세계 사람들에게 '또 다른 근대'의 이데올로기로 기능했다. 그것은 바로 마오주의가 서양의 압도적인 지배에 대한 저항을

---

45 이에 대해서는 류캉劉康, 〈제3세계 이데올로기로서의 마오주의〉, 《역사》 아시아 신세기 2(한울, 2007) 참조.

통해 주체성을 확보하려는 노력 속에서 탄생한 과정과 밀접한 관련이 있다. 특히 여기서 기억할 것은 1940년대부터 마오주의는 소련의 스탈린적 사회주의에 실망한 좌파들에게 또 다른 희망을 안겨주었다는 점이다. 사실 마오쩌둥 자신이 이런 점들을 인식했기 때문에 서양 자본주의도 아니고 소련식의 사회주의도 아닌 제3의 형태로서 중국혁명을 기획했고 이를 '신민주주의론'과 '연합정부론'을 통해서 제시했다. 2차대전 이후, 냉전 시기를 통해 세계의 좌파 지식인들이 마오주의와 중국혁명에 열광한 이유는 바로 여기에 있었다. 마오쩌둥의 노선은 주관적이고 모험적이긴 했지만 나름 자본주의와 소련식 사회주의에 대한 도전의 의미가 있었고 이러한 도전은 비슷한 상황에 있었던 제3세계에는 남다른 의미로 다가왔다. 이런 점들이 비서구 사회에서 마오쩌둥의 노선이 주목할 만한 이론으로서 기능할 수 있었던 이유였다. 즉 마오주의가 1949년 이후 중국 내에서는 여러 문제를 노출시켰지만 이와는 별개로 유럽이나 제3세계에서는 중국 내부 맥락과는 무관하게 해석되고 자기 관성으로 진화하여 수용되었던 것이다.

논리의 비약이 있긴 하지만, 여기서 19세기 말 동아시아에서 서양의 사회진화론을 수용할 때의 상황을 떠올려봄직하다. 사회진화론이 영국과 미국에서 생산된 맥락과는 다르게 한국, 중국, 일본에서 '진보이론'의 역할을 한 것처럼 마오주의 또한 생산지의 맥락과는 독립적으로 이해된 측면이 있었다. 현재까지도 세계의 어떤 지역에서는 마오주의를 기초로 하여 대안 근대를 탐색하는 움직임이 미약하지만 존재한다. 사실 이것이 불가능한 것은 아니라고 본다. 사상 자원으로서 마오주의는 과감한 재해석의 여지가 상당하다. 다만 재해석의 의도나 태도가 매우 중요하다. 마오주의의 전복적 재해석은 자기 진영을 혁신하려는 '불온한 시도' 속에서 감행될 때 다양한 가능성이 열릴 수 있다.

2. 량수밍, 마오쩌둥과 맞짱 뜬 실천적 유학자

교수직을 버리고 농촌으로 가다

량수밍은 1893년 10월 베이징에서 태어났다. 량수밍 집안은 몽골족의 후예이다. 그는 6세에 글공부를 시작했고 7세에는 영어도 가르치는 신식학교에 들어갔다. 사서오경 암송이 아닌, 세계의 역사 지리를 소개한 계몽 독서물《지구운언地球韻言》같은 책을 학습하면서 글공부를 시작했다. 량수밍의 조기교육은 철저하게 반전통적이었고 파격적이었다. 그가 외운 것은 알파벳이었지《논어》가 아니었다.[46] 그가 받은 교육은 요즘 말로 하면 '전반서화'식 조기교육이었다. 아버지 량쥐촨梁巨川(梁濟)은 중국이 쇠약해진 원인은 전적으로 독서인의 잘못에 있다고 보았다.[47] 그의 아버지는 중국의 독서인이 쓸 데 없는 문장(虛文)을 일삼고 실질적인 학문(實學)을 강구하지 않는다고 비판했다. 그는 문장을 지을 줄 아는 사람은 바로 거짓말을 할 줄 아는 사람이라고 하였다.[48] 량수밍

---

46 艾愷,《最後的儒家》, 王宗昱·冀建中(江蘇人民出版社, 2003)[Guy Alitto, *The Last Confucian: Liang shu-ming and the Chinese Dilemma of Modernity*(University of California Press, 1986) 16쪽.

47 그는 신문화운동의 와중에 쿤밍호에 빠져 자살했다. 이는 중국 지식계에 큰 충격을 주었다. 량 쥐촨에 대해서는 梁濟(黃曙輝 編敎),《梁巨川遺書》(華東師範大學出版社, 2008)를 보라. 그는 청조의 관원이면서도 어린 량수밍에게 '사서오경'을 읽히지 않았다. 량수밍은 나의 아버지는 나를 믿으면서도 방임하는 태도를 유지했다고 적고 있다. 梁漱溟,《梁漱溟自述 : 我是怎樣一個人》(當代中國出版社, 2012), 23쪽.

량쥐촨

은 중학교에 가서도 중국의 경서를 읽지 않았다. 성년이 될 때까지 유가 경전을 외우거나 연구해본 적이 없었다. 사실 이러한 점들은 량수밍이 일생을 통해 보여준 사상, 실천과 비교해보면 다소 모순되어 보이기도 한다.

어쨌거나 어렸을 적에 받은 이러한 남다른 교육이 량수밍을 다른 보수주의자들과 다르게 만든 한 가지 요소로 작용했을 가능성이 높다. 그는 전통의 사유 방식에 주목했으되 기존의 국수주의파로 분류되지 않았다. 량수밍은 이러한 열린 교육 덕에 편견 없이 새로운 사상을 받아들이는 문화적 태도를 함양했다.

량수밍은 서양 문화에 대해서도, 특히나 유럽의 사회주의에 대해서도 놀라울 정도로 유연한 태도를 보여준다. 그는 서양 문화에 대한 서적뿐 아니라 당시 사회주의자들이 필독서로 꼽았던 고토구 슈스이幸德秋水의《사회주의 신수社會主義神髓》까지도 읽었다. 이 책을 읽고 나서 자본의 문제가 사람들의 생존경쟁을 초래하는 원인임을 발견했고 사유재산 제도에 반대하게 되었다.[49] 량수밍의 이러한 다양한 독서 경험은 이후 이념을 달리하는 여러 지식인들과의 교류에서 위화감을 완화하는 정서적 토대로 작용했을 가능성이 높다.[50] 베이징대학 교수 시절 량수밍은 마

48 량수밍, 〈인간의 심리에 대한 나의 인식의 변화〉,《동서문화와 철학》, 강중기(솔, 2005), 372쪽.
49 梁漱溟,《梁漱溟自述 : 我是怎樣一個人》, 20쪽.

르크스주의자 리다자오와 이념을 초월하여 절친했고 그의 죽음을 누구보다 슬퍼했다는 사실은 잘 알려져 있다.

량수밍은 15세 즈음부터 시국 문제에 관심을 보였으며, 량치차오의 《신민총보》등 시사지를 열심히 읽었다. 하지만 그의 일상은 유교적 지식인의 일반적인 삶과는 많이 달랐다. 이를테면 17세에 불교에 심취하여 결혼을 거부하기도 했다. 19세부터는 채식을 시작하여 세상을 뜰 때까지 고수했다. 21세쯤에는 앞에서 소개한 것처럼 사회주의 서적을 읽기도 했으나 불교에 더욱 심취하였고 두 차례나 자살을 기도했지만 다행히 성공하지는 못했다. 23세에 불교에 관한 〈구원결의론究元決疑論〉을 썼고 1916년에《동방잡지》에 이 글을 연재하여 학계로부터 적지 않은 주목을 받았다. 이 글을 높이 평가한 베이징대학 총장 차이웬페이는 이후 량수밍을 베이징대학 교수로 초빙했다. 25세에 베이징대학에 부임한 량수밍은 인도철학을 강의했다. 이때 차이웬페이에게 공자와 석가를 발양하는 것이 베이징대학에 온 이유라고 분명히 밝히기도 하였다. 이즈음 량수밍은 속세를 떠난다는 의미의 불교의 출세주의出世主義를 버리고 유교의 현실참여를 채택했다. 삶의 지향을 바꾼 것이다.

량수밍은 32세에 가만히 있으면 안위가 보장되는 베이징대학 교수직을 7년 만에 박차고 나왔다. 그리고 자신의 생각을 실천에 옮기기 위해 농촌으로 들어가 윤리 본위의 사회론에 입각하여 향촌 건설 운동을 벌였다. 량수밍은 대학을 사임하는 이유로 두 가지를 꼽았다. 교육은 스승과 접하고 벗을 사귐으로써 학생의 전체 인생 태도를 가다듬게 하는

---

50 조경란, 〈5·4시기 신지식인 집단의 출현과 보수주의〉—신문화운동에 대한 보수주의의 초기적 대응,《중국 근현대사 연구》44집, 2009. 12.

것인데 대학은 단지 지식만을 가르치는 곳이 되었고, 자신이 대학에서 가르치는 동안 명예를 다투고 남을 이기려는 마음만 커졌다는 것이다.[51] 량수밍 사상의 가장 위대한 점은 그가 주장한 어떤 사상에 있다기보다는 실천적인 삶의 태도에 있다. 그에게 학문은 남에게 과시하기 위한 것도 아니고 입신출세를 위한 것도 아니며 부단히 자신을 연마하고 이를 바탕으로 하여 사회에 나가 실행하는 것이었다. 그런 점에서 공자가 말하는 위기지학이었다.

량수밍은 이즈음부터는 향치鄕治가 중국이 나아갈 방향이라고 생각하고 지방 여러 곳을 다니며 향치 이론을 실험했다. 이른바 일생의 과업이 된 향촌 건설론을 현장에서 실험하고자 했다. 그는 나중에 자신의 일생에서 가장 중요한 일로 사회운동과 정치 참여를 꼽았다.[52] 1938년 나이 46세에는 옌안을 방문하여 마오쩌둥과 회견했다. 량수밍이 중국 사회를 윤리 본위의 사회라고 말하자 마오쩌둥은 그를 개량주의자라고 비판했다. 중화인민공화국이 성립되고 1952년이 되자 그는 〈어떻게 내가 개량주의자로 떨어졌나〉라는 글을 발표하여 자아비판했고, 마르크스-레닌주의 서적을 읽은 소감을 피력하기도 했다. 1953년 61세에는 앞의 서론에서 말한 것처럼 마오쩌둥과 대립하여 이후 오랫동안 혹독한 비판을 받았다. 1955년부터 57년 사이에 《량수밍 사상 비판梁漱溟思想批判》 등의 비판서들이 출간되었다. 이 책에는 펑유란, 런지위任繼愈 등의 글이 실렸다. 그럼에도 불구하고 마오쩌둥은 량수밍에게 이전 신분을

---

51 강중기, 〈해제 : 량수밍의 현대 신유학이 갖는 의의〉, 량수밍, 《동서문화와 철학》, 강중기(솔, 2005), 13쪽.
52 梁漱溟, 《梁漱溟自述 : 我是怎樣一個人》, 277쪽.

1938년 1월 옌안에서 만난 량수밍과 마오쩌둥

유지하게 하고 회의에 참석시켰다. 량수밍은 기자들에게 이 비판 운동
에 대해 한마디도 언급하지 않았다고 한다. 1959년 67세에는《인류 창
조력의 위대한 발휘, 위대한 발현》이라는 긴 글을 발표해 중국공산당의
신중국 건설을 찬양했다. 량수밍도 당시의 정치 환경에서 마오쩌둥과
끝까지 대치할 수 없다는 사실을 직감했던 것일까.

　　하지만 1966년 문화대혁명이 시작되었을 때, 이전부터 심혈을 기
울여 집필해오던 〈인심과 인생〉이라는 글을 홍위병에게 빼앗겼으며 절
필을 강요당했다. 1973~74년 비림비공 운동이 일어났을 때 80세 조금
넘은 량수밍은 〈오늘날 우리는 공자를 어떻게 평가해야 하는가〉라는
글을 발표하여 공자에 대한 전면 비판을 거부했다. 발표 당일 그 자리에
서 여러 동료 학자들에게 둘러싸여 비판당했다. 그는 동료들의 비판을

조용히 듣고 있었다. 그런데 어떤 사람이 지금 이렇게 비판당하니 어떠냐고 다그쳤다. 그는《논어》에서 한 구절을 가져와 대답했다. "삼군으로부터 장수를 빼앗을 수는 있어도 필부의 군센 뜻을 빼앗을 수는 없다"라고. 다른 말은 하지 않았다. "당시 나는 이렇게 말을 하여 내가 독립적 사고(獨立思考)를 하고 있으며 겉과 속이 다르지 않다는 것(表裏如一)을 표명하고자 했다. '독립 사고'는 주관 없이 남이 말하면 따라 말하는 것이 아니고, '표리여일'은 마음속에 있는 생각을 숨김 없이 말하고 남을 속이지 않는 것이다."[53]

그런데 이 사건이 있고 난 후 량수밍은 장장 19개월 동안 비판받았다. 마오쩌둥이 죽자 그는 "과거 수십 년 동안은 마오쩌둥의 인치의 시대였고 금후에는 법치의 시대가 도래할 것이다"라고 희망 섞인 말을 했다. 1988년 96세의 량수밍은 "너무 피곤하다. 쉬어야겠다"라는 마지막 말을 남기고 파란만장했던 인생을 마감했다.

중국 문제와 인생 문제

량수밍은 자신이 밝히고 있듯이 일생 동안 두 가지 문제에 몰두했다. 하나는 중국 문제이고 다른 하나는 '인생 문제'였다. 그가 동양과 서양의 문화에 관심을 가진 것도 이 두 가지 문제를 풀기 위해서였다. 그런데 량수밍이 이런 문제들에 관심을 기울인 궁극 목적은 다른 학자들과 달랐다. 어떤 완결된 학문 체계에 기반을 둔 작업이 아니었다. 량수밍은 1921년《동서 문화와 철학》머리말에서 자신의 학문에 대해 이렇

---

53 梁漱溟,《梁漱溟自述 : 我是怎樣一個人》, 280쪽.

게 말한다.

> 나는 애초에 학문을 하려는 뜻이 없었으며 저술을 하여 학술을 세우려는 생각도 없었고 지금도 여전히 그렇다. 더욱이 나는 학문을 논하고 저술을 하여 학설을 세울 능력도 없다. 나는 단지 나 자신의 사상을 소중하게 여기고 나 자신의 견해, 나 자신의 생활을 주체적으로 영위하기 위한 사상과 견해를 아낄 따름이다. 그러다 보니 자연히 많은 문제를 논하고 많은 학문에 접하지 않을 수 없었으며 그 결과 나 자신이 이해하였다고 생각하는 것을 여러 사람에게 말하고 싶었다. 이것이 학문을 논하려 하지 않았지만 결국 학문을 논하지 않을 수 없었고 저술을 하려 하지 않았지만 저술을 하지 않을 수 없게 된 연유이다.[54]

학문과 저술이 목적은 아니었지만 자신의 생활을 주체적으로 영위하려다 보니 생각을 가다듬고 이를 바탕으로 세상 사람들과 소통하고 싶어졌다는 것이다. 또 이런 과정에서 학문과 저술은 '부득이'하게 나올 수밖에 없다고 진술한다. 량수밍의 이런 고민들은 불가피했지만 또 한편 당시 중국의 신지식인들 사이에서 매우 열띠게 벌어졌던 문화 담론에 대한 불만에서 비롯되었다. 그렇기에 그의 동서문화론은 철저하게 당대의 맥락 안에 존재한다. 동서 문화 문제에 대한 자신의 입장을 밝히는 글에서 이는 좀 더 명확히 드러난다.

---

54 량수밍, 《동서 문화와 철학》, 31쪽.

세계는 거의 서방화되었고 (……) 이런 상황에서 동방의 각국은 서방화를 받아들일 수 있었던 국가만이 살아남을 수 있다. 그러나 대개는 서방화를 할 수 없었기에 서양의 강한 힘에 점령당했다. 일본 같은 국가가 전자에 해당하고 국가의 존재를 유지할 수 있었다. 후자에는 인도, 조선, 안남, 미얀마가 해당하며 이 국가들은 서방화를 하지 못해 결국 서양의 강한 힘에 의해 점령당했다. (……) 동방의 오래된 중국도 생활을 바꾸지 않을 수 없으며 서방화를 받아들이지 않을 수 없다. 우리의 거의 모든 생활은 정신 방면이나 사회 방면, 물질 방면에서 모두 서방화로 충만해 있다. 이것은 부인할 수 없는 것이다. 그렇기 때문에 지금의 이런 현상은 동방과 서방이 대치하는 전쟁이 결코 아니며 동방에 대한 서방의 절대적 승리다. 따라서 지금은 동방이 결과적으로 살아남을 수 있는가 없는가의 문제를 물어야 한다.[55]

위의 내용에서 우리는 신문화운동 그룹의 생각과 다른 점을 발견하기 힘들다. 사실 량수밍은 1915년을 전후하여 《신청년》을 중심으로 한 신문화운동이 일어났을 때 《신청년》 그룹의 주장에 반대하지 않았다. 다만 신문화운동 그룹의 문제의식에서 한 걸음 더 나아갔을 뿐이다. 즉 이런 상황에서 동양 문화가 살아남을 수 있는가를 질문한다.

그런데 량수밍의 질문은 여기서 끝나지 않는다. 동양과 서양의 힘이 현저히 차이가 나는 상황에서 많은 지식인들이 제시하는 동서 문화의 절충론과 조화론에 대해 근본적인 차원에서 문제를 제기한다. 동서

---

55 梁漱溟, 〈東西文化及其哲學〉, 《梁漱溟全集》 第一卷, 332~333쪽.

문화는 근본적으로 이질적이라는 것이다. 이질성을 어느 정도라도 받아들일 경우 당연히 타자성과 주체성의 문제가 제기된다. 그에게 동서문화의 조화는 모호한 희망일 뿐이다. 조화하고 융합하려면 방법과 원리를 말해야 하는데 그렇지 않다는 것이다. 사람들의 병폐는 서양이 1차대전의 영향으로 자신의 문화에 반감을 갖고 막연히 동양 문화를 흠모하는 데서 연유한다.

특히 량수밍이 보기에 듀이와 러셀과 같은 사람들이 중국을 방문하여 동서 문화의 조화를 말한 것도 중요하게 작용했다. 하지만 그들 또한 조화의 원리를 제시하지 못했다는 것이다. 다만 당위적으로 동서 문화가 융합하고 조화를 이루어야 한다는 말만 반복한다고 본다. 듀이는 1919년 베이징 강연에서 다음과 같이 말했다.

현재 동양의 구문화가 신문화를 가지고 고향에 돌아왔으니, 20세기는 문화가 지구를 한 바퀴 도는 여행을 한 시기라 할 수 있다. 현재 문화의 새로운 문제는 앞으로 나아가 지구를 돌 것인가가 아니고 동서 문화가 어떻게 서로 접근하고 서로 영향을 줄 것인가라는 점이다.

량수밍은 동서 문화의 융합을 지향한다 해도 그 길이 어디에 있는지 알 수가 없다는 점을 지적한다. 더구나 듀이와 러셀이 서양 문화에 강한 반감을 품고 있어서 중국 문화에 객관적으로 접근하는 데 한계가 있다고 본다. 어떤 일이든 아쉬운 자가 우물을 판다고 이는 서양인보다는 동양인에게 시급한 문제이다. 동양 문화의 흥망이 걸린 문제이기 때문이다. 이는 동양 중에서도 문화의 발원지인 중국과 인도에 달려 있다.

다년간 량수밍을 연구해온 독립 학자 강중기는 량수밍을 이질적인 타자의 수용, 즉 현대화에서 주체의 문제에 주목한 몇 안 되는 지식인으로 본다. 량수밍은 기존의 중체서용론적 인식론에서 벗어나 개방적인 지평 위에서 자신과 타자, 즉 동서의 문화를 인식했기에 이런 질문을 던질 수 있었다.[56] 중체서용론은 사실 어떻게 서양 문물을 주체적으로 수용할 것인가를 고민한 끝에 나온 자구책이기에 기존의 권력관계를 그대로 유지한 채 편의적으로 서구를 이해하는 방식이었다. 민두기에 의하면 중체서용론은 새로운 것을 중국이 주체적 입장에서 받아들이는 수용과 흡수의 논리이다.[57] 그렇기 때문에 이는 중화주의처럼 학문적 분석 대상이기 이전에 역사의 힘의 표현이며 초논리적인 것이다. 하지만 량수밍은 동서 문화는 근본적으로 이질적인데 서양이 우월하다고 하여 중국이나 동양을 버리고 저들을 좇아야 하는지 의문을 품고 먼저 자신을 면밀히 검토해야 한다고 보았다. 바깥 문화를 받아들이기 위해서는 먼저 자신이 누구인지를 알아야 한다는 논리이다.

량수밍은 동서 문화의 절충과 조화를 둘러싼 논의가 중국 지식계에서 확산된 것은 량치차오의 영향이 컸다고 본다. 량치차오가 유럽 여행을 하고 돌아와 쓴 《구유심영록》에서 "서양 문화는 이미 무너져 중국 문화의 구원을 기다리고 있는데 당신은 우리 유럽에 와서 해결 방안을 찾고 있는가"라고 서양인들이 반문했다 하는데 량치차오의 말은 옳지 않다는 것이다. 량수밍에 의하면 량치차오는 서양인들이 서양 문화에

---

56 강중기, 〈전통과 현대—량수밍의 현대 신유학이 갖는 의의〉(해제), 《동서 문화와 철학》, 16~17쪽 참조.
57 민두기, 〈전통 사상과 현대 중국의 이해〉, 《중국근대사론》, 123쪽.

반감을 가진 이유는 정확히 알 수 없지만 중국 문화를 흠모한다는 말을 유럽에서 듣고 돌아왔다. 따라서 량치차오는 동서 문화의 융합이라는 화두를 던졌지만 그의 말에 동의할 수 없다고 하였다. 왜냐하면 량수밍이 보기에 중국인은 "주위 사람들이 우리에 대해 칭찬하고 우리가 남들과 같다고 하기 때문에 고귀하다고 느끼는 것이다. 중국 문화에 대한 그러한 숭배에서 바로 중국 문명의 불완전함을 볼 수 있다."[58] 여기서 량수밍은 자신은 누구인가. 중국이란 무엇인가를 주체적으로 물어야 한다며 문제를 제기하는 것이다. 이런 의문이 생길 때 비로소 타자성을 의식할 수 있게 된다고 본다. 문화의 호불호를 떠나 타자의 문화를 어떻게 인식할 것인가 하는 문제 제기는 자기를 상대화해서 인식하지 못하면 나올 수 없다.

량수밍 자신은 비록 서양에서 인도로, 다시 중국으로 사상 전환을 했지만 잘 알려진 삼기중현설三期重現說에서는 서양, 중국, 인도 순으로 문화의 재현을 설명한다.[59] 량수밍이 말하는 삼기중현설은 용어 자체에서 드러나듯이 서구 문화와 중국 문화 그리고 인도 문화가 인류 문화의 세 가지 유형이며 인류는 동시에 세 단계의 문화 발전을 겪는다는 것이다.[60] 량수밍은 삼기중현설과 관련하여 서양 근대 문화의 승리는 단지 인류가 직면한 문제에 적절히 대응했기 때문으로 본다. 중국 문화와 인

---

58 량수밍,《동서 문화와 철학》, 52쪽.
59 그는 아주 가까운 미래에 근대 서양 문화에 이어 중국 문화가 부흥할 것이라 했다. 이와 관련하여 전환점은 사회경제적 측면에서 자본주의로부터 사회주의로 진입하는 시기가 될 것이라고 했다. 량수밍,《동서 문화와 철학》, 378쪽. 이 발언을 했을 때가 1965년이었다.
60 이에 대해서는 강중기,〈량수밍의 문화 유형과 단계〉, 이남영 외,《세계와 인간에 대한 동양인의 사유》(천지, 2003), 참조.

도 문화의 실패는 그 자체가 좋거나 나빠서가 아니라 다만 시의적절하지 않았기 때문이다. 이 두 문화는 나중에 걸어야 할 길을 미리 걸었다는 것이다. 지나치게 일찍 조숙해진 탓이다. 그러나 첫째 문제가 아직 완결되지 않아 첫째 길을 걸을 수밖에 없는데 어떻게 둘째 길을 순조롭게 걸을 수 있었겠는가. 그래서 첫째 문제를 해결하는 데 실패했다. 첫째 길은 오늘날에 이르러 병폐가 생겨나 사람들이 배척하려 한다. 이제 둘째 문제로 진입하여 시의적절하지 않았던 중국적 태도가 진정 필요한 때가 되었다. 이에 종래의 중국적 태도를 비판적으로 선택하여 다시 새롭게 받아들이고 있다. 인도 문화도 조숙한 문화이다. 인도 문화는 첫째 길과 둘째 길을 다 걸어가기를 기다리지 않고 바로 셋째 길로 나아간 결과 문화 가치가 사람들에게 인식될 수 없었다. 가장 가까운 미래에는 인도 문화가 도입될 것이다. 따라서 중국 문화의 부흥 뒤에는 인도 문화의 부흥이 이어질 것이다. 결국 고대 희랍, 중국, 인도 세 문화가 세 기간에 걸쳐 차례로 재현될 것이다.[61]

그렇다면 량수밍은 중국 문화와 인도 문화를 어떻게 보고 있는가. 그는 문화의 차이란 순전히 추상적인 양식의 문제이지만, 더 깊이 들어가자면 생활에서 문제를 해결하는 방법의 차이라고 본다. 거기에서 서양 문화는 기본적으로 자신이 바라는 것을 얻으려고 애쓰고 자신의 욕구를 충족시키려는 방향으로 나아간다. 거기에 비해 중국 문화와 인도 문화는 다음과 같은 성격이 있다.

---

61 량수밍, 《동서 문화와 철학》, 316~317쪽 참조.

물질문명의 측면에서 서양 문화의 자연 정복은 중국에 존재하지 않는다. 학술상의 측면에서 중국에는 과학적 방법이 존재하지 않는다. 사회생활에서 중국에는 서양 문화의 '민주주의'가 존재하지 않는다. (……) 만일 중국이 서양 문화와 접촉하지 않고 완전히 폐쇄되어 외부와 소통하지 않았다면 1,000년이 지나도 결코 증기선, 기차, 비행기 및 과학적 방법과 '민주주의'의 정신을 낳을 수 없었을 것이라 단언할 수 있다. 즉 중국인은 서양인과 똑같은 길을 가지 않았을 것이라는 말이다. 느리게 나아갔기 때문이지 남들보다 몇십 리 뒤처진 것이 아니다. (……) 중국인은 서양인과 다른 방향과 태도를 갖고 있다. 중국인이 걷는 길은 결코 전진적으로 추구하는 서양의 방향과 다르다. 중국인의 사상은 분수를 지키며 편안히 머물고 만족할 줄 알고 욕심을 줄이고 본래적이기 때문에 생명을 기르는 것이고, 결코 물질적 향락의 추구를 주장하지 않으며, 또한 인도의 금욕 사상도 없다. 중국인은 어떤 상황에 처하든지 만족하고 편안히 받아들일 수 있으며 결코 환경을 바꾸려 하지 않는다.[62]

인도 문화에 대해서는 다음과 같이 서술한다.

인도의 문화에서 유일하게 흥성한 것은 종교다. 철학, 문학, 과학, 예술이 종교에 종속된다. 정신생활이 기형적으로 발달하고 정신생활 중에서도 종교가 기형적으로 발달했다. 인도인은 서양인처럼 행복을 추구하지도 않으며, 또 중국인처럼 주어진 처지에 안주하여 만족하지도 않는다. 그들

---

62 량수밍, 《동서 문화와 철학》, 116~117쪽.

은 이 생활에서 벗어나려고 노력한다. 앞을 향하지도 않고 중간을 취하지도 않으며 바로 방향을 틀어 뒤로 향한다.

어찌 보면 그의 문화에 대한 입장은 서양의 근대화를 근원적으로 수긍하는 내재적 발전론을 근원에서 부정하는 논리이다. 이것이 바로 문화의 공유설을 부정하여 후스와 대립했던 량수밍의 유명한 '문화유형론'의 실제 내용이기도 하다. 서양과는 달리, 또 인도와도 달리 안분지족을 중국 사상의 핵심으로 보는 것이다. 이것이 그의 '윤리 본위'의 내용이기도 하다.

량수밍은 서양인은 중국 문명이나 인도 문명이 유입되지 않아도 첫째, 둘째, 셋째의 길을 순서대로 진입할 수 있지만 중국은 절대 그렇지 않다고 본다. 왜냐하면 중국의 태도에서는 변화가 일어날 수 없고 다른 문화가 생겨날 수도 없다고 보기 때문이다. 중국은 아프지도 않고 가렵지도 않아 뭐라고 병명을 얘기할 수 없는 큰 병이 있다. 그렇기 때문에 방법이 없다고 본다.[63]

서양 문화, 중국 문화, 인도 문화가 차례로 재현될 것이라는 삼기중현설도 결국 량수밍이 동서 문화 문제를 고민하는 과정에서 나온 나름의 결론이었지, 결코 예언이나 예측은 아니었다. 량수밍은 유학의 보편적 가치를 인정하면서도 그것을 상대화할 수 있었고 체계적인 비교 연구를 시도할 수 있었다.

---

63 량수밍, 《동서 문화와 철학》, 321쪽 참조.

윤리 본위와 계급 중국

1938년 량수밍이 국민참의원 자격으로 옌안을 방문했을 때 항일 전쟁의 형세와 중국의 미래를 주제로 마오쩌둥과 여덟 차례에 걸쳐 대담을 나누었다. 마오쩌둥은 중국 사회의 성격을 계급모순과 계급투쟁의 격화로 규정했지만 량수밍은 이에 동의하지 않았다. 그는 중국은 '윤리 본위'의 사회이고 직업의 차이(職業分途)가 인정되어야 하는 사회로 보았다. 량수밍의 말을 들어보자.

윤리 본위는 서양의 개인 본위에 대응해서 나온 것이다. 서양은 자유, 평등 권리를 제일로 치지만 중국은 그렇지 않다. 중국에서 중요한 것은 의무이지 권리가 아니다. 부자, 형제, 부부, 붕우는 상호관계 속에서 자기가 해야 할 바를 다해야 한다. 모든 사람들이 자기의 의무에 충실하고 자기의 책임을 다하는 것이 가정을 위하고 사회를 위하는 것이다. 여기서 직업 차이는 사회 분공이라는 의미인데 사회 구성원 모두가 무엇을 하든 어떤 일을 하든 책임감을 가지면 잘하게 된다. 사람들이 책임을 가지고 임하면 사회는 안정되고 발전할 수 있다.[64]

마오쩌둥은 다음과 같이 응수했다.

중국 사회는 나름의 특수성이 있다. 그런 점에서 양 선생의 말은 틀리지 않다. 그러나 중국 사회에는 서양 사회와 동일한 면도 있다. 그것은 계급

---

64 汪東林,《梁漱溟與毛澤東》(吉林人民出版社, 1989), 7쪽.

대립, 모순 그리고 투쟁이다. 이는 사회 전진을 결정하는 가장 본질적인 것이다. 내가 보기에 당신은 중국의 특수성을 지나치게 강조하고 현대사회의 성격을 결정하는 공동성, 즉 일반성을 지나치게 무시한다.

마오쩌둥과 량수밍 둘 다 끝내 상대의 주장에 설복당하지 않았다.[65] 량수밍은 중국 사회가 윤리 본위의 사회라고 주장했다. 이는 유학이 공식적으로는 무너졌더라도 특히 일상의 습속 측면에서 중국은 윤리 본위의 사회에서 벗어나지 못한다는 현실을 인정해야 한다는 논리였다. 어찌 보면 중국 사회 무의식의 저변을 꿰뚫어본 것이다. 마오쩌둥의 계급 본위는 량수밍이 말하는 이러한 중국 사회를 어떻게든 개조하고 부정하여 새롭게 구성된 중국의 모습을 상상한 결과였고 이는 당위적 요청에 부응한 사회 형태라고 할 수 있다. 이 두 사람이 제기한 문제는 아직도 중국 사회에서 풀리지 않은 오래된 문제이지만, 사실 쉬 풀기 어려운 문제이다. 그런데 여기서 양자의 차이보다는 이들이 왜 이런 주장을 하게 되었을까에 주목해야 한다. 단순히 보수와 진보의 차이로만 보면 겉만 보고 속은 보지 못하는 것이다.

량수밍과 마오쩌둥 사이에 벌어진 정치적으로 유명한 사건은 1953년 중화인민공화국 수립 초창기 과도기 총노선을 보고하는 자리에서 일어났다. 거기에서 량수밍은 농촌 문제에 대해 작심하고 자신의 의견을 개진했다. "과거 30년의 혁명 속에서 중국공산당은 농민에 의지했으며 향촌을 근거지로 하였다. (……) 그러나 공작의 중심이 도시로 이동

---

65 汪東林,《梁漱溟與毛澤東》, 7~8쪽 참조.

하면서 농민을 버렸다. 이 문제는 정부가 중요하게 여겨야 한다." 이 발언은 마오쩌둥의 심기를 건드렸고 이 때문에 량수밍은 혹독하게 비판받았다. 마오쩌둥은 다음과 같이 비판했다. "어떤 사람(량수밍을 지칭)은 우리의 총노선에 동의하지 않고 농민 생활이 너무 힘드니 그들을 보살펴야 한다고 주장한다. 이는 공맹의 무리가 말하는 인정仁政을 베푼다는 의미이다. 그러나 대인정大仁政과 소인정小仁政이 있다는 것을 알아야 한다. 농민을 보살피는 것은 소인정이고 중공업을 발전시키고 미제국주의를 타도하는 것은 대인정이다. 소인정을 베풀고 대인정을 베풀지 않는 것은 곧 미국인을 돕는 것이다."[66]

량수밍의 주장은 실제 수치로도 확인되는데, 1952년부터 마오쩌둥 시대가 끝날 때까지 공업 생산이 연 11퍼센트 급성장했지만 농업 생산은 연 2퍼센트 성장에 그쳤다.[67] 이후 량수밍에 대한 대대적인 비판 운동이 일었고 량수밍은 자아비판을 하기도 했다. 그러나 문화대혁명의 비림비공 운동이 일어났을 때도 공자를 옹호하는 등 끝내 자신의 뜻을 굽히지 않았다. 량수밍은 마오쩌둥이 죽고 나서, 1980년대에 와서야 복권되었다.

사실 마오쩌둥의 농민에 대한 정책의 일단은 중국문학사 연구자 첸리췬의 다음 서술에서도 확인된다.

마오는 과거 혁명을 개시할 당시에는 청년 지식인에게 농촌으로 가서 혁명의 씨앗을 퍼트리고 농민과 연합할 것을 호소했다. 마오의 이런 정신

---

66 汪東林,《梁漱溟與毛澤東》, 21~23쪽 참조.
67 모리스 마이스너,《마오의 중국과 그 이후》 2, 585쪽.

은 중국혁명이 성공할 수 있었던 중요 원인이었다. 그러나 정권을 장악하고 나서 마오와 중국공산당이 가장 걱정하는 것은 저항적 지식인과 농민이 연합하는 것이었다. 따라서 그들 사이의 존재 가능한 모든 연계를 끊어놓아야 했다. 마오가 반우파 투쟁을 개시한 이유 중 하나가 바로 학생들이 불만 정서가 가득한 농민 속으로 들어가 불을 지피고 있기 때문이라고 말한 바 있다. 반우경을 통해 마오는 성공적으로 지식인 및 농민과 연계를 갖는 당 내부의 간부를 통제하게 되었다. 1960년대가 되면 대기근에 처한 농민은 이미 지식인과 각급 간부로부터 어떤 지지도 얻을 수 없었다.[68]

만일 이러한 진술이 사실이라면 앞의 내용에서 확인한 바, 혁명 시기 마오쩌둥이 보여준 농민에 대한 믿음과 이를 기초로 하여 세워진 마오쩌둥에 대한 이미지와 잘 연결되지 않는다. 하지만 당시의 상황을 객관적으로 볼 필요도 있다. 중국 사회주의 체제 수립 이후 냉전의 체제 경쟁 구도와 국제 공산주의의 이중적 역학 구도 속에서 거대한 중국을 이끌어가야 했던 책임자로서 마오쩌둥이 스탈린의 공업화 정책을 거슬러 다른 정책을 펼 수는 없었다. 그리고 세계의 모든 공산당 정권이 권력을 장악한 이후 급선무는 중공업을 발전시켜 서양을 앞지르는 것이었고 중국도 예외일 수 없었다. 이 과정에서 농민과 농촌이 불가피하게 희생되었던 것이다.

마오쩌둥과 여러 면에서 대립했던 량수밍은 민주적 절차와 과정을

---

68 첸리췬, 《모택동 시대와 포스트 모택동 시대 1949~2009》 상, 459쪽.

중요하게 여긴다는 점을 보여준다. 그는 자유롭게 사고하고 민주적으로 일을 처리해야 한다고 보았다. 완성태로서의 사상을 중요하게 여기고 추구했다기보다는 무언가에 이르는 과정과 마음가짐을 매우 중요하게 여겼다. 그 과정이 윤리적이지 않다면 결과는 의미가 없다고 보았던 것이다. 량수밍은 유교의 수용을 주장했지만 그것을 '상식'의 기초 위에서 받아들여야 한다고 보았다. 이러한 상식에 근거한 그의 사상과 행동은 중국 근현대의 맥락에서 어느 진영이든 '위협적'이고 '급진적'인 입장으로 받아들였을 가능성이 높다. 권력욕이 없었기에 누구하고도 타협할 필요가 없었고 역설적으로 최고의 권력과도 싸우게 되었던 것이다.

그러나 이러한 량수밍의 '고지식함'은 중국에서는 매우 순진하게 비칠 수 있다. 루쉰은 〈연극을 논하다〉에서 중국인 모두가 언어의 허위성을 알고 있는데 계속하여 이러한 허위성을 유지하고자 한다. 이미 유희의 규칙이 만들어져 있기 때문이다. 그런데 만약 누군가가 그것이 가짜라는 말을 하면 이 사람은 바보이며 유희의 규칙을 깨버려 더는 유희를 계속할 수 없게 했다는 지적을 당한다. 그렇기 때문에 모두 그를 박멸하려고 한다.[69] 중국 사회에서 량수밍은 '유희의 규칙'을 지키지 않았기 때문에 매우 위험한 인물이 되었던 것이다.

'차마 하지 못하는 마음'과 '낯설게 보기'의 철학

량수밍의 위와 같은 '비권력적', '비주류적' 사고는 철학하는 태도와 밀접한 관련이 있다. 이런 철학 태도는 근원적으로는 공자에 대한 이해

---

69 첸리췬, 《모택동 시대와 포스트 모택동 시대 1949~2009》 하, 362쪽.

방식과 맞닿아 있다. 량수밍의 공자 철학 이해 방식에는 두 가지 주목할 점이 있다. 하나는 교조주의에 대한 반대이고, 다른 하나는 습관에 대한 경계와 낯설게 보기이다. 량수밍은 공자가 보여준 매우 중요한 태도 중 하나는 모든 것을 '불인정不認定'하는 태도라고 생각했다. 여기서 불인정은 어떤 것을 절대적으로 믿는 교조적인 태도를 인정하지 않는다는 의미이다. 량수밍은 일반인과 공자의 차이를 이렇게 설명한다. 공자는 "낚시질은 하되 그물질은 하지 않으며, 증작矰繳[70]으로 새를 잡되 잠자는 새는 쏘지 않는다"고 말한다. 하지만 교조적 도리를 추구하는 일반인은 그렇지 않다는 것이다. 그들은 그물질을 하지 않으려면 낚시질도 하지 말아야 하고, 잠자는 새를 잡지 않으려면 주살도 쏘지 말아야 한다는 입장이다. 량수밍에 의하면 이 차이는 교조와 원칙의 차이다. 공자에게는 원칙은 있지만 고정관념은 없다. 고정관념이 지배하면 그때그때의 맥락에 충실한 '즉시 깨달음(直覺)'에 의한 판단을 하기 힘들어진다.

　　량수밍은 "사람의 본성은 서로 가까운데, 습관으로 인해 멀어진 것이다(性相近 習相遠)"라는 공자의 말을 이렇게 해석한다. 인간은 끝까지 본래 모습을 잃지 않는 것이 중요하며, 습관이 가장 두려운 것이다. 좋은 습관이라고 해도 습관에서 나오는 것은 일종의 형식이지 미덕이라고 할 수 없다. 미덕은 내면으로부터 발휘되는 직각에서 나와야 미덕이라고 할 수 있다. 일단 습관에 빠지면 직각은 고정화되고 마비되어 근본적으로 도덕을 손상시킨다. 습관으로는 일정한 종류의 시세와 국면에만 대응할 수 있을 뿐, 새로운 문제가 나타나면 대응하지 못한다.[71] 이러

---

70 옛날 사람들이 새를 쏠 때 사용하던 오늬에 줄을 맨 화살.
71 량수밍,《동서 문화와 철학》, 216~217쪽 참조.

한 공자의 직각에 맡기는 태도는 선천적 도덕 능력을 믿는 맹자의 양지 양능良知良能[72]과도 통한다. 최소한의 도덕적 판단은 생각해보지 않아도, 배우지 않아도 내릴 수 있다.

교조주의와 구습에 물들면 새로운 사태가 발생했을 때 창조적으로 대응할 수 없다. 량수밍은 공자가 도덕의 습관을 중시한 것이 아니라 도덕이 습관이 될까봐 두려워한 것이라고 보았다.[73] 어떤 일이든 교조와 습관에 빠지지 않을 때 낯설게 볼 수 있고 이를 통해 고유한 문맥에 충실한 판단을 할 수 있다. 아마도 량수밍은 이러한 태도로 인해 중국의 사회주의도 낯설게 보았고 상투화되어가는 중국의 정치에 생생한 질문을 던질 수 있지 않았을까.

그런 면에서 량수밍은 공자에게 학문이란 무엇이었는가에 주목한다. 즉 공자의 학문에 대한 태도를 묻는 것이다. 불혹不惑이나 지천명知天命 등은 모두 생활 속의 가르침이라는 얘기다. 따라서 공자에게 학문은 바로 자신의 생활이다. 공자는 어떤 이론을 만들어서 사람들에게 제공하려는 생각이 없었다. 굳이 말을 했다고 한다면 철학을 말했다고 할 수 있는데, 철학도 그에게는 생활 속의 부산물에 불과하다. 그렇기 때문에 공자가 철학에 본 뜻을 두고 있었다는 주장은 그의 진면목을 파악하지 못한 말이다. 이에 대한 근거로 량수밍은 공자가 안회顏回의 평소 생활에 주목했음을 주시한다.[74] 안회는 학문 하기를 좋아하고(好學), 노여움을

---

72 《맹자》의 〈진심盡心〉에 나오는 말로 인간은 모두가 배우지 않고 생각하지 않아도 도덕적으로 판단할 수 있는 능력이 있다는 의미로 쓰인다.
73 후스는 공자의 인생철학은 도덕의 습관이라는 측면에 중점을 둔 것이라고 파악했는데 이는 공자의 이치를 이해하지 못한 소치라고 량수밍은 비판한다.
74 梁漱溟(李淵庭, 閭秉華 整理), 《梁漱溟先生講孔孟》(中華書局, 2014), 16~17쪽.

옮기지 않으며 과오를 되풀이하지 않는다. 안회는 마음이 한결같아 오랫동안 인을 어기지 않는다. 이것이 공자가 관찰한 안회의 진면목이다.

나오며

독자들은 아마도 마오쩌둥과 량수밍을 하나의 장에서, 또 같은 수준에 놓고 다루는 것은 문제가 있다고 생각할 수도 있다. 이는 어찌 보면 당연한 문제 제기이다. 이 둘은 한 사람은 혁명가이자 정치가이고, 또 한 사람은 철학자——비록 량수밍 자신은 부정하려 했지만——이자 실천가였기 때문이다. 더구나 이들은 정치적으로 최고의 자리인 주석과 일개 '재야 학자'라는, 단순히 지위로만 보면 한 자리에 앉아 있을 수조차 없는 사람들이다. 한국의 기준으로 보면 도저히 맞대결을 할 수 없는 지위였다. 하지만 두 사람은 여러 차례 대담을 했고, 심지어 중요한 회의에서 대립하는 모습을 여러 사람들 앞에서 보여주기까지 했다. 이들이 이렇게 할 수 있었던 이유는 무엇일까. 적어도 중국은 한국처럼 끼리끼리만 교류하는 폐쇄된 연고주의가 통하는 곳이 아니다. 중국은 한국과 달리 규모 때문에 지켜질 수밖에 없는 공공성이 존재한다. 이것을 중국의 예외성으로 보면 마오쩌둥의 대범함을 보여주는 사례요, 상식의 차원으로 보면 량수밍의 생래적 민주 의식과 옳음에 대한 굳은 믿음을 방증하는 사례가 아닐까? 이 두 사람 모두 중국이라는 규모에서만 통할 수 있는 예외성을 띤 인물이다. 그 예외성에서 무언가 통할 수 있지 않았을까. 이들은 중국을 보는 시각은 극명하게 달랐지만, 대범함에서는 서로 통하는 점이 있었다. 그리고 이것을 서로가 알아보았다.

량수밍의 단호한 사상과 행동은 어디서 온 것일까. 그 답은 량수밍이 말하는 인仁의 상태에 있다. 량수밍에게서 인은 이렇다. "단지 천리를 따르고 사욕이 없으므로 괴로움이 없고 즐거울 뿐이다. 모든 고민과 번뇌——국가 단위와 민족 단위로 고민하고 걱정하는 것을 포함하여——는 사욕이다. 사욕은 다른 것이 아니라 바로 앞날을 걱정하는 것이다."[75] 그의 용기는 바로 따지고 계산할 일이 없는 데서 나오는 것이다. 량수밍에게서 인은 걱정의 반대이다. 인을 내재화할 수 있었기에 마오쩌둥과 맞대결을 할 수 있었던 것이다. 공자가 말했듯이 인자만이 능히 좋은 것은 좋다고 말하고 나쁜 것은 나쁘다고 할 수 있다!

마오쩌둥의 예외적인 대범함을 이해하기 위해서는 마오쩌둥이 혁명가이면서 정치가이지만, 동시에 이상주의적 사상가이면서 시인이라는 사실을 깊이 주목해야 한다. 리쩌허우도 벤저민 슈워츠도 이 점을 특별히 언급한다. 리쩌허우는 마오쩌둥의 사상적 특색이 그가 창작한 시사에 표현되어 있으며, 이 점이 마오쩌둥의 사상과 개성을 이해하는 데매우 중요하다고 지적한다. 일찍이 청년 시절 마오쩌둥은 "애석하게도 저는 지나치게 감정이 풍부하여 너무 의분에 빠져 슬퍼하고 분개하는 병폐를 가지고 있습니다"라고 말한 적이 있다. 슈워츠는 심지어 마오쩌둥에게서 시가 변증법, 인식론보다 더 중요한 철학의 핵심이라고 말한 적이 있다. 이로 보면 마오쩌둥의 주의주의와 주관주의는 그의 시적 감수성에 의해 강화되었을 가능성을 배제할 수 없다. 그리고 예외성으로

---

75 량수밍,《동서문화와 철학》, 227~228쪽 참조.

인정할 수밖에 없는 대범함으로 표출되었을 수도 있다. 그런데 이러한 시적 감수성이 책임윤리의 견제 없이 신념윤리를 강화하는 쪽으로 작동되었을 때 정치적으로는 치명적인 결과를 초래할 수도 있다. 문화대혁명은 중국의 사회주의 체제로부터 발생했지만 마오쩌둥 개인의 사고 특성이 전혀 개입되지 않았다고 말할 수 없기 때문이다.

마오쩌둥이 꿈꾸었던 계급 중국 모델은 량수밍의 윤리 본위와는 매우 다르다. 굳이 따지자면 전자는 이상주의에, 후자는 현실주의에 근거한 것이다. 마오쩌둥의 '계급 중국'은 국민보다는 계급 개념으로서의 '인민'을 주권자로 하는 국민국가 형성 모델이라 할 수 있다. 이 책에서는 량수밍과의 회담을 부각시키려 했기 때문에 량수밍의 윤리 본위의 사회와 대립각을 세운 것처럼 서술했으나 사실상 장제스의《중국의 운명中國的命運》의 유명한 종족론을 의식한 것이었다고 보는 편이 타당하다.[76] 마오쩌둥이 이를 의식하고 쓴 글이 〈신민주주의론〉이다. 여기서 마오쩌둥은 각 계급의 총칭으로서 '인민'을 사용하고 있다.[77] 하지만 문화대혁명 시기부터 중국의 각 계층은 상호 불신에 빠졌다. 개혁개방 40년이 가까워오는 지금 불신은 더욱 심해져 극심한 계급 단절을 경험하고 있는 실정이다.

량수밍의 윤리 본위의 사회는 1장에서 본 캉유웨이의 공교론의 의

---

76 사실상 량수밍도 기본적으로 중국의 사회주의를 전망하면서 향촌건설론을 구상했기 때문에 마오쩌둥과 근본적으로 대립한 것은 아니었다. 그러니까 굳이 표현하자면 마오쩌둥과 량수밍은 비적대적 모순 관계, 마오쩌둥과 장제스는 적대적 모순 관계에 있다고 할 수 있다.

77 여기서 마오쩌둥은 소수민족도 그들을 오랑캐[夷]이기 이전에 인민으로 인식하여 똑같이 학대받는 혁명적 대중으로 이미지화시킨다. 田島英一, 〈中國ナショナリズム分析の枠組みと實踐〉, 加加美光行,《中國の新たな發見》(日本評論社, 2008), 265~268쪽.

도와는 다르다. 캉유웨이는 보종과 보교의 위기 앞에서 공자와 유교를 어떻게 하면 지켜낼 것인가에 초점을 맞췄다. 하지만 량수밍은 공자와 유교를 맹목적으로 지키는 데 목적을 두진 않았다. 그가 윤리 중국에 주목한 이유는 습속이 압도하는 현실성을 어떤 식으로든 끌어안아야 한다고 인식했기 때문이다. 즉 중국 전통 사회의 특수한 구조에 주목한 것이다. 그러한 특수한 구조의 바탕 위에서 미래를 기획해야 한다고 생각했다.

그는 사회주의와 관련해서 이렇게 발언했는데, 이는 마오쩌둥의 인식과 다르다. "중국 정치는 민주화로 나아가야 하는데 그것은 경제생활의 사회화에 달려 있다. 이것은 개인주의자에 초점을 맞추어야 하는 서양의 정치민주화와는 다르다. 경제상의 사회화는 정치상의 민주화에 도움이 된다. 정치상의 민주화는 다시 경제상의 사회화에 도움이 된다. 이처럼 양자는 선순환하면서 앞으로 나아간다. 이 양자는 동시에 건설되어야 성공할 수 있다."[78] 이는 전통 사회뿐만 아니라 최근 100년의 변화, 그리고 중국의 미래를 다르게 인식한 데서 나온 다른 전망이다.

마오쩌둥이라는 인물과 마오쩌둥의 사상은 새로운 중국을 건설했으나, 지금은 중국이 앞으로 나아가는 것을 막고 있다. 중국의 현재와 과거에 대한 반성을 가로막고 있기 때문이다. 현재의 중국에서 마오쩌둥의 사상이 갖는 의미는 여러 가지가 있겠지만 이 책에서 주목한 것은 마오쩌둥이 가장 빛나던 시기이다. 조직 내에서 민주주의 원리가 통했던 이 시기를 주시해야 한다. 스노가 말한 것처럼 1937년에 마오쩌둥이

---

78 梁漱溟,《梁漱溟自述：我是怎樣一個人》, 82쪽.

불사신으로 통했다면, 이때 이미 마오쩌둥에 대한 신격화의 조짐이 나타났다고 할 수 있다. 그렇다면 대장정 시기를 포함하여 옌안 시기 마오주의가 탄생하기 직전까지, 이즈음이 중국공산당과 마오쩌둥으로서는 가장 빛났던 순간이 아닐까. 이때가 역설적으로 가장 민주주의적이었을 테니까 말이다. 따라서 초기 옌안 시기로 거슬러 올라가 그 시스템을 재검토하는 작업을 할 필요가 있다. 중국 사회주의의 문제가 민주의 부재에 기인한다는 점을 부정할 수 없다면 민주주의적 가치가 실현되었던 찰나의 순간을 이제 재고찰해야 할 것이다.

1990년대 이후 중국에서 량수밍을 활발히 재조명하고 있다. 그는 평생을 전통과 현대, 동서 문화가 충돌하는 가운데 유학을 어떻게 새로 인식해야 하는가를 실천적 입장에서 고민했다. 앞으로 중국이 유학을 기반으로 하여 문명 중국을 구상해야 한다면 량수밍이 주목했던 유학의 보수주의 측면보다는 그가 보여준 유교적인 삶과 학문 자체를 중요한 연구 대상으로 삼아야 한다고 본다. 이와 관련하여 량수밍은 만년에 "나는 학자가 아니며 다만 사상을 가진 사람으로서 독립적 사고를 했으며 표리가 일치했다는 것은 인정한다"라고 말했다. 특히 공자의 위기지학, 즉 누구의 눈치도 보지 않고 자신의 '독립 사고'를 내보이는 '무모함', "좋은 것은 좋다고 하고 나쁜 것은 나쁘다고 하는" 인의 솔직함을 량수밍은 '엄혹한 상황'에서 아주 잘 보여주었다.

이 두 사람은 중국 문제를 풀어가는 방향과 주장에서는 현저히 다르지만 도저히 무시할 수 없는 커다란 공통점이 있다. 그것은 당대 지식계에서 통용되던 주요 문제들에 대해 그냥 넘어가지 않고 대결했다는 점이다. 량수밍이 학문과 인생에서 보여준 초탈함 자체가 지금, 우리에게 어떻게 학문을 해야 하는가를 다시 묻게 한다.

　　마오쩌둥의 정치사상적 측면에 대해서는 다음 장의 '나오며'에서 덩샤오핑, 저우언라이와 연관 지어 함께 언급할 것이다.

6장

현대의 제갈량

저우언라이

VS

중국을 다시 일으킨 부도옹

덩샤오핑

들어가며

"인민의 총리로 인민이 사랑하고, 인민의 총리로 인민을 사랑하고, 총리와 인민이 동고동락하니, 인민과 총리의 마음이 이어졌다." 저우언라이가 1976년 1월 서거했을 때 누군가 톈안먼광장에 갖다 놓은 추도시의 한 구절이다. 26년간을 일인지하 만인지상의 총리 자리에 있었던 저우언라이周恩來(1898~1976). 그는 시종일관 '인민의 총리', '대지의 아들'이었다. 중국 사회주의가 혼란의 와중에 있을 때에도 인민들의 위안

저우언라이

이 되어준 인물이 바로 저우언라이였다. 저우언라이만의 특별한 순리의 철학이 있었기에 가능한 일이었으리라. 높은 자리에 있으면서 민중으로부터 이런 평가를 받기란 결코 쉬운 일이 아니다. 이뿐만 아니다. 그는 지도부로부터 존경받았다. 심지어 적에게도 존경을 받았다. 정치지도자의 품격이 사라진 오늘날 저우언라이의 생애는 우리에게 품격이 무엇인지를 보여준다.

저우언라이는 중화인민공화국에서 약 26년간 2인자의 자리를 지키다가 1976년 1월에 세상을 떠났다. 그가 세상을 뜨자 중국 인민들은 깊은 슬픔에 빠졌다. 1976년 4월 청명절에 화환과 추도사를 적은 편지들이 톈안먼광장에 산더미처럼 쌓였다. 중국 인민들은 언제부터인가 존경하는 정치적 인물이 서거하면 그를 추도하는 형식으로 자신들의 정치적 불만을 드러냈다. 이것이 이른바 중국의 '살아 있는 사람을 비판하기 위해 죽은 자를 애도하는 전통'이다.[1] 저우언라이의 어떤 면이 이렇게 인민들을 슬픔에 잠기게 했을까. 물론 당장은 중국의 사회주의 혁명, 특히 문화대혁명으로 지친 인민의 마음을 저우언라이가 어루만져주었다고 생각했기 때문이다. 20세기 정치인 중 중국 인민으로부터 가장 많은 사랑을 받은 데는 저우언라이의 인생 철학이 중요한 역할을 했다. 이에 대해서는 그의 인생 역정을 소개한 다음 독자와 함께 생각해보겠다.

이 장에서 저우언라이와 '라이벌'로 설정한 인물은 덩샤오핑鄧小平(1904~97)이다. 여기서는 이 두 사람이 어떤 인연이 있는지, 또 무엇이 같고, 무엇이 다른지를 20세기 후반기 중국 정치의 파노라마를 더듬

---

1 1989년 6·4 톈안먼사태도 사실은 사람들의 존경을 받고 있던 후야오방胡耀邦(4월에 서거)을 추도하기 위해 인민들이 운집한 데서 시작되었다.

덩샤오핑

으며 이야기하려고 한다. 덩샤오핑 하면 먼저 떠오르는 단어가 몇 개 있다. 여러 번 정치적 좌절을 겪었어도 결코 쓰러지지 않는 늙은이란 뜻의 '부도옹不倒翁', 개혁개방 20년 동안 인구 13억의 거대한 중국을 좌지우지했던 '작은 거인', "흰 고양이든 검은 고양이든 쥐를 잘 잡는 고양이가 좋은 고양이"라는 '흑묘백묘론黑猫白猫論' 등이다.

마오의 생산관계론에 맞서는 생산력주의, 문화대혁명의 부정, 사회주의 초급 단계론을 토대로 한 개혁개방 정책의 실시, 전쟁 불가피론의 포기, 4대 현대화 노선, 경제적으로는 자본주의, 정치적으로는 권위주의 노선을 중시했던 덩샤오핑, 이를 총괄하여 덩샤오핑의 '신사고新

思考', 더 나아가 '덩샤오핑주의Dengism'라 할 수 있을까. 덩샤오핑 평전을 쓴 벤저민 양Benjamin Yang은 그의 실용주의를 '이론 없는 이론', '철학 없는 철학'이라 평가한다.[2]

마오쩌둥과 마찬가지로 덩샤오핑에 대한 평가도 쉽지 않다. 이들은 사상가이기 이전에 정치가였기 때문이다. 중국 지식인 사이에서 마오쩌둥 시대를 '평등'으로, 덩샤오핑 시대를 '자유'로 표상하지만, 일반 사람들에게 덩샤오핑 하면 떠오르는 키워드는 '경제성장'일 것이다. 그런데 경제가 모든 것을 석권한 이 시대에 이 화두에 가려져 사람들이 기억하지 않는 것이 있다. 바로 1989년 톈안먼사태와 6·4 진압 사건이다. 중국 역사학의 아버지 사마천의 《사기열전》에서 말하는 역사의 포폄 의식이 이후 100년, 200년 후에도 살아 있다면 역사가들은 덩샤오핑을 경제성장이라는 상징 외에도 6·4 진압 사건 결정자로도 기억하고 서술해야 할 것이다. 왜냐하면 양자는 전혀 무관하지 않기 때문이다. 덩샤오핑은 경제성장을 위해서는 기율을 강화하고 공산당을 유지하는 것이 필수라고 보았기에 많은 희생자 발생을 예상했으면서도 1989년 6월 4일 무자비한 진압을 결정했다.

그렇다면 덩샤오핑을 '개혁개방의 설계자'로 볼 것인가, 아니면 '톈안먼의 도살자'로 볼 것인가. 이에 대해 성급하게 결론을 내릴 필요는 없다. 다만 이런 문제들을 어떻게 볼 것인가에 대해 토론이 필요하다는 사실을 말하고 싶다. 하지만 이 점만은 분명한 것 같다. 덩샤오핑이 '혁명을 혁명한' 인물이라는 것이다. 물론 여기서 앞의 혁명과 뒤의 혁명을

---

2   벤저민 양,《덩샤오핑 평전》, 권기대(황금가지, 2004).

어떻게 평가할 것인가는 따로 논의해야 할 주제다. 벤저민 양은 이에 근거하여 덩샤오핑의 최대 업적은 무언가를 실천한 데 있는 것이 아니라 어떤 일을 되돌리려 한 데 있다고 평가한다. 여기서 되돌린다는 것은 크게는 약 30년 동안 지속해온 마오쩌둥 노선의 지나침을 바로잡는다는 의미이고 작게는 마오쩌둥이 포기했던 '신민주주의' 노선을 회복한다는 의미라고 할 수 있다.

여기서 저우언라이는 덩샤오핑이 어떤 일을 되돌릴 수 있도록 조건과 장을 마련해준 사람이라 할 수 있다. 다시 말하면 마오쩌둥과 덩샤오핑의 정권이 정치 노선을 달리 했음에도 불구하고 '단절 없이' 지속될 수 있었던 데는 저우언라이의 역할이 매우 컸다는 이야기다. 더욱이 마오쩌둥 정권을 덩샤오핑 정권으로 무난히 연결하여 개혁개방을 '성공적'으로 이끌 수 있도록 교량 역할을 한 이는 저우언라이였다. 만일 그가 오랜 세월 2인자의 자리를 지키면서 마오쩌둥과 덩샤오핑을 잇는 조정자 역할을 하지 않았더라면 현재와 같은 중국의 번영이 과연 보장될 수 있었을까.

저우언라이는 성장기를 빼고는 혁명과 권력 관계에서 앞의 두 사람과 시종 밀착된 생활을 하였다. 덩샤오핑과는 프랑스 유학기부터 동고동락했으며 귀국 이후, 혁명 과정과 중화인민공화국 수립 이후에는 일생 동안 마오쩌둥과 밀접한 관계를 유지했다. 따라서 저우언라이는 마오쩌둥과 덩샤오핑의 삼자 관계 속에서 덩샤오핑의 정치적 부침을 지근거리에서 직접 목도할 수 있었다. 그 점에서 저우언라이는 중국혁명과 중국 정치의 산 증인이기도 하다. 특히 1949년 이후 문화대혁명이 끝나는 1976년까지 국내 정치나 외교는 저우언라이를 빼고는 설명이 불가능할 정도이다. 덩샤오핑이 실각할 때마다 마오쩌둥에게 복권을 요청했던 사람이 바로 저우언라이였다는 것은 많이 알려진 사실이다. 물론 여기에 반론이 없는 것은 아니다. 마오쩌둥이 린뱌오 사건 이후의 조정 국면인 1973년부터 1974년 사이, 상승세를 타고 있던 저우언라이를 정치적으로 제어하기 위해 덩샤오핑을 재기용했다는 주장도 있기 때문이다.

'부도옹 덩샤오핑'이라는 별명을 얻게 된 세 번의 실각에 대해서도 따로 설명할 필요가 있다. 1978년 덩샤오핑의 정치적 재기는 쉽지 않았기 때문이다. 그는 총 세 번에 걸쳐 실각하는 비운을 겪어야 했다. 첫 번째는 덩샤오핑이 장시소비에트 시절, 농촌에 근거지를 세워야 한다고 주장하여 '마오파'의 리더가 되었다는 이유로 반대파로부터 심하게 공격받고 실각했다. 이때 받은 공격이 뒷날 축복이 될 것이라 생각한 이는 아무도 없었다. 두 번째는 1968년 우위장吳玉章 추도대회에 참석한 후 "자본주의의 길을 걷는 실권파 제2호"로 비판받고 실각했다. 1973년 부총리로 재등장하기까지 공식석상에서 덩샤오핑의 자취는 찾을 수 없었다. 세 번째로 1976년에서 1977년 사이 저우언라이 추도대회와 관련되어 일어난 톈안먼사건에 책임을 지고 당내외의 모든 직무에서 해임되었다. 이처럼 저우언라이와 덩샤오핑은 인연이 깊었다. 살아서도 죽어서도 끈끈하게 연결되어 있었던 것이다.

덩샤오핑의 세 번의 실각은 정치적 풍운아라는 인상보다는 오히려 부정적인 느낌을 안겨주었다. 즉 그의 노선이 마오쩌둥 노선과 어쩌면 정면 배치된다는 기본적인 사실과 연관 지어서 말이다. 얼핏 생각하기에 덩샤오핑이 마오쩌둥의 사고와 노선에서 혁명 초기부터 이탈해 있었고 따라서 마오의 신임을 전혀 받지 못한 인물로 생각하기 쉽다. 하지만 그것은 사실과 다르다. 덩샤오핑이 실권파 2인자임에도 불구하고 류샤오치劉少奇가 받았던 당적 제명 처분(1968)을 받지 않고 부활의 명장으로서 이후 중국의 최고 실력자가 될 수 있었던 데는 나름의 이유가 있었다. 여기에는 위에서 말한 첫 번째 실각과 관련이 있다. 이후 덩샤오핑은 혁명 과정과 중화인민공화국 수립 이후에도 마오에게 지속적 믿음을 주었다. 이로써 이후 어떤 상황에서도 덩샤오핑이 당에서 제명되는 사태는 일어나지 않았다. 물론 여기에는 앞에서 말한 것처럼 저우언라이와의 깊은 인연도 작용했다. 중국 사회를 움직이는 깊은 관행이라 할 수 있는 '꽌시[關係]'가 중요하게 작용한 것이다. 그런데 여기서의 '꽌시'는 경제적 이해관계 때문에 찾는 '꽌시'라기보다는 청년 시절 '소등小鄧' '프린트 박사'라는 별명으로 불렸던 프랑스 유학 시절의 비범한 '동지적 인연'에서 비롯된 관계를 말한다.

저우언라이와 덩샤오핑, 이 두 사람의 경우 사실상 사상적으로 뚜렷한 대립 구도를 제시하기 어렵다. 따라서 여기서는 정치가라는 두 인물의 특성상 다른 장과 조금 다른 시각에서 두 사람을 비교해보려 한다. 프랑스에서 인연을 맺은 이래 덩샤오핑이 수차례 실각을 딛고 공산당에 복귀하는 데, 그리고 실사구시를 고리로 마오쩌둥 시대와 덩샤오핑 시대를 연결하는 데 저우언라이가 버팀목이 되어주었다. 따라서 이 두 사람은 대립하는 관계이기보다는 상호 보완하는 특수한 관계이다. 여기에 마오쩌둥이 개입하면 묘한 3자 관계가 만들어진다. 또 이 둘은 사상가라기보다는 정치가이다. 그러므로 앞의 사상가들처럼 저작집을 근거로 이야기를 풀어나가기보다는 이들이 이끌었던 시대상와 사건 그리

고 정책 등을 중심으로 하여 서술하는 것이 의미가 있을 것이다.[3]

1. 저우언라이, 신념과 품격을 보여준
이성적 정치가이자 관료

인민의 마음을 어루만진 따뜻한 공산주의자

저우언라이는 1898년 장쑤성江蘇省 후이안淮安의 비교적 부유한 집 안에서 태어났다. 하지만 장쑤성보다는 저장성浙江省 사오싱현紹興縣을 자신의 고향으로 여겼다. 사오싱은 할아버지의 출생지였고 가문의 역 사가 배어 있는 곳이었기 때문이다. 저우언라이는 3형제 중 장남이었 으나 작은아버지가 자식이 없이 세상을 뜨자 그의 양자가 되었다. 생모, 보모, 작은어머니 이렇게 세 분 어머니의 지극한 보살핌 속에서《논어》, 《맹자》를 읽는 등 유교적 가르침을 받으며 성장했다. 그러나 두 어머니 는 모두 저우언라이가 10세가 되기 전에 세상을 떠났다. 어린 저우언라 이는 이후 선양瀋陽의 큰아버지 집으로 옮겨 학교를 다녔다. 1913년 큰 아버지 가족이 모두 천진으로 이사했으며 저우언라이는 거기에서 난카 이南開고등학교에 들어갈 수 있었다.

난카이고등학교는 전통과 현대가 어우러진 교육 프로그램을 만들 어 공공성과 능력을 건학 이념으로 내세운 학교였다. 저우언라이는 이 학교에서 성실함과 책임감 그리고 철저함의 덕목을 배워 몸에 지니게

---

3 따라서 덩샤오핑의 경우 1980~90년대의 전체 흐름을 주목하면서 당대의 상황을 비판적으로 서술할 것이다.

되었다. 그리고 이때 중국의 근대 사상가인 장빙린, 캉유웨이뿐만 아니라 명말 청초의 고염무, 왕부지의 책도 읽었다. 또 당시 시대를 풍미했던 헉슬리의 《진화론》, 몽테스키외의 《법의 정신》, 루소의 《사회계약론》, 애덤 스미스의 《국부론》 등 서양의 근대 고전들(옌푸의 번역으로 나와 있었다)을 두루 섭렵했다. 그리하여 고등학교 시절 당시의 주요 이슈에 관심을 기울이고 기본 지식을 쌓을 수 있었다. 공부에서만 재능을 보여준 것은 아니었다. 저우언라이가 이때 열성을 보였던 분야는 연극 활동이었다. 이처럼 저우언라이는 고등학교 시절부터 지적이면서도 다양한 방면에서 활동하면서 유연한 감성을 지닐 수 있게 되었다. 이러한 학창 시절의 경험은 이후 정치 인생에서 상대방을 이해하고 이를 바탕으로 합의를 끌어내는 데 보이지 않는 밑거름이 되었다.

저우언라이는 일본과 유럽에서 유학 생활을 하면서 새로운 사상과 세계를 경험할 수 있었다. 1917년에서 1919년 사이 약 2년간 일본에 유학했다. 당시의 다른 지식인처럼 저우언라이에게도 일본은 중국과 비교가 되지 않을 정도로 산업화에 성공하고 근대국가의 체제를 갖춘, 중국이 본받아야 할 국가였다. 하지만 저우언라이는 어찌된 일인지 일본의 대학에 입학할 수 있을 정도의 일본어 실력을 쌓지 못해 입학시험에 두 번이나 낙방했다. 결국 일본에서 대학에 들어가지 못하고 귀국하고 말았다. 하지만 전혀 소득이 없었던 것은 아니다. 일본 사회가 안으로는 매우 억압적이라는 사실을 깨달아 이전에 가지고 있던 일본에 대한 생각을 바꾸는 계기가 되었다. 하지만 당시 일본은 사상이나 문화의 실천 문제가 아닌, 이론 차원의 논의 자체는 매우 자유롭다는 사실을 알게 되었다. 외설에서 사회주의 사상에 이르기까지 불온해 보이는 논의들도 금기가 아니었다.

저우언라이는 일본의 이러한 사상 분위기에 약간은 압도되면서 사회주의 서적을 읽었다. 이때 일본의 경제학자 하지메가 만든 잡지《사회문제 연구》와 저서《가난 이야기》에도 주목했다. 당시 일본 유학 경험이 있는 천두슈, 리다자오, 리다李達 등 중국의 초기 마르크스주의자들도 주로 하지메의 '동양적 해설'을 통해 마르크스주의를 접했다는 것은 앞의 리다자오편에서 말한 바 있다. 이러한 저우언라이의 사회주의에 대한 관심은 중국에서 발행되고 있던《신청년》을 받아들이는 이론적 토대가 되었다. 일본 유학에서 얻은 최대 소득은 밖에서 보이는 객관적인 중국의 모습과 더불어 그러한 중국에 필요한 사상은 무엇인지를 실천 차원에서 곰곰이 따져보는 계기가 되었다는 점이었다.

저우언라이는 1919년 5·4운동이 일어나기 직전 귀국했다. 그해 7월 난카이대학에 입학했고《천진학생연합회보》의 주필이 되었다. 이후 학생들을 모아 '각오사覺悟社'를 만들었다. 지도자 중에는 나이가 가장 어린 16세의 덩잉차오鄧穎超도 들어 있었다. 이후에 그녀는 저우언라이의 부인이 되는데 이들의 결혼 생활은 이후 중국 지식계에서 평등한 부부, 동지적 부부상의 전형을 제시했다. 이들 부부가 주위 사람들에게 보여주고 베풀어준 여러 일들은 오랫동안 사람들의 입에 오르내렸다. 이즈음 각오사는 점차 주요한 사회문제를 토론하는 장으로 자리매김하게 되었다. 회원들은 5·4운동 이후 벌어진 일본 상품 불매 운동에도 적극 참여했으며 이 과정에서 저우언라이와 학생 일부가 허베이華北 성장 사무실에 쳐들어가는 일이 벌어졌다. 이 때문에 저우언라이를 비롯해 몇몇 학생들이 체포되었고 이들은 감옥에서 6개월을 보냈다. 이 일로 저우언라

덩잉차오와 저우언라이

이는 난카이대학에서 제명당했으며 유럽으로 유학을 가게 되었다.

저우언라이는 1920년 11월 22세의 나이에 영국을 거쳐 프랑스로 갔으며 나중에는 독일에서도 생활했다. 프랑스는 1차대전이 끝난 이후 노동력 부족을 메우기 위해 중국에서 노동자를 모집했다. 당시 많은 중국 학생들이 일하면서 공부한다는 근공검학勤工儉學 프로그램으로 유럽에 갈 수 있었다. 마침 저우언라이는 장학금을 받을 수 있었다. 프랑스 유학을 통해 얻은 경험과 인맥은 이후 저우언라이의 정치 활동에 크나큰 영향을 주었다. 덩샤오핑도 여기서 만난 인물 중의 하나이다. 저우언라이는 유럽에서 활동하는 와중에 '완전한' 공산주의자가 되었다. 1921년 상하이에서 공산당이 창당됐다는 소식이 유럽에 전해졌고 저우언라이는 유럽에서도 다른 공산주의자들과 함께 중국공산주의청년단을 만들어 총서기가 되었다. 저우언라이는 1924년 여름 귀국했으며 이때 이

황푸군관학교 시절의 저우언라이(1924)

미 학문보다는 중국의 정치에 더 관심이 있는 청년이 되어 있었다.

1924년 8월 당의 요청으로 저우언라이가 귀국했을 때는 국민당과 공산당이 막 합작하기로 한 때였다. 그리고 혁명 간부 양성을 위해 광저우에 황푸군관학교가 세워졌다. 1925년 8월에 저우언라이는 덩잉차오와 조촐하게 혼례식을 치렀다. 이들 사이에는 자식이 없었다. 이들은 의지할 데 없는 많은 어린이와 청년들을 데려다 보살피고 배움의 길로 인도해 주었다. 저우언라이는 결혼 다음 해 26세의 나이로 중국공산당 양광지구(광시廣西와 광둥廣東) 위원회 위원장과 황푸군관학교 정치부 주임으로 발탁되었다. 교장은 장제스였다.

1927년 장제스의 4·12 쿠데타로 국공합작이 깨지면서 중국공산당은 장쑤성 징강산으로 들어갔다. 1930년대 초 국민당이 공산당의 소비에트를 공격하자 공산당은 대장정에 들어갔으며 1931년 쭌이회의에서 마오쩌둥은 기존의 소련 유학파 당지도부 군사전략의 실패를 철저히 따져 물었고 결국 당 지도권을 장악했다. 코민테른 노선을 따르고 있던 저우언라이는 이 회의에서 입장을 바꾸어 마오쩌둥을 지지했다. 이때부터 사실상 정치적 서열이 뒤바뀌게 되었다. 저우언라이는 마오쩌둥이 자신보다 능력이 더 뛰어나다고 생각했고 그의 참모가 되기로 결심했다.

저우언라이가 정치 협상 무대에서 처음으로 두각을 나타낸 것은 유명한 시안사변에서였다. 1936년 군벌 장쉐량張學良이 항일에 협력하지 않는다는 이유로 장제스를 감금했던 사건이 시안사변이다. 결국 이를 계기로 2차 국공합작이 성사되었다. 장제스는 이 사건으로 자칫 목숨을 잃을 뻔했으며 만일 그랬다면 일이 어그러질 수도 있는 상황이었다. 하지만 저우언라이는 장제스를 잘 설득하여 항일에 참여하도록 했고 급기야 국공합작이 성사될 수 있었다. 그때 소련은 (일본을 견제해야 하는 세계전략 수행 차원에서) 중국 통일이 매우 중요했다. 당시까지만 해도 중국공산당의 실력을 전혀 믿지 않고 있었던 스탈린은 대일 항쟁을 국민당의 장제스가 이끌어야 한다고 판단해 장제스와의 합작을 공산당 지도부에게 강력하게 요구했다. 저우언라이는 이 같은 국내외의 엄중한 상황과 조건 속에서 국민당과의 협상을 슬기롭게 처리해냈다. 2차 국공합작 기간 내내 저우언라이는 옌안과 충칭을 오가면서 외교 책임자로서 마오쩌둥과 장제스를 중재했다. "어떻게 할 것인가를 우리가 독자적으로 결정할 수는 없습니다. 우리는 그의 태도를 고려해야 합니다."[4] 저우언라이는 항상 협상에는 상대가 있으며 이를 살펴야 한다는 자세, 즉 실사구시와 현실주의를 견지했다.

1946년 국공합작이 다시 깨지고 4~5년 동안의 내전을 거쳐 1949년 공산당이 권력을 장악했다. 이제 중국공산당이 영도하는 중화인민공화국은 혁명이 아니라 정치로서 통일 중국을 다스려야 했다. 저우언

---

4 이경일 편저, 《周恩來─다시 보는 저우언라이》(우석, 2004), 165쪽.

라이는 막중한 자리인 총리와 외교 부문 책임자가 되었다. 마오쩌둥은 "저우언라이는 매우 재능이 있다. 그는 국제 문제에서 나보다 한수 위다. 문제를 푸는 데서 빈틈이 없고 매우 세심하기 때문이다"라고 말한 적이 있다. 그의 해박한 지식, 협상과 조직의 기술, 복잡한 상황에 대한 중재 능력 등에 대해서는 세계의 유명 정치인들이 이미 적지 않게 증언한 바 있다.[5]

신중국이 수립되고 나서 저우언라이가 가장 먼저 신경을 쓴 것은 '신민주주의론'에 입각하여 연합정부를 꾸리는 일이었다. 신중국 수립 이후 가장 급한 일은 안으로는 경제 건설이었고 밖으로는 다른 많은 나라들과 외교 관계를 맺어 국제적 인정을 받는 일이었다. 따라서 저우언라이는 신중국을 위해 일할 만한 사람들을 분주히 찾아 다녔다. 이때 주의주장이나 이데올로기를 떠나 사람됨을 보고 등용했다. 이때 마오 밑에서 일했던 여섯 명의 부주석 가운데 세 명은 공산주의자가 아니었다. 네 명의 부총리 중 두 명이 중국공산당 출신이 아니었다. 외교적으로는 중화인민공화국 성립 직후 신속하게 영국을 비롯한 비공산권 국가와도 외교 관계를 수립했다. 하지만 1953년 스탈린이 죽고 1956년 20차 공산당대회에서 후르시초프의 스탈린 격하 운동이 일어나면서 중국과 소련의 관계는 벌어졌고 중소 갈등이 시작되었다. 물론 이 시기 미국은 소련과 중국을 분열시키기 위한 정책을 취했다. 이어 동유럽에서 동요가 일어나고 중국에서도 백화제방 백가쟁명이라 불리는 지식인의 공산당 비판이 폭발하자 마오쩌둥은 스탈린 비판의 영향을 위험한 요소로 보

---

5   바르바라 바르누앙·위창건, 《저우언라이 평전》, 유상철(베리타스북스, 2007), 160쪽.

기 시작했다.[6]

이러한 정세를 전후하여 이제 중국은 아시아, 아프리카에 중립주의를 확대하기 위해 발판을 만들려 했고 반둥회의[7]는 그런 정책이 성공했음을 알리는 표식이었다. 당시 냉전의 두 주체인 미국과 소련이 획책하던 냉전적 세계 분할에 이념과 국제 외교에 입각해 저항하려 했던 아시아·아프리카 국가들은 인도네시아 반둥에서 비동맹회의를 열고 국제 외교에서 하나의 강력한 주체로 일어서려 했다. 중국은 소련과 사이가 틀어지면서 이들 비동맹국가들과 힘차게 보조를 같이했다.

문화대혁명의 와중에 벌어진 닉슨과의 핑퐁외교는 세계를 놀라게 했다. 사실상 중국 개방 정책의 실질적 출발점으로 보아 덩샤오핑 시대를 '포스트 마오쩌둥 시대'로 불러야 한다고 주장하는 사람들도 있다. 물론 미국과 중국의 이런 움직임은 소련을 둘러싸고 양국의 이해관계가 맞아떨어져 성사된 것이긴 하다. 그러나 국내적으로 가장 혼란스런 시기에 중국 대외관계의 변화를 통해 미국과 손 잡고 개방을 결정한 일은 세계 외교사에 길이 남을 일이다. 키신저는 저우언라이의 외교력을 자신의 저서에서 극찬하고 있다. 저우언라이는 문화대혁명 기간에 벌어진 린뱌오 사건, 이후 벌어진 비림비공 운동으로 인한 혼란, 4인방의 음모를 극복하고 중앙과 지방에 혁명 원로와 덩샤오핑, 자오쯔양趙紫陽 등을 복권시킬 수 있었다. 이는 저우언라이같이 폭넓고 화이부동和而不同한 인간관계가 형성되어 있지 않으면 해낼 수 없는 일이었다. 하지만 저우언라이는 자신이 준비한 개방 시대를 보지 못하고 암으로 1976년

---

6   오쿠무라 사토시, 《새롭게 쓴 중국 현대사》, 박선영(소나무, 2001), 163~164쪽.
7   1955년 4월 18일부터 4월 24일까지 열렸다.

1월 8일 영면했다. 마오쩌둥보다 8개월 먼저 숨을 거둔 것이다.

신념윤리와 책임윤리의 조화

1981년의 '역사 문제 결의'에서 저우언라이는 문화대혁명 시기 매우 곤란한 처지에 있으면서도 손실을 줄이기 위해 심혈을 기울였다고 평가했다. 그러나 저우언라이 또한 마오쩌둥 체제에 대한 책임에서 전적으로 자유로울 수 없다. 국가 폭력성의 불가피성을 인정하면서도 저우언라이는 끝내 대안을 마련하지 못했다고 할 수 있기 때문이다. 이 점은 저우언라이의 행적에서 칭송되는 부분이자 지적되어야 하는 부분이다. 이에 대해서는 마오쩌둥과의 관계 속에서 말해야 하기에 이 장의 '나오며'에서 거론하도록 한다. 여기서는 일단 저우언라이가 27년 동안 공무를 수행하면서 보여준 언행과 일화를 통해 그의 사상의 근원과 성격을 추론해본다.

저우언라이는 비록 사상가는 아니었으나 사상가보다 더 풍부한 '사상'과 품격을 이후 세대에 물려주었다. 그는 이성적이고 합리적인 정치가이자 관료였다. 반우파 투쟁, 대약진운동 그리고 문화대혁명에서 저우언라이의 막후 역할과 조정이 없었더라면 공산주의 30년이라는 간난신고의 과정을 잘 극복하고 덩샤오핑이 개방을 진두지휘할 기회를 얻을 수 없었을 것이다. 특히 문화대혁명의 정리와 수습은 저우언라이와 같은 인물의 이성적 판단과 균형 잡힌 시각이 없었더라면 불가능했다. 저우언라이의 이런 시각은 무엇에 기인한 것일까. 전통 유교와 서구 근대사상의 절묘한 결합? 하지만 무엇보다 타고난 인성이 토대가 되고, 그 위에 갈고 닦아 만들어진 총체적 인격이 표출된 것은 아닐까.

첫째, 저우언라이는 지위와 관계없이 사람들을 평등하게 대했다. 어떤 사람이든 자기보다 아랫사람을 어떻게 대하는가, 일상생활은 어떠한가를 보면 사람의 진면목이 드러난다. 그는 죽는 순간까지 일반 인민을 챙겼다. 이와 관련하여 유명한 일화가 있다. 26년 동안 저우언라이를 이발해온 베이징반점의 이발사 주씨가 저우언라이가 서거하기 며칠 전 비서에게 총리의 수염을 밀어드려야 할 것 같다면서 전화를 걸어왔다. 저우언라이는 이때 "주씨와는 20여 년 동안 사귀었으니 내가 이처럼 병으로 쇠약해진 모습을 보면 필시 가슴 아프게 생각할 것이야, 그러니 오라고 해서는 안 되네. 정중하게 잘 말해주게"라고 말했다.[8] 할 수 없이 그 이발사는 저우언라이 서거 이틀 후에 가서 눈물을 흘리며 면도를 했다는 이야기다.

저우언라이는 또 문화대혁명 시기에 궁지에 몰린 사람들이 하소연하고 싶어 했던 따뜻한 지도자였다. 비록 국가 지도자 신분이기는 했지만 늘 기회를 만들어 자신을 신분 '밖'에 두고 여러 계층의 친구들과 보통 사람처럼 교제하려고 노력했다. 그는 다른 사람들의 도움을 받으면 갑과 을의 위치를 따지지 않고 성심성의껏 보답했다. 자기 지위를 생활 속에서 이용하는 것을 매우 불편해했다. 신분고하를 따지지 않고 가끔 사람들을 초대해 자신의 음식 솜씨를 뽐내고 사람들의 흥을 북돋아주기도 했다. 또 다른 사람에게 어려움이 생기거나 격려가 필요할 경우 어김없이 도움의 손길을 내밀었다. 특히 반우파 투쟁과 문화대혁명 시기에 억울하게 수난을 당하는 사람이 많았을 때 이들을 친밀하면서도 평

---

8   蘇叔陽,《인간 주은래》, 이우희(녹두, 1993), 262~263쪽.

등하게 대해준 것으로 알려져 있다. 예컨대 《차관茶館》으로 유명한 문학가인 라오서老舍는 문화대혁명 때 죽음으로 자신의 마지막 자존심을 지킬 것을 결심하고 유서를 작성했다. "총리께서 잘 아신다오. 총리께서 가장 잘 이해하신다오."[9]라는 구절에는 저우언라이가 어려움에 처해 있던 한 지식인의 마음을 어떻게 어루만져 위로했는지가 잘 드러난다. 이러한 여러 사례들을 본다면 '인민의 총리'나, '대지의 아들'이라는 저우언라이의 별명은 결코 과장이 아님을 알 수 있다.

저우언라이는 '언어'가 단순화되고 무사유적 인격이 횡행하던 시기에 드물게 '인격'의 개별성을 존중하면서 타자와 대화를 이어가려 했던 소중한 지도자였다. 저우언라이가 이런 모습을 보여줄 수 있었던 것은 중심과 주변이라는 문제에서 '주변의 긍정성'을 인식했기에 가능한 일이었을 것이다. 사실 중심의 입장에서 볼 때 주변이나 밖은 자신이 완전히 장악할 수 없는 영역이기에 '밖'이고[10] 그러한 밖과 교류하려면 용기가 필요하다. 여기서 용기는 정해지지 않은 어떤 유동성과 돌발성을 처음부터 차단하지 않는 태도를 의미한다. 이런 태도는 타자 문제와 관련해서 각별한 의미를 갖는다. 즉 타자는 나에게 완전히 포착되거나 동화될 수 없다는 점에서 밖과 같은 특성을 지니지만 나에게 영향을 줄 수 있고 나와 교통할 수 있다는 점에서 바깥보다 더 적극적 의미를 지닌다. 이런 인식을 저우언라이가 처한 중심적 위치성과 관련시켜 보면 조금 흥미로운 지점이 있다. 밖이면서 타자인 인민은 저우언라이 같은 기

---

9 李虹, 《주은래와 등영초》, 이양자·김형열(지식산업사, 2006), 174~175쪽 참조.
10 주변성과 타자성에 대해서는 문성원, 〈주변의 의미와 잠재성〉, 《해체와 윤리》(그린비, 2012), 50~53쪽 참조.

존 질서를 수호하는 고위 관료 계층 입장에서 보면 저항하고 도전하는 집단일 수도 있음에도 저우언라이는 어느 정도 열린 태도를 보였다. 이는 저우언라이가 특별히 용기 있는 인간이어서가 아니라 삶에 대한 태도 자체가 열려 있었기 때문일 터다. 즉 자신이 의식하지는 않았겠지만 주변 사람들을 수단으로 대하지 않으려는 태도, 역설적으로는 삶을 즐기려는 태도와 연결된다고 볼 수 있다. 이러할 때 저우언라이에게 타자로서의 인민은 중립적인 대상이기보다는 응답과 책임을 요구하는 자로 다가오지 않았나 한다. 적어도 저우언라이는 자신의 정치적 지위를 특권이 아닌 책임으로 간주하여 이를 말로 하기 전에 행동으로 보여주었던 것이다.

둘째, 저우언라이는 직업정치인으로서 책임윤리를 가지고 있었다. 중국의 갖은 정치적 풍파에도 개인적으로 항심恒心을 유지해 국가의 일을 편벽되지 않게 처리할 수 있었다. 사심이 없었기에 언행에는 공공적 힘이 묻어날 수 있었고 설득력을 가질 수 있었다. 이는 마오쩌둥 밑에 있던 수많은 2인자들이 1인자를 꿈꾸다가 파멸한 경우와 비교하면 좀 더 뚜렷해진다. 이는 비단 개인사뿐만 아니라 국가 대사에서도 일관되게 지켜지는 기준이었다. 국가와 역사 왜곡에 대해서도 그는 분명한 입장을 가지고 있었다. 예를 들어 1963년 6월 북한 조선과학원 대표단을 만난 자리에서 "반드시 역사의 진실성을 회복해야 한다. 역사를 왜곡할 수는 없다. 두만강, 압록강 서쪽은 역사 이래 중국 땅이었거나 심지어 고대부터 조선은 중국의 속국이었다고 말하는 것은 황당한 이야기다"[11]

11 이경일 편저, 《周恩來—다시 보는 저우언라이》, 27~28쪽.

라고 말했다는 것이다. 이것이 사실이라면 오히려 역사 왜곡에 앞장서려는 중국 학자들을 향해 오류를 시정할 것을 요청한 것이다. 이는 저우언라이가 대국 국수주의에 대해서도 경계를 게을리 하지 않았음을 보여주는 사례이다. 물론 이를 온전히 저우언라이 개인의 입장으로 보기는 힘든 면이 있다는 점을 감안하더라도 말이다.

셋째, 저우언라이는 엘리트 일반이 보여주는 욕망에 불타는 정치인 관료가 아니었다. 늘 인민의 어려움을 보살피려 했고 특권 의식을 가지고 있지 않았기에 저우언라이는 매사에 즐기면서 여유와 유머를 보여줄 수 있었다. "저우언라이는 생전에 누구로부터도 칭송받기를 원하지 않았다." 그렇기 때문에 우리는 더욱더 저우언라이가 어떻게 살았는가를 더욱더 말해야 하고 더 널리 알려야 한다. 신념에서든 품격에서든 그는 '유머가 있는 따뜻한 공산주의자'였다고 해야 할 것이다. 권위주의, 부정부패, 빈부격차 등 몸살을 앓고 있는 지금의 중국을 비롯한 동아시아의 현실을 생각해보면 저우언라이가 만들어놓은 이러한 정치 윤리의 전통이 대체 어디로 갔는지 의아해질 수밖에 없다. 이런 면들은 저우언라이가 (불가피한 면이 있다 해도) 체제의 속성이 전부일 수는 없다고 생각했음을 방증하는 것이 아닐까. 그리고 권력에 취해 있지 않았기에 가능했을 터다. 그는 21세기에 요청되는 리더십을 이미 20세기에 실천하고 있었던 셈이다. 이것이 '지금 왜 저우언라이인가'에 대한 답이다.

근대적 전문 관료의 청렴성과 신뢰의 정치

저우언라이의 정치 인생을 들여다보면 막스 베버의 《직업으로서의 정치》가 자연스럽게 떠오른다. 저우언라이의 청렴성은 공과 사를 분명히 했던 유명한 일화로 사람들의 입에 오르내린다. 중국 인민들에게 회자되는 몇 가지 사례를 소개하려 한다. 이를 통해 저우언라이가 민주가 부재한 상황에서도 신뢰의 정치를 확립하기 위해 얼마나 분투했는가를 알 수 있다.

저우언라이는 국공내전 당시(1946~49년)부터 양말을 깁는 데 쓰는 판을 가지고 다니며 죽을 때까지 사용했다. 그는 파자마를 한 벌 가지고 있었는데 1951년에 만든 것이었다. 원래는 격자무늬가 있었는데 너무 오랫동안 입고 기운 탓에 하얀 천이 되어 있었다. 다른 사람들이 버리라고 권하자 '아직 입을 수 있는 의복을 버리는 것은 분수에 넘치는 일 아닌가'라고 하면서 거절했다고 한다. 또 하나는 '한 장의 대자보'로도 유명해진 이야기다. 저우언라이는 총리 시절 꼬박 밤을 새우며 일하는 일중독자로 유명했다. 이를 보다 못한 주변의 사람들이 고안해낸 것이 대자보를 쓰는 것이었다. 이들은 총리의 피로에 지친 몸을 보다 못해 조반(造反: 모반을 일으키자는 의미)을 모의했다. 그리하여 1967년 2월 3일 한 장의 대자보가 저우언라이 총리 집무실 입구에 나붙게 되었다. 내용을 요약하면 이렇다. "당신의 생활습관을 바꿔야만 당을 위해 오래, 많은 일을 할 수 있을 것입니다. 우리들의 요구를 들어주시기 바랍니다." 이 대자보는 예젠잉, 리셴녠, 진의 등 혁명 원로들의 관심을 끌었고 이들의 서명까지 받게 되었다. 이 대자보를 발견한 저우언라이는 한바탕 웃음을 터트린 후 귀퉁이에 이렇게 썼다. "마음 깊이 받아들여 실천해보겠습니다. 저우언라이"라고. 하지만 그후에도 변함없이 밤낮을 가리지 않고 일했다.[12] 저우언라이의 청렴성과 성실성을 엿볼 수 있는 이러한 일화는 그가 순수한 명예심의 소유자였음을 보여준다. 저우언라이의 이러한 행보야말로 '정치는 백성으로부터 신뢰를 잃어버리면 존재할 수 없다(民無信不立)'[13]는 공자의 말을 떠올리게 한다.

최근 중국의 스모그가 최대의 사회적, 정치적 문제가 되고 있다. 그런데 이것이 어제오늘의 일이 아닌 모양이다. 1970년에 저우언라이가 중국 환경문제를 심각하게 다루었음을 알리는 기록을 보면 그렇다. 1973년 2월 중병에 걸린 저우언라이는 베이하이공원의 백답 전망대에 올라가 시내의 스모그 상황을 자신의 눈으로 직접 관찰하고 낮은 목소리로 이렇게 말했다. "스모그가 낮게 깔려 오염이 상당히 심하군. 즉시 손을 써야 할 것 같은데"라고 했다. 중국의 수도인 베이징에 1959년에 지어진 인민대회당을 비롯한 건축물들의 설계와 건축에 저우언라이는 거의 직접 관여했다. 물론 여기서 베이징의 여러 건물들이 당시 얼마나 권력 지향적으로 설계되었는지의 문제는 따로 논의해야 한다. 그 와중에도 저우언라이는 "후세 사람들의 입장이 되어서 생각해보아야 한다"거나, "자손의 시대에 해를 끼치는 일은 절대 있어서는 안 된다"는 말에서 드러나듯 먼 미래를 생각하고 있었다.[14]

저우언라이는 공직 생활에서 공과 사를 분명히 하는 것으로 유명했다. 인민공화국 건국 이후 사적으로 자동차를 이용할 때는 늘 비용을 부담했다. 월급이 나오면 차량 사용비가 공제되었는지를 반드시 검토했다. 공연을 보러 간다거나 호텔에 이발을 하러 간다거나 개인적으로 친구를 만나러 갈 때에도 개인적으로 자동차를 사용할 때는 기사에게 빠

---

12 蘇叔陽,《인간 주은래》, 257~260쪽.
13 《논어論語》의 〈안연顔淵〉편에 나온다.
14 蘇叔陽,《인간 주은래》, 253~256쪽 참조.

짐없이 장부에 적어놓도록 지시했다.[15] 한 기자가 총리의 어깨인 줄 모르고 카메라 줌 렌즈를 올려놓았을 때도 끝까지 그것을 받쳐주는 '인내'를 발휘하여 기자가 놀란 적도 있다. 또 한번은 마술 공연이 있었는데 시범을 돕기 위해 사람을 구하자 선뜻 자원해서 무대로 나오는 것도 마다하지 않았다. 저우언라이는 이처럼 불시에 일어나는 우연성에 몸을 맡길 수 있는 부드러운 '용기'를 가진 사람이었고 때를 가리지 않고 유머와 센스 그리고 배려를 보여준 관료 정치인이었다. 이러한 그의 일상에서 보여주는 유머와 센스와 배려는 인민에 대한 깊은 이해심과 민주적 감수성이 없다면 나올 수 없는 것들이었다.

저우언라이의 부부생활 또한 중국인이 자주 입에 올리는 이야기다. 저우언라이와 덩잉차오는 중국 현대사에서 가장 평등하고 현대적인 부부로 통한다. 이들은 먼저 혁명에 대한 열정으로 결합된 부부이다. 평생 아이가 없었으며 매우 간소하게 살았다. 또 평생 적지 않은 고아들을 돌보았고 자신들이 받은 봉급을 그들을 위해 기꺼이 썼다. 이 부부는 사람들을 감동시키는 배려가 몸에 밴 사람들이었다. 그랬기에 항상 인민 대중이 함께 했다.

구동존이求同存異의 외교 노선

저우언라이의 능력이 가장 잘 발휘된 분야가 외교였다는 것은 많이 알려진 사실이다. 국내 통일전선 사업을 이끌었고, 1949년 이후에는 외교부장으로서 중국 정부를 대표해서 국제 통일전선 교섭을 책임졌다.

---

15 李虹,《주은래와 등영초》, 281쪽.

1954년 제네바회의에 참석한 저우언라이

1954년 제네바회의에서 국제무대에 처음 등장한 이후 1955년 반둥에
서 '평화 공존 5원칙'을 제창하였고 1960년대에는 프랑스에 접근하여
외교적 성과를 올렸다. 1970년대에는 중일 관계 정상화와 중미 접근 외
교를 펼쳤다.[16] 그런데 저우언라이의 국제 외교는 혁명 시기 국민당과
공산당의 국공합작 교섭의 정신과 경험에서 분리돼 있지 않다.

저우언라이가 국내외 외교를 풀어나가는 데 근본이 된 정신은 바
로 공통점은 추구하고 차이점은 남겨두자는 구동존이求同存異이다. 구동
존이가 외교의 기본 정신이고 전략이라면 치밀함과 인간미는 전술이라
할 수 있다. 사실 구동존이는 협상이 불가능해 보이는 상대와 협상의 물
꼬를 트기 위해서는 매우 중요한 가치이다. "큰 공통점에도 작은 상이

16 야부키 스스무,《마오쩌둥과 저우언라이》, 신준수(역사넷, 2006), 262쪽.

점이 있고, 큰 상이점에도 작은 공통점이 있는데 조그만 상이점도 인정하지 않는다면 대화나 외교는 논할 수 없는 것 아닌가", 바로 이것이 저우언라이의 기본 생각이었다. 저우언라이는 외교를 함에 있어 사안의 대소, 국가의 크기와 관계없이 치밀하게 준비하는 것으로 정평이 나 있다. 이는 저우언라이와 협상 테이블에 앉았던 사람들이 이구동성으로 증언하는 바이다.

일단 저우언라이 하면 혁명 과정에서 시안사변을 능숙하게 처리하고 2차 국공합작을 성사시킨 일로 유명하다. 장쉐량이 장제스를 연금한 사건을 잘 처리하여 국민당과의 10년 내전을 종식시키고 항일 통일전선을 성공으로 이끌었다.

그의 외교 수완을 보여준 또 하나의 중요한 사례는 1948년 공산당이 승기를 잡게 되면서 정치협상회의를 조직한 일이었다. 마오쩌둥의 '연합정부론'에 기초하여 조직한 이 회의는 공산당 외에 다른 민주 당파들과 연합하여 민주연합정부를 수립하려는 목적으로 열렸다. 여기서도 저우언라이는 외교력과 인맥을 활용하여 민주당파를 비롯한 여러 단체의 호응을 얻어 국내 외교에서 또 한 번 성가를 올렸다. 이는 중화인민공화국을 순조롭게 출범시키는 초석이 되었다.

저우언라이의 국제 외교 업적으로는 반둥회의와 닉슨 방문을 거론해야 한다. '아시아아프리카회의'라고도 불리는 반둥회의는 1955년 4월 18일부터 24일까지 인도네시아의 반둥에서 열렸다. 아시아와 아프리카의 29개 독립국 대표들이 모인 이 회의는 오랫동안 서유럽과 북미 열강의 식민주의와 제국주의에 시달려온 아시아 아프리카 민중이 외세에 대한 저항을 집단적으로 선언했다는 의미를 지닌다.[17] 이 회의에서 저우언라이는 스포트라이트를 가장 많이 받은 인물이었다. 참가국 중에 7개국만이 중국과 수교한 상태였기에 서로를 잘 몰랐고 당연히 각국 대표들은 중국에 막연한 공포심을 가지고 있었다. 이 점을 인식한 저우언라이는 다음과 같이 말했다.

우리가 여기에 온 목적은 단결하기 위해서지 싸우기 위해서가 아닙니다. 공통점을 추구하기 위해서지 차이를 가지고 대립하기 위해서가 아닙니다. 우리는 회의에서 공통점은 추구하되 다른 점은 남겨두어야 합니다.[18]

우리들의 공통점은 무엇일까요. 바로 아시아와 아프리카의 대다수 국가들이 식민주의로 인해 고통과 피해를 겪은 것입니다. 이것이 바로 우리의 공통점입니다. 이 공통점을 기반으로 교류한다면 상호 의심과 대립을 떨쳐버리고 이해를 증진시키고 존중과 협력을 실현할 수 있습니다.[19]

저우언라이의 이 연설은 참가자들로부터 큰 환영을 받았다. 그리고 공통점을 추구하고 차이점은 남겨둔다는 구동존이의 원칙은 반둥회의 전체의 원칙이 되었다.[20] 중국은 이 회의를 통해 식민주의에 대한 아시아와 아프리카 각국의 투쟁을 지원할 것이라고 밝힘으로써 이후 제2세계가 아닌 제3세계와 동행할 것임을 천명했다.[21]

---

17 《세계문화사전》,《두산백과》참조.
18 中共中央文獻研究室 編,《周恩來年譜 1949~1976》上(中國文獻出版社, 2007), 466쪽.
19 周恩來,《周恩來選集》下卷(人民出版社, 1984), 153~154쪽.
20 리핑,《저우언라이 평전》, 허유영(한얼미디어, 2005), 416쪽.
21 이에 대해서는 백원담, 〈냉전기 아시아에서 아시아주의의 형성과 재편〉,《냉전 아시아의 문화

이와 더불어 1972년 미국 닉슨 대통령의 중국 방문과 관련해서 막후 조정과 최종 협상을 이끌어낸 이도 저우언라이였음을 알아야 한다. 여기에서 그는 타이완은 중국의 일부이고 미국은 이에 이의를 제기하지 않는다라는 미국 측 성명을 끌어냈다.[22] 저우언라이의 치밀함과 인간미가 돋보였다고 닉슨은 말한 바 있다.

저우언라이의 외교에서 한계를 지적하는 이는 별로 없다. 그러나 야부키 스스무는 한국전쟁 출병의 문제와 전후 곧바로 재개된 중일 간의 무역을 중단시킨 1958년의 나가사키 국기國旗 사건을 예로 든다.[23]

저우언라이의 인생과 행적을 반추해보면 조금 과장해서 노자《도덕경》에 나오는 위도일손爲道日損이 떠오른다. 저우언라이의 위도일손과 학자들의 위학일익爲學日益은 구분된다. 여기서 위도일손은 도는 실천하면 할수록 할 일이 없어진다는 뜻이고, 위학일익은 학문은 하면 할수록 할 일이 많아진다는 뜻으로, 매우 역설적인 말들이다. 이 구절에서 학문과 도를 대비시키고 있는 노자의 의도를 파악하는 것이 핵심이다. 저우언라이가 실제로 이런 측면을 의식했는지는 모르지만, 인생행로에서 우연성을 거부하지 않고 책임의 윤리적 관계에 입각해 타자를 대해 왔다는 점만으로도 도를 실천하며 살았다고 할 수 있을 것이다.

저우언라이의 행적은 전체적으로 중국 전통 정치체제의 강대한 관성을 보여준다. 중화인민공화국 수립 이후의 정치체제에서도 의연히 중국 전통 정치체제와 매우 긴밀하게 연계되어 있음을 보여준 것이다.[24]

풍경》1(현실문화, 2008) 참조.

22 中共中央文獻研究室 編,《周恩來年譜 1949~1976》下, 514쪽.

23 야부키 스스무,《마오쩌둥과 저우언라이》, 263~264쪽.

중국의 저명한 문화 연구자 위치우위는 독특성과 실천성의 기준에 따라 중국의 문화를 세 가지 도道로 개괄한다. 사회적 범주에서 '예의의 도'를 세웠고, 인격적 범주에서는 '군자의 도'를, 행위적 범주에서는 '중용의 도'를 수립했다는 것이다. 앞에서 살펴본 저우언라이의 철학과 실천은 바로 이러한 포괄적인 중국 문화를 잘 보여준 사례라 할 수 있다.

2. 덩샤오핑, 왼쪽 깜빡이 켜고 오른쪽으로 돈
   '이론 없는 이론가'

개혁개방을 설계한 작은 거인

덩샤오핑은 1904년 쓰촨성四川省 광안현廣安縣에서 덩원밍鄧文明의 장남으로 태어났다. 1997년 2월에 세상을 떠났으니 20세기를 꽉 채워 산 인물이다. 그의 아버지는 네 명의 처를 거느리고 살 정도로 지방의 유지였다. 이 쓰촨 지방은 전통적으로 저항의 기질을 가진 사람들이 많았고 따라서 탄압도 많이 받은 지역이었다. 덩샤오핑의 집안은 객가客家 출신인데 객가란 전란을 피해 중국 남부로 남하한 중원 한족을 이르는 말이다. 수백 년 세월이 지나도 고향을 잊지 않으며 옛날부터 써오던 습속과 언어를 끈질기게 지켜오고 있는 좀 특수한 전통을 가진 사람들을 일컫는다.

쓰촨 방언에 '파룽문진擺龍門陣'이란 말이 있다. 이야기를 좋아하고

---

24 徐霞翔, 〈傳統政治文化的連續−晚年周恩來〉, 《21世紀》, 2009年 第4期, 158쪽.

논쟁을 즐긴다는 뜻인데 쓰촨인의 대명사가 되었다. 그러고 보면 덩샤오핑이 국내외의 수많은 논쟁, 특히 1963년 모스크바에 가서 흐루시초프 등 소련공산당 수뇌부와 열띤 논쟁을 벌인 것도 쓰촨 출신으로 가진 재능을 마음껏 발휘한 사례일 듯하다. 객가가 많고 논쟁을 좋아하는 쓰촨 출신 중에는 정계와 문화계의 주요 인사들이 많다. 덩샤오핑 말고도 주더朱德, 류바이청劉伯承, 귀뭐뭐郭末若, 바진巴金 등이 모두 쓰촨 출신이다.

덩샤오핑이 태어난 때는 근대 중국이 태동하는 격변기였다. 5·4운동과 신문화운동이 대륙을 휩쓸었다. 그는 아직은 어렸기 때문에 이 흐름에 직접 참여할 수 없었다. 그런데 마침 1917년부터 근공검학을 슬로건으로 프랑스 유학생을 모집하고 있었다. 덩샤오핑의 아버지는 아들을 유학 보낼 계획을 세웠다. 덩샤오핑은 처음에는 아버지의 구상을 듣고 의아해했지만 곧 짐을 싸들고 충칭으로 가서 2년간 공부한 후 1921년 프랑스로 건너갔다. 이때 프랑스에 유학한 주요 인물 중에는 저우언라이, 마오쩌둥의 절친한 친구였던 차이허선蔡和森, 리후춘李富春, 리리산, 천이, 천두슈의 아들인 천옌니엔陳延年, 천차오녠陳喬年 형제 등이 있다.

프랑스로 건너간 덩샤오핑은 몽타르니에 살면서 고무신 공장에서 일했다. 그에게는 등사원지를 잘 긁는다고 해서 '필경筆耕 박사'(프린트 박사)라는 별명이 붙었다. 덩샤오핑은 저우언라이의 주선으로 리옹 시위(새로 리옹에 세워진 대학을 재불 중국인 학생 전원에게 개방할 것을 요구한 시위)에도 참가했는데 이때 저우언라이는 "이 사람이 프린트 귀신 '소등'이다. 리옹에 오면 반드시 큰 도움이 될 것이라고 생각해서 데리고 왔다"고 다른 동료들한테 덩을 소개했다. 그후 덩샤오핑은 저우언라이가 조직한 '공산주의청년단 프랑스지부'(C.Y.지부)에 가입했다. 1924년

프랑스 유학 시절의 덩샤오핑

저우언라이가 귀국하면서 덩샤오핑은 20세의 나이로 유럽 총지부의 지도권을 떠맡게 되었다. 어쨌든 덩샤오핑은 유학을 마치고 중국공산당의 중심 인물로 성장하여 1970년대까지 공산당 내 주요 직위를 맡았다.

덩샤오핑은 1926년 1월 프랑스를 떠나 소련 동방대학(후에 중산中山대학으로 개명)에 입학하여 1년간 머물렀다. 이 학교는 공산주의자 교육기관이었다. 덩샤오핑이 공산당에 정식 입당한 것은 동방대학에 있을 때인 1926년, 24세 때의 일이다. 그해 8월 군벌 펑위샹馮玉祥과 함께 귀국했다. 펑위샹은 북벌에 참여했는데 이때 덩샤오핑은 그의 군대와 행동을 같이 했던 것으로 알려져 있다. 그러나 장제스의 상하이 쿠데타로 많은 공산주의자들이 학살되었을 때 덩샤오핑도 체포되어 목숨이 경각에 달렸었지만 구사일생으로 총살은 면했다. 펑위샹 밑에서 일한 덕을 보았고 이는 이후 지하 활동에도 많은 도움이 되었다.

리리산 노선이 실패한 후, 코민테른은 왕밍과 친방시엔秦邦憲을 중심으로 하는 일명 '28인의 볼셰비키'를 귀국시켜 중국공산당 중앙에 코민테른의 영향력을 강화하려 했다. 이런 상황에서 덩샤오핑은 상하이에서 장시 중앙소비에트 지구에 파견되어 소비에트구의 주요 지구인 3개 현을 관할하는 서기가 됐다. 그는 소련 유학파보다 지방에서 실권을 쥐고 중국의 현실에 뿌리를 내리는 혁명 방식을 선택한 마오쩌둥 쪽으로 기울었다. 저우언라이는 소련 유학파로부터도 신뢰를 받아 어느 정도 당의 실권을 장악하고 있었지만 덩샤오핑은 시종 마오쩌둥의 노선을 지지하고 그와 고난을 함께 했다.

당시 마오쩌둥에게 덩샤오핑 같은 조력자는 아주 고마운 존재였다. 장정 도중 진행된 쭌이회의에서 마오쩌둥은 소련 유학파를 중심으로 한 좌익모험주의를 비판하면서 당 주도권을 거머쥘 수 있었다. 그때 군사부장이었던 저우언라이는 작전 실패의 책임을 지고 군권을 마오쩌둥에게 넘겨주었고 28인의 볼셰비키는 거의 요직에서 물러났다. 이 정치국회의에 덩샤오핑은 참석할 자격이 없었으나 홍군 정치부 선전부 간부로 출석, 마오쩌둥을 도왔다. 마오쩌둥은 쭌이회의에서 당 지도권을 확립하자 덩샤오핑을 심복으로 기용했고, 항일전쟁 개시와 함께 9사단의 정치위원에 임명했다. 중앙 진출이 늦은 이유는 소련 유학파와 같은 특별한 배경을 갖지 못했기 때문이었겠지만, 반면에 그가 착실히 밑에서부터 실력을 쌓아 올라온 공산당원임을 의미하기도 한다.

1937년 노구교사건을 계기로 일본의 중국 침공이 전면화되면서 국공합작이 성사돼 홍군은 '국민혁명군 제8로군'으로 개편되었다. 이때 덩샤오핑은 129사의 정치위원이 됨으로써 많은 인맥을 확보할 수 있게 된다. 이 8로군 129사 계열의 군인들은 이때부터 덩샤오핑과 류바이청을 중심으로 중공군 내의 일대 세력을 형성, 린뱌오 계열이 9전대회 이후 숙청된 뒤 군 내 최대 세력으로 1970년대까지 강력한 기반을 구축했다.

중화인민공화국이 수립된 이후 중요한 지도자들은 거의 그대로 중앙의 권력기구에 앉혀졌으나 덩샤오핑만은 서남지구의 제1서기로 임명되었다. 당시에는 흡족한 조치가 아니었으나 결과적으로는 지방에 자신의 기반을 다지는 데 유리한 기회이기도 했다. 덩샤오핑의 세력 기반을 거론할 때 빠뜨릴 수 없는 것이 바로 광범한 지방적 기반이다.

중국형 사회주의 건설이라는 슬로건 아래 시작된 대약진운동의 결과 나타났던 문제들의 조정자 역할을 담당하기도 했던 덩샤오핑은 마오쩌둥의 제왕적 권위를 강하게 의식하면서도 이제 조금씩 현실과 자신의 양심을 구분하여 생각하기 시작했다. 1966년 문화대혁명이 시작되자 흑묘백묘론 등 1961~62년에 행한 발언이 마오쩌둥 특유의 사회주의 건설 추진 방식과 대립되어 당내 자본주의의 길을 걷는 실권파 2호로 지목되어 비판받게 된다. 이때부터 덩샤오핑과 류샤오치를 비판한 대자보가 공공연히 나붙게 되었다. 이 시기부터 1973년까지 덩샤오핑은 구금 생활을 하게 된다. 당시 나이 63세, 한창 일할 나이였다. 실각 시기 덩샤오핑의 근황은 별로 전해지지는 않지만 하방下放되어 간부 수용소에서 지내기도 하고 수년간 난창南昌 교외의 생산 건설 병단에 있었던 것으로

류바이청

알려져 있다.

1973년 저우언라이의 덩샤오핑 재기용안이 마오쩌둥에게 받아들여져 마오쩌둥은 덩에게 복권에 대비한 이론 학습을 시킨 듯하다. 덩샤오핑은 복권 후 1974년 유엔총회에 출석, 유명한 '3개 세계론'을 제시했다. 물론 이는 중국 외교정책의 지침이지만 이전까지 중간지대론은 있었으나 3개 세계론은 복권된 덩샤오핑이 주도하여 발안했다는 설이 있다. 이 이론의 특징은 중국을 제3세계에 포함시키면서 동구의 소련 위성국을 소련 체제에서 분리해 적을 소련 하나로 압축하는 것이다. 즉 종전의 제국주의 대 공산주의 대립 구도가 아니었다. 미국와 소련이 제1세계, 아시아·아프리카·라틴아메리카·기타 개발도상국 등이 제3세계이며 그외 선진국이 제2세계라는 주장이다. 1972년 저우언라이가 병상에 눕게 되어 복권된 덩샤오핑이 그를 대신하여 일을 추진하였다. 그때 덩

1964년 6월 무예 공연을 관람하는 저우언라이와 덩샤오핑

샤오핑이 저우언라이의 외교 노선의 계승자임을 의심하는 사람은 아무도 없었다. 이 때문인지 덩샤오핑이 복권된 이후 여러 사안에서 4인방은 그를 견제했고 공공연하게 대립했다. 이런 상황 속에서 1976년 1월 8일 저우언라이가 사망했다. 앞에서 말한 것처럼 저우언라이는 몸이 편치 않은 와중에도 혁명 원로들을 복귀시키는 등 마오쩌둥 이후 시대를 대비해놓았다. 1976년은 중국으로서는 아주 잔인한 해였다. 1월에는 저우언라이가, 7월에는 주더가 죽었고 7월 28일에는 탕산唐山대지진이 발생하여[25] 많은 사람이 사망했다. 9월에는 중국의 붉은 별, 마오쩌둥이 세상을 떠났다.

저우언라이 추도대회에서 덩샤오핑이 조사弔辭를 읽었다. 이후 대

25 공식 통계로 24만 명, 비공식 통계로는 60~70만 명이 사망했다고 알려져 있다.

자보에는 다시 자본주의 노선을 걷는 분자, 흰 고양이 검은 고양이 등등 그를 겨냥한 발언이 대거 등장했다. 4인방에 의한 덩샤오핑의 재실각은 예견된 바였다. 베이징의 톈안먼광장에 있는 인민 영웅 기념비에는 이미 4월 1일부터 많은 사람들이 찾아와서 세상을 떠난 저우언라이에게 화환과 시를 바쳤다. 여기에는 덩샤오핑의 공적과 인덕을 칭송한 '반동적인 시'나 '삐라'도 섞여 있었다. 이는 덩샤오핑에 대한 비판이 고조되는 분위기에 저항하는 움직임 중 하나였을 것이다. 4월 4일 청명절은 일요일과 겹쳤기 때문에 거의 200만 명의 인민이 톈안먼광장에 운집했는데, 이들이 바친 화환 수천 개가 다음 날인 5일 새벽에 이르자 흔적도 없이 사라져버렸다. 물론 이는 당국의 조치였고 이로 인해 4월 5일 톈안먼사건이 일어났다. 4인방은 덩샤오핑에게 톈안먼사건에 대한 모든 책임을 뒤집어씌워 당 내외의 모든 직무를 박탈했다. 그러나 마오쩌둥이 죽고 4인방이 축출된 이후 1977년 7월에 열린 10기 3중전회의 결의로 덩샤오핑은 당내외의 모든 직무에 복귀하게 된다.

덩샤오핑은 1976년 마오쩌둥이 세상을 뜬 이후 잠시 과도 정권을 거쳐 1978년부터 중국의 공산주의 체제를 책임지고, 용의주도하고 어쩌면 실로 성공적으로 이끌어왔다. 사실 1978년 이후 약 10년간 중국을 둘러싼 내외의 조건은 여러 면에서 유리한 편이었다. 국내적으로 문화대혁명의 반발력은 역으로 개혁개방의 동력으로 작용했다. 게다가 덩샤오핑은 저우언라이와 혁명 원로들 덕분에 그나마 효율적으로 운영되는 정당과 정부를 넘겨받았다. 또 경험이 풍부한 혁명 원로 간부들이 포진해 있었다.[26] 국제적으로도 베트남전쟁이 끝나고 1970년대 후반부터 중국을 둘러싼 정세는 전체적으로 냉전체제의 해체 과정을 걷고 있었

톈안먼사건 당시의 시위 군중

다. 1979년 1월 중국과 미국이 수교했고 1980년대 들어서는 중소 관계 개선의 움직임이 일기 시작했다.[27] 능동적 개방이긴 했으나 세계경제 는 중국이 국제경제 체제에 접속하여 '구원투수'가 되어주기를 바라고 있었다. 따라서 1980년대까지 중국의 개방은 비교적 수월했다. 시련은 1989년 이후 찾아왔다. 덩샤오핑은 형좌실우形左實右(형식은 좌파적이면 서 실제는 우파적인) 방식으로 위기를 넘기면서 거대한 중국을 '부강'으 로 이끌었다. 73세의 '노구'로 개혁개방을 시작하고, 장장 20년의 '역사' 를 만든 '작은 거인' 덩샤오핑은 홍콩 반환(1997년 6월 30일 0시)을 몇 달 앞두고 1997년 2월 세상을 떠났다.

26 에즈라 보걸,《덩샤오핑 평전》, 심규호·유소영(민음사, 2014), 899쪽 참조.
27 오쿠무라 사토시,《새롭게 쓴 중국 현대사》, 197~203쪽 참조.

사회주의 초급 단계론과 마오에 대한 덩샤오핑의 평가

덩샤오핑 시대로 진입하여 덩샤오핑의 사상을 이야기하기 위해서는 제일 먼저, 기본 테제인 사회주의 초급 단계론의 내용을 알아야 한다. 왜냐하면 이 테제는 마오쩌둥 정권과의 차별화 전략임과 동시에 덩샤오핑 정권의 기본을 규정하는 것이기 때문이다. 반복하지만 1976년 마오쩌둥의 죽음은 흔히 '동란의 10년'이라 불리는 문화대혁명의 종지부를 찍는 계기가 되었다. 이후 화궈펑의 과도 정권을 거쳐 이전부터 생산력주의 노선을 견지했던 덩샤오핑이 1978년 11기 3중전회를 계기로 권력을 장악하면서 중국의 개혁개방 정책은 본격화되었다. 이 개혁개방 정책을 이론적으로 정식화한 것이 바로 사회주의 초급 단계론이다. 사회주의 초급 단계론은 1981년 중국공산당 중앙위원회 제6차 총회에서 공식 제창되어 중국공산당 제12차 대회(1982)의 정치 보고와 사회주의 정신 문명 건설에 관한 중국공산당 중앙위원회 결의에서 발표되었고 마지막으로 1987년 중국공산당 제13차 대회에서 자오즈양의 보고로 정식화되었다. 사회주의 초급 단계론은 두 가지를 분명히 한다. 첫째, 중국은 사회주의사회다. 따라서 반드시 사회주의를 견지해야 하며 절대 여기서 이탈할 수 없다. 둘째, 중국 사회가 사회주의사회이기는 하지만 아직 초급 단계에 처해 있다. 따라서 중국인은 반드시 이러한 실제로부터 출발해야 하며 이 단계를 초월할 수 없다.[28]

사회주의 초급 단계에서의 주요 모순은 "인민들의 나날이 증가되는 물질문화의 수요와 낙후된 사회생산력 수준 사이의 모순"이다. 이

---

28 趙紫陽, 〈沿着有中國特色的社會主義道路前進〉, 《人民日報》1987年 11月 4日.

모순을 해결하기 위해서는 상품경제를 적극 발전시키고 노동생산성을 향상시키며 공업, 농업, 국방, 과학기술의 4개 부문 현대화를 점차 달성해야 하고, 생산관계와 상부구조 중 생산력 발전의 요구에 조응하지 않는 부분은 과감히 개혁해야 한다. 이 논리에 기초하여 이른바 '생산력 표준론'이 제시된다. 즉 생산력 발전을 촉진할 수 있는 요소는 흡수 확대하는 반면, 생산력 발전을 속박하고 제한하는 요소는 개혁하여 폐기해버려야 한다. 아무튼 흰 고양이든 검은 고양이든 쥐를 잘 잡는 고양이가 좋은 고양이다.[29] 즉 경제 개혁 정책과 여타 정책의 옳고 그름, 진보와 퇴보를 판단할 때는 그 정책이 생산력을 발전시키는 데 유리한가 불리한가를 보아야 한다는 것이다.

그러나 중국적 특색을 지닌 사회주의를 건설하기 위해서는 경제 건설을 중심으로 하고 개혁개방을 추진해야 하지만 이는 4대 기본 원칙, 즉 사회주의 노선의 견지, 인민민주 독재의 견지, 중국공산당 영도의 견지, 마르크스·레닌주의, 마오쩌둥 사상의 견지라는 4대 원칙을 부정해서는 안 된다.[30] 이중에서도 가장 중요한 것은 '경제 건설을 중심으로 한 개혁개방의 추진'과 '중국공산당 영도의 견지'이다. 그런데 상식적으로 보면 양자는 서로 상당히 모순적이다. 서로 배척하는 것처럼 보인다. 하지만 이 양자의 결합이 지금도 관철되고 있다. 바로 자본주의(신자유주의)와 신권위주의의 결합이다.

1978년 11기 3중전회에서 '계급투쟁을 벼리로 한다'는 구호를 더

---

29 戴園晨, 〈從理想的理論回到現實的理論〉, 《經濟研究》 1987. 11기 ; 서석홍 외, 《중국 사회주의 개혁의 진로》(풀빛, 1990), 81쪽에서 재인용.

30 趙紫陽, 〈沿着有中國特色的社會主義道路前進〉, 《人民日報》 1987년 11월 4일자 참조.

이상 사용할 수 없게 하고 공작의 중심을 사회주의의 현대화 건설로 옮기는 방침을 제출한[31] 이래 중국에서는 '유생산력론唯生産力論'이 의미하는 것처럼 주체보다는 객체, 의식보다는 존재, 정치보다는 경제, 상부구조보다는 하부구조, 생산관계보다는 생산력을 강조했다. 마오쩌둥 시대에 이른바 '주관능동성 논쟁'이 있었다. 덩샤오핑 시대에 와서는 '생산력 논쟁'이 있었다. 특정한 시기의 정책을 둘러싸고 벌어졌기에 두 논쟁은 이데올로기적 성격이 매우 강했다. 과거 마오쩌둥이 생산력에 비해 생산관계와 상부구조를 극도로 과대 포장하여 인식했다면, 덩샤오핑 체제는 (사회주의 초급 단계론에서는 주요 모순이 생산력 내부에 있다고 판단한 데서 알 수 있듯이) 생산력 내부의 내재적 동력을 극도로 강조했다.

개혁개방론자들에 의하면 사회주의 초급 단계론은 사회 생산력 발전의 주 요인으로서 인간의 역할을 도식화했던 과거에 대한 반성이고, 인간의 역할이 사회경제적 조건으로부터 분리되어 인식된다는 마오쩌둥의 대약진 시기의 발상에 대한 대안으로 제시됐다.[32] 사회주의 초급 단계론은 〈신민주주의론〉의 많은 측면을 계승했다. 1940년 〈신민주주의론〉에서 말하는 바 중국 경제가 아직 낙후되어 있기 때문에 자본주의 생산의 발전을 허용한다, 1945년 〈연합정부론〉에서 말한 바 중국 인민 속에서 작용하는 중국의 모든 정책과 실천의 좋고 나쁨과 대소는 결국 인민의 생산력 발전에 도움을 주는가의 여부에 달려 있다, 1947년 〈현재의 정세와 우리의 임무〉에서 봉건계급의 토지와 4대 재벌의 독점자본

---

31 全國毛澤東哲學思想硏究會 編,《毛澤東哲學思想在當代》(國防大學出版社, 1988), 230쪽.

32 소련아카데미극동연구소, 〈중국 사회주의 초급 단계론〉, 한국사회연구소 엮음,《오늘의 정치경제학》(만인사, 1990), 52쪽.

은 몰수하여 신민주주의 국가의 소유로 하지만 민족의 공상업은 보호한다, 등은 정책의 현실성에서 사회주의 초급 단계론과 일정하게 연계돼 있다.[33] 이러한 의미에서 어떤 사람은 신민주주의론이 중국적 특색을 지닌 사회주의 이론의 서론이라면 사회주의 초급 단계론은 응당 중국적 특색을 지닌 사회주의 이론의 제1장이라 해야 한다[34]고 주장한다.

여기서 딜레마는 덩샤오핑 정권이 신민주주의를 계승했다고 할 때, 이를 마오쩌둥이 입안하고 결정했다는 점, 신민주주의적 사고를 부정하고 대척점에 있는 대약진운동과 문화대혁명을 일으킨 장본인 또한 마오쩌둥이라는 사실이다. 즉 마오쩌둥이라는 한 곳에 덩샤오핑 정권의 계승점과 부정점이 동시에 존재하기 때문이다.

첸리췬은 1978년 이후 중국 사상 해방 운동의 최대 실수는 마오쩌둥 사상과 문화 및 체제에 대한 과학적 비판을 명확히 제기하고 진행하지 않은 것이라고 주장한다. 우리네 상상 이상으로 마오쩌둥의 사유가 중국인에게 신체화되어 있음을 의식했기 때문에 이런 비판에 나선 것이다. 그는 이렇게 말한다. "사실상 마오쩌둥 사상과 문화는 이미 몇 세대 중국인의 영혼 깊은 곳에 스며들어 있고 중국 현대 문화의 무시할 수 없는 일부분이 되었다. 따라서 진정으로 진지하게 현재와 미래의 중국 대륙을 이해하기 위해서는 마오쩌둥 시대의 역사적 존재와 영향을 회피할 수 없다. 이는 20세기가 중국에 남긴 가장 중요한 유산이다."[35] 첸리췬은 마오쩌둥을 극복하기 위해서는 그의 유산과 정면으로 대결해야

---

33 薛暮橋, 〈從新民主主義到社會主義初級階段〉, 《求是》 1989. 第1期, 94쪽 참조.
34 龔育之, 〈我國社會主義初級階段的歷史地位和主要矛盾〉, 《紅旗》 1987, 第22期, 54쪽.
35 첸리췬, 《모택동 시대와 포스트 모택동 시대 1949~2009》 하, 343쪽.

한다는 사실을 강조한 것이다. 그리고 문화대혁명을 역사적으로 규명하고 트라우마를 치유하는 작업을 하지 못했다는 점에서 이런 지적은 여전히 유효하다.

그러나 덩샤오핑 시대에 이런 기대를 하는 것은 어찌 보면 매우 순진하다 할 수 있다. 앞에서 말한 것처럼 마오쩌둥이라는 한 곳에 덩샤오핑 정권의 계승점과 부정점이 동시에 존재하기 때문이다. 또 공산당 집권 초기 마오쩌둥과 덩샤오핑은 사회주의 민주를 실현하지 못한 데 있어서 공동 책임이 있다는 점을 지적해야겠다. 이들은 반우파 투쟁에서 역할을 분담하여 중국 사회에 대한 다양한 목소리를 근본적으로 제거해버렸다. 벤저민 양은 1949년부터 1976년까지 마오쩌둥은 도전을 허락하지 않는 권위를 가졌고 중국에서 일어났던 극적 사건들은 대부분 마오쩌둥의 정신 상태와 행동 양식을 통해 이해해야 하지만, 1957년 반우파 투쟁에서 덩샤오핑은 총리를 맡아 결정적 역할을 했다는 사실은 너무도 명백하다고 말한다. 비록 책임자로서 덩샤오핑은 20여 년이 흐른 후 자신이 저지른 실수를 인정했다지만, 이로 인해 100만 명 이상의 지식인들이 반공산당, 반사회주의 우익 분자로 낙인 찍혀 외진 농촌 지역의 노동자 수용소로 추방당했다.[36]

이러한 대규모 숙청은 공산당이 내세웠던 연합정부론이 완전 철폐되었음과 동시에 프롤레타리아독재가 아닌 공산당 독재가 들어섰음을 의미했다. 이로 인해 이후 다른 목소리를 찾아볼 수 없게 되었다. 물론 덩샤오핑이 정권을 장악한 이후 피해자들은 대거 복권되었다. 하지

---

36 벤저민 양, 《덩샤오핑 평전》, 199~205쪽 참조.

만, '사회주의 민주'의 근간이 무너지기 시작한 것은 이미 이때부터였다고 할 수 있다. 그것이 지켜지지 않으면서 사람들의 물리적 생명이 위협받는 상황이 일반화되었고 개인 인권을 거론하는 것은 사치스럽기까지 했다. 그렇기 때문에 첸리췬이 제시한 '57년 체제'라는 개념이 성립할수 있으며 이때를 문화대혁명의 기원으로 보는 시각도 어느 정도 타당성이 있다. 1957년 반우파 투쟁 시기보다 문화대혁명 시기에 이르러 비림비공 국면에서 보여주었던 것처럼 적지 않은 지식인과 고위 공직자들이 자살로 마지막 자존심을 지킬 수밖에 없는 상황에 내몰렸다. 그렇기 때문에 1970년대 말 1980년대 초에 진행된 국가적 차원의 탈문화대혁명 프로젝트 과정에서 지식인들이 서양과 중국의 문제를 균형 있는 시각으로 볼 수 없었다고 해야 한다.

중국 국가자본주의의 기원과 개혁개방의 딜레마

1978년 덩샤오핑 지도부의 개방 결정은 문화대혁명을 겪은 중국 사회주의의 불가피한 선택으로 보였다. 중국의 어떤 자유주의자는 이를 19세기 중국의 수동적 개방과 비교하여 능동적 개방으로 보았다.[37] 덩샤오핑의 생산력 노선의 입장에서 보면 마오쩌둥의 노선은 '실패한 근대화'였다. 그럼에도 불구하고 중국은 소련과 달리 소농 전통이 농업 집단화에 의해 완전히 파괴된 상태가 아니었기 때문에 덩샤오핑의 개혁은 이러한 '장점'을 활용할 수 있었다는 것이 중론이기도 하다.[38]

또한 세기말 사회주의 체제의 대전환 가운데에서 중국은 지배 엘

---

37 秦暉,〈ナショナリズムと中國知識人の國際政治觀〉,《現代思想》, 2000年 6月.
38 존 그레이,《전지구적 자본주의의 환상》, 김영진(창, 1999), 271쪽 참조.

리트층 내부, 즉 공산당이 개혁 주도권을 행사해 경제활동에 대한 인민들의 자율성을 촉진시킨 경우에 해당한다. 이는 국내외 정치 환경의 소용돌이 속에서 지배 엘리트들이 시민적 저항을 이겨내지 못하고 굴복함으로써 정치체제로서의 사회주의 자체가 붕괴되는 상황에 이른 러시아와 동구 사회주의국가들과는 매우 다르다.[39] 이른바 "개혁 대상이 개혁을 추진한다"는 딜레마 속에서 중국공산당은 일정한 역할을 한 것이다.[40] 19세기 말 20세기 초 근대 이행기에 사실은 유교적 지식인들이 서양 사상을 받아들였고 이는 유교적 지식인의 자기부정을 의미하는 것이었다. 이런 면에서 그들의 공헌을 부인할 수 없다. 그러나 개혁 대상이 개혁을 담당한다거나 부정 대상이 부정을 행할 경우 원천적인 한계는 개혁과 자기 부정을 근본적 차원에서 수행할 수 없다는 점이다. 그런데 근대 시기와 현대 중국의 개혁에는 커다란 차이가 있었다. 근대 시기에는 유교를 자기 기반으로 하고 있는 지식인의 유교에 대한 부정이 핵심을 건드리지 못하자, 신지식층의 신문화운동이라는 전면적이고 자각적인 움직임이 일어났다는 점을 주목해야 한다. 물론 여기에는 과거 폐지라는 제도 변화로 인해 생성된 공간이 있었다. 게다가 근본적인 개혁을 방해할 만한 강력한 정부가 존재하지 않았다. 하지만 지금은 제도적으로 어떠한 견제도 받지 않는 공산당이 이끄는 당국 체제가 있지 않은가. 강력한 정부의 유무가 개혁에서 큰 차이를 낳았다고 할 수 있다.

정치 개혁의 한계는 1989년 톈안먼사태를 초래했다. 덩샤오핑 정

---

39 장경섭, 〈중국의 체제 개혁과 지배 엘리트의 성격 변화〉, 《현대 중국 연구》 제2집(1999), 61쪽
    참조.
40 장경섭, 〈중국의 체제 개혁과 지배 엘리트의 성격 변화〉, 68쪽.

권의 변곡점이 될 수도 있었던 톈안먼사태와 처리 방식은 덩샤오핑 정권의 성격을 말할 때 빼놓을 수 없는 요소이다. 이와 관련하여 '1989년 민주화운동'이 일어난 원인을 간단히 개괄해야 마땅할 것이다. 1989년 톈안먼사태의 직접 계기가 된 것은 학생들의 존경을 전폭적으로 받고 있던 후야오방의 사망 소식이다. 그는 1989년 4월 15일 중앙정치국 회의에 참석했다가 심장마비를 일으켰다. 이 장 서두에서 말한 것처럼 중국에는 '살아 있는 사람들이 존경받던 사람의 죽음을 통해 정치적 불만을 터뜨리는 전통'이 있다. 물론 톈안먼사태는 서양 자본주의에 대한 환상과 중국 지식인의 엘리트 의식 그리고 이들의 이해관계가 상호작용함으로써 촉발된 측면을 부정할 수 없다. 하지만 사회적으로는 경제 개혁에 상응한 정치 개혁을 요구하는 목소리가 매우 높았다. 초기 학생 중심의 운동이 나중에는 노동자 대중의 지지를 받았고, 또 그들이 직접 참여했던 이유도 바로 여기에 있었다. 물론 노동자 대중이 참여한 배경에는 1987~88년 도시를 중심으로 인플레이션이 연 30퍼센트까지 치솟았던 것도 작용했다.

또 1989년 톈안먼사태의 주 원인으로 간과할 수 없는 요인 중 하나는 1980년대 초기에 관료 자본주의가 형성됐다는 것이다. 사실 이는 덩샤오핑 정권의 기본 성격과 긴밀하게 연결되어 있다. 마이스너의 도움을 받아 간단히 서술하자면 1950년대 중반까지 남아 있던 중국의 민족 부르주아지는 국가에 흡수돼버린다. 따라서 개혁개방 이후 시장경제를 운영하기 위해서는 필요한 자본가계급을 창출해야만 했다. 창출의 주체는 공산주의 국가였고, 담당자는 바로 공산당 관료 기구의 간부들이었다. 그렇기 때문에 시장이 가져다준 새로운 기회를 잡은 사람들은 주로 공산당 최고 지도자들 본인이거나 그들의 자녀가 될 개연성이 컸다. 여기에 덩샤오핑과 자오즈양의 자녀도 포함되어 있었다. 이들을 중심으로 1980년대 말에 와서는 부정축재와 부패가 뚜렷하게 나타났다. 이러한 요소들이 덩샤오핑 정권에 대한 혐오감을 부추겼다.

비슷한 상황이 농촌 간부 사이에서도 벌어졌다. 농촌 간부들은 초기에는 농업의 탈집단화를 찬성하지 않았다. 하지만 탈집단화를 추진하는 주체이자 결정권을 가진 이들이 자신들임을 확인한 이후로는 덩샤오핑 정책에 적극 찬동했다. 그렇게 해서 사회주의 시기의 농촌 간부들은 새로운 농촌 부르주아지가 될 수 있었다.[41] 이로써 우리는 중국에서 새로이 형성된 부르주아지가 민주주의를 요구하지 않은 이유를 알수 있다. 1990년대 중국 사회에서 시민사회 논의가 잠시 일었다가 금방 사라지게 된 원인은 바로 이처럼 개혁개방 초기 부르주아의 성격과 밀접한 관련이 있다.

여하튼 이 사건의 진정한 의미는 많은 논란에도 불구하고, 관리들의 부정부패, 인플레이션에 의한 빈부격차, 자유의 요구 등 자본주의적 개방의 물결과 더불어 나타난 제반 문제와 관련이 있다. 1989년 톈안먼 사태는 기본 성격이 어떠하든 학생, 지식인 그리고 일부 노동자들이 경제적 개방에 어울리는 정치적 개혁의 불이행을 문제 삼았고 이에 대한 불만이 표출된 사건이라는 점에 이의를 달지 않을 것이다. 하지만 이 사건은 계엄령을 불러왔고 6·4 대학살로 끝이 났다. 이로 인해 1990년대의 정치적·사회적 분위기는 1980년대와는 달라졌다. 언론 출판 등에

41 모리스 마이스너, 《마오의 중국과 그 이후》 2, 664~662쪽 참조.

대한 당의 검열도 이전보다 훨씬 살벌해졌다.

결국 1989년 사태는 1980년대와 1990년대를 가르는 정치적·사회적·문화적 변곡점이 되었다. 6·4 진압으로 엄청난 희생자를 냈지만 이 사건은 아직 이렇다 할 역사적 성격 규명도 희생자에 대한 공식 보상도 이루어지지 않았다. 물론 정권이 바뀌지 않는 한 요원한 일이다. 그러나 1990년대로 오면서 중국은 예상외로 신속하게 정상을 되찾았다. 이는 '10년의 동란'이라는 문화대혁명을 거치고도 세계를 깜짝 놀라게 할 만큼 빨리 정상을 되찾았던 전례를 볼 때 그리 이상할 것도 없었다. 하지만 대사건을 겪은 후에도 이상하리만치 후유증을 겪지 않는 사회가 정말 바람직한가. 심리학적 입장에서 볼 때 일종의 자기 직시, 자기 대면에 대한 두려움의 표출 아닌가?

1980년대에 마르크스주의 이데올로기를 대신할 새로운 가치를 제시하지 못한 덩샤오핑 정부는 1990년대에 와서는 소비주의와 민족주의, 유학으로 그것을 대신하려 하였다. 이 사건 직후에는 지식인과 국가의 관계는 개방 초기에 비해 이완된 반면 국가와 자본의 관계는 밀착되어갔다. 하지만 1992년 덩샤오핑의 자본주의 강화 정책과 더불어 나온 국가의 학술 정책의 변화로 인해 지식인과 국가의 관계는 재정립된다. 1990년대 지식장의 변화와 지식인의 보수화가 나타나는 것이다. 다큐멘터리 〈하상〉에 대한 작가의 자기비판과 리쩌허우와 류짜이푸劉在復의 《고별혁명》 같은 책의 출간은 이러한 정책 변화를 배경으로 한다.[42]

지식인 입장에서 보면 1989년 사회운동의 패배는 1990년대의 지

---

42 그럼에도 이 책은 중국 대륙이 아닌 홍콩에서 출간되었다. 리쩌허우·류짜이푸, 《고별혁명》, 김태성(북로드, 2003) 참조.

식인 분화와 담론 지형의 성격 변화를 알리는 서곡이었다고 할 수 있다. 왕후이의 말을 빌리면 "1989년 톈안먼사태는 혁명의 세기에 종결을 고하는 장송행진곡이었다. 러시아혁명과 같이 프랑스혁명도 급진주의의 기원으로서 비판과 부정의 대상이 되었다. 이후 중국은 장기간에 걸친 전면적인 탈혁명의 프로세스로 들어갔다. 개혁개방 30여 년을 전체로서 보았을 때 사상적 분기점은 개혁개방이 시작된 1978년이라기보다 1989년 톈안먼사건이라고 해야 할 것이다."[43] 기실 1989년 사태 이후 10년간 사회운동, 지식인 운동은 거의 자취를 감추었다. 그 결과 빈부격차 등 중국 사회의 거의 모든 문제가 바로 이 시기에 발생했다. 그런 의미에서 첸리췬은 이를 '6·4 체제'라 부른다.[44]

첸리췬은 마오쩌둥 시대를 '57년 체제'로 덩샤오핑 시대를 '6·4 체제'로 개념화한다. 57년 체제의 성립 이후 대약진운동, 인민공사운동, 4청운동, 문화대혁명 등 일련의 정책이 수립되고 사건들이 일어났다. 여기에 첸리췬이 다시 6·4 체제 개념을 제기한 것은 6·4 이후에 더욱더 강화되고 발전한 일당 전체 체제가 마오쩌둥 시대의 57 체제의 연속임과 동시에 새로운 덩샤오핑 시대의 특징이며, 이러한 6·4 체제는 이후의 중국 사회구조의 거대한 변동과 밀접하게 연계되어 있음을 강조하기 위해서다. 특히 6·4 진압이 중국 정치에 가져온 결과는 정치체제 개혁의 전면적 후퇴, 민간 저항 역량에 대한 전면적 타격, 그리고 공산당 권력의

---

43 汪暉,《思想空間としての現代中國》, 村田雄二郎(岩波書店, 2006), 서문 참조.
44 이에 대해서는 졸고, 〈'중국'을 회의하며 계몽하다〉(첸리췬과의 대담),《동방학지》163집, 2013년 9월 참조. 이 발언으로 첸리췬은 2000대 들어 공산당의 요주의 인물이 되었고 전국적인 비판을 받았다.

전면적 확장 등으로 나타났다.[45] 이로써 정치적으로 신권위주의 체제, 경제적으로 자본주의 경제의 결합이 더욱더 공고해졌다고 할 수 있다.

첸리췬은 6·4 체제 아래 중국의 극권 체제와 서방 세계의 상호 의존 관계를 다음과 같이 설명한 바 있다. 서양과 중국이 각기 인권과 주권이라는 패를 가지고 있지만 그저 패놀이를 하는 것일 뿐 진정으로 인권이나 주권을 중시하는 것은 아니라는 것이다. 서방과 중국의 정부 쌍방의 실제 관계는 실질적인 이익만을 추구하는 관계이다. 이들 사이의 이데올로기적 차이는 당과 국가 및 자본의 이익에 종속된다. 중국 정부는 서방의 민주와 자유 이념 및 체제를 거부하는 동시에 아무런 장애물 없이 서방의 물질주의와 배금주의 및 소비주의 등 마르크스가 비판한 '자본주의 부패 이데올로기'를 수용한다.[46] 6·4 진압 이후 중국이 겉으로는 서방 세계와 불편한 적대 관계를 맺은 것으로 보였으나 속으로는 서로가 취할 것은 취하는 이율배반성을 보여주고 있었다는 것이다.

민족주의는 사실 국민국가가 '부강'을 추구하는 과정에서 일반적으로 나타나는 대표적 현상이다. 1980년에 덩샤오핑은 이미 "사회주의의 목적은 나라를 부강하게 만드는 것"이라고 선언했다. 마오쩌둥 시대에 민족주의가 사회혁명과 연결되었으나, 덩샤오핑 시대에는 부강과 결합됐다. 여기에 더하여 공자가 공식적으로 살아났다. 장쩌민江澤民의 지지하에 1994년 공자 탄생 2545년 국제회의가 열렸고 '국제공자학회'가 설립됐다. 공자는 사회주의를 표방하든 그렇지 않든 중국에서는 언제나 최고의 활용도를 자랑한다. 1990년대에도 중국 정부는 민족주의의

---

45 첸리췬,《모택동 시대와 포스트 모택동 시대 1949~2009》하, 365쪽.
46 첸리췬,《모택동 시대와 포스트 모택동 시대 1949~2009》하, 410쪽.

활성화와 부강의 수단으로 공자를 동원하는 것을 잊지 않았다. 당연히 여기서 동원된 것은 비판 담론으로서의 유학이 아닌 국가에 전유된 '국가-지식 복합체로서의 유학'[47]이었다. 현재의 유학 담론의 배경에는 국가권력과 자본 그리고 지식의 결합으로 형성된 이익의 독식 구조가 더 강력하게 버티고 있을 터이다. 이처럼 지식인들의 자발적 협력과 이를 유도하는 강력한 물질적 기제가 존재하고 있다는 점을 잊어서는 안 된다.[48]

문화대혁명의 역설—신계몽과 탈정치화의 서사 전략

덩샤오핑 정권이 들어선 이후 당국은 '사회주의 민주'를 모토로 내걸었다. 이를 가장 환영하고 나선 계층은 지식인이었다. 당연한 것이, 마오쩌둥 시기에는 전통적 의미에서 지식인의 지위를 박탈당한 채 주변으로 밀려나 있었기 때문이다. 덩샤오핑 정권 초기 지식인이 주도한 '베이징의 봄'은 어느 정도는 지식인들의 덩샤오핑 정권에 대한 기대감의 표현이었다. 그러나 이 동행은 그렇게 오래가지 못했다. 덩샤오핑 정권 10년이 지났을 때 1989년 톈안먼 민주화운동이 일어났고 이것이 6·4 진압으로 종결되자 지식인의 대오는 흩어지게 되었다. 덩샤오핑 정권은 이를 계기로 보다 확실하게 경제적으로는 자본주의 강화, 정치적으로는 신권위주를 강화하는 방향으로 옮겨 갔다.[49]

---

47 이 용어는 졸고, 〈현대 중국의 유학 부흥과 '문명 제국'의 재구축〉, 《시대와철학》 23권 3호, 2012년 가을호에서 필자가 제시한 개념이다.

48 이에 대해서는 졸고, 〈중국 지식의 '윤리적' 재구성의 가능성—유학 '부흥'과 '비판'의 정치학에서 아비투스의 문제〉, 《중국 근현대사 연구》 2014년 3월 참조.

49 이에 대해서는 졸고, 〈현대 중국의 보수주의 문화—신보수주의의 출현과 유학의 재조명〉, 《중

1980년대와 1990년대를 한마디로 정의하기는 어렵지만 굳이 이름을 붙이자면 '신계몽의 시대'와 '탈정치의 시대'라고 할 수 있다. 그리고 이를 다른 식으로 표현하면 '문화대혁명의 역설'이라 할 수 있을 것이다.[50] 여기서 우리는 1949년 사회주의 정권 수립 이래 주변화되었던 지식인들의 집단 경험에 주목해야 할 필요가 있다. 특히 1957년 반우파 투쟁 이후 문화대혁명 시기에 이르는 긴 시간 동안 생존을 위해서는 침묵할 자유조차 허용되지 않았다는 역사적 사실은 개혁개방 이후의 지식인을 이해하는 데 매우 중요한 포인트이다. 특히 문화대혁명 시기 비림비공 운동에서 수모를 당한 펑유란과 량수밍의 사례[51]는 중국 지식인들에게 단순히 하나의 역사 사건으로만 기억되지 않는다. 개혁개방 이후의 지식인들에게 이 집단기억이 언어화되는 과정을 거쳐 역사적으로 규명되고 적절히 치유되지 못한다면 이는 오롯이 트라우마로 남아 건전한 사유를 막는 기제로 작동할 것이다. 아니, 그럴 개연성이 충분하다.

어떤 면에서 덩샤오핑 시대를 포스트마오쩌둥 시대라고 표현하는 것은 문화대혁명을 기준으로 보면 타당성이 없지 않다. 물론 1981년의 '약간의 역사 문제에 대한 결의'를 통해 덩샤오핑 정부는 문화대혁명을 중국 민족을 재난에 빠트린 비극이었다고 정리했다. 하지만 1989년 톈안먼사태를 6월 4일 대대적으로 진압한 이후 중국에서 문화대혁명은

국 근현대사 연구》, 40집 2008년 12월 참조.
50 졸고, 〈중국 지식인의 과거 대면의 방식과 문화대혁명 담론 비판—문화대혁명 발생 50주년을 바라보며〉, 《사회와 철학》 29집 2015년 4월 참조.
51 이에 대해 국내에 소개된 책으로는 《펑유란 자서전》, 김시천 외(웅진지식하우스, 2011)가 있다.

자유롭게 논의되기 어려웠고 따라서 비판의 대상이 될 수 없었다. 그렇게 본다면 마오쩌둥 시기와 덩샤오핑 시기는 경제정책에서는 상반되지만 정치적으로는 강한 연속성을 보여준다고 할 수 있다.

첸리췬의 다음 발언은 1957년 반우파 투쟁 이후 문화대혁명까지, 1989년 톈안먼 진압 이후 언어 문화 환경이 매우 친국가적이었음을 잘 보여준다. "중국에서 권력과 언어의 합일은 언어의 패권을 형성한다. '당국이 벌한 자는 모두 죄가 있다.' 이러한 상황에서 언어는 단지 정치적 기능만을 한다. 이때 언어의 유일한 기능은 정복이지 토론이거나 교류가 아니다. 관官의 말이 유일하게 합법적인 언어 존재가 된다. 권력자 치하의 신민은 생존권을 얻기 위해 반드시 관의 말을 해야 한다. 이렇게 본다면 강권 통치의 공포는 사람들이 말할 권리를 박탈한 데만 있는 것이 아니라 사람이 침묵할 권리를 박탈하는 데도 있는 것이다. 모든 사람은 반드시 이러한 태도를 보여줘야 한다. 강제적인 발언은 필연적으로 연극적인 특징이 있으며 필연적으로 거짓된 말을 한다."52 토론과 소통의 도구가 되어야 할 언어가 중국에서는 정치적 의미의 정복을 위한 수단이 되고 있다는 것이다. 결국 강권 통치는 침묵의 권리를 허용하지 않기 때문에 사람들은 거짓말을 해야 하고 그렇지 않을 경우 생명이 위태로운 상황에 맞닥뜨릴 수가 있다. 특히 대안 언론이 없고 관방의 언론 보도가 일반 인민들의 정서를 압도하는 상황에서 문제는 실로 심각하다.

1980년대 하반기에 텔레비전으로 방영된 다큐멘터리 〈하상河殤〉은

---

52 첸리췬, 《모택동 시대와 포스트 모택동 시대 1949~2009》 하, 362~363쪽.

'하상 현상'이라는 말이 나올 정도로 중국 사회를 강타했다.[53] 하상의 내용은 다음과 같다. 중화 문명은 황색 문명이며 서양 문명은 남색 문명이다. 황색 문명은 대륙 문명이며 봉건 전제를 의미한다. 남색 문명은 해양 문명이며 민주와 자유를 상징한다. 이 다큐멘터리는 용, 황허, 만리장성으로 상징되는 중국 문화를 강렬하게 비판하고 이것들은 과학, 민주, 남색으로 상징되는 해양 문화에 의해 재창조되어야 한다고 주장했다.

마이스너는 5·4시기 인텔리겐차와 1980년대 지식인이 보여준 인식 차이를 다음과 같이 분석한다. 첫째, 서양에 대한 인식의 차이이다. 5·4시기의 인텔리겐차는 서양의 과학과 민주주의를 찬양하는 동시에 서양 제국주의와 자본주의의 파괴성 역시 잘 인식했다. 이들은 서양의 진보성과 반동성을 구분하기 위해 번민했으며 이 과정에서 딜레마를 해결해주는 이론으로 사회주의를 발견했다. 이와는 대조적으로 1980년대 지식인들은 근대 중국사 속에서 서양이 선생임과 동시에 억압자였다는 고통스런 딜레마를 무시했다. 5·4시기 지식인들이 선진 국가의 물질적, 지적 업적을 흠모한 것은 사실이다. 하지만 그들은 서양 근대 문명을 수용해야 한다고 보았지만 서양의 과학과 민주와 긴밀하게 연결되어 있던 자본주의 경제체제를 찬양만 하지는 않았다.[54]

둘째, 문화적 반전통주의에 관한 것이다. 양쪽 다 당장의 사회적, 정

---

53 수샤오캉蘇曉康과 왕루샹王魯湘이 만든 이 프로그램의 제목 '하상'은 문자 그대로 강이 죽었다는 뜻이다. 여기서 강은 중국을 상징하는 황허다. 1980년대 문화 논의의 열기가 1987년의 반부르주아 자유화 캠페인으로 멈췄다가 다시 불붙게 되는데, 계기가 바로 1988년 다큐멘터리 〈하상〉의 방영이었다. 졸저,《현대 중국 지식인 지도》(글항아리, 2013), 255~256쪽. 다큐멘터리 내용이 국내에 하상이라는 제목으로 소개되어 있다.
54 모리스 마이스너,《마오의 중국과 그 이후》2, 686~687쪽 참조.

치적 폐단을 전통적 가치의 악영향 탓으로 돌렸다. 그러나 이들 사이의 문화적 반전통주의의 의미는 달랐다. 5·4시기에는 유교를 중심으로 하는 전통이 있었다. 그러나 덩샤오핑 시대에 유교 전통도 질곡으로 작용했지만 여기에 공산주의 혁명의 후과인 스탈린식 관료주의가 가세해 중국을 짓눌렀다. 덩샤오핑 시대의 문제를 '봉건적' 문화의 악영향 탓으로 돌리는 것은 혁명 이후 체제에서 비롯된 사회문제에 면죄부를 주는 사상적 전략으로 이해될 수 있다. 결국 5·4시기에 급진적이었던 문화적 반전통주의가 1980년대에는 의식적이든 무의식적이든 공산당 정권의 보수적인 방어 수단으로 부활했다[55]고 설명할 수 있다.

마이스너에 의하면 〈하상〉도 여기에서 벗어나지 않는다. 민주주의 미덕을 이야기하기보다는 서양의 부강함을 찬양했고 무엇보다 지식인의 이기주의적 메시지를 전달하려 했다는 것이다. 하상의 주장은 결국 지식인의 이해관계에 한정되어 있었기에 신권위주의와 쉽게 만날 수 있었다. 사실 서양 자본주의에 대한 낭만적 환상과 중국 지식인의 엘리트주의적 신권위주의의 결합은 1989년 톈안먼사태 이전에 이미 조짐을 보이고 있었다.[56] 자오쯔양의 재정 지원 아래 만들어진 다큐멘터리 〈하상〉도 궁극 목적은 바로 지식인의 정치적 역할을 회복하는 데 있었다.

사실 마이스너의 분석은 결과적으로 틀리지 않았다. 그러나 1980년대 지식인이 왜 이럴 수밖에 없었는가를 역사적이고 구조적인 차원에서 설명하지 못하면 현상 분석에 그치고 말 것이다. 길게 설명할 지면은

---

55 모리스 마이스너, 《마오의 중국과 그 이후》 2, 687~688쪽.
56 모리스 마이스너, 《마오의 중국과 그 이후》 2, 691쪽 참조. 그렇다면 사상적 분기가 1978년이 아니라 1989년이라고 하는 왕후이의 주장에는 재론의 여지가 있다.

없지만 나는 이와 관련하여 중국의 지식인 집단이 사회주의 30년을 어떻게 경험했는가를 검토해야 한다고 생각한다.[57] 사회주의 30년 동안 지식인이 겪은 심리적 트라우마를 세밀하게 논의하지 않으면 개혁개방 30년 시기에 보여주었던 지식인의 행태는 이해하기 힘들 것이다. 이것이 필자가 말하려는 소위 '문화대혁명의 역설'이다. 문화대혁명의 역설에 대해서는 자세히 말할 공간이 없으니 여기서 한 구절만 첨언하고자 한다. 문화대혁명 시기 극단적 형태로 도덕이 강요되는 비극적 분위기가 장기간 연출되었다. 하지만 이것이 오히려 개혁개방 이후 도덕을 능멸하고 돈만 있으면 되는 희극적이고 천박한 자본주의사회가 만들어지는 지렛대 역할을 했다. 특히 지식인에게 나타나는 무의식적 자기검열이 습속화 단계에까지 이른 듯한데 이 역시 문화대혁명 시기 그들 집단이 겪은 특수한 경험과 관련이 있다.

1970년대 말 덩샤오핑 정부가 들어서고 나서 10년 사이에 문화대혁명 이후 냉소적이 되어버린 대중의 사상적, 정치적 공허감을 채워줄 만한 새로운 사회적, 정치적 이상을 제시하지 못했다. 대신 자본주의 발전을 통한 상품을 제공함으로써 공백을 메우려 했다.[58] 여기에 적극 협조한 이들이 바로 중국의 지식인 집단이었다. 국가권력으로부터 갓 벗어나기 시작한 1980년대 지식계는 지식과 정치가 명확하게 구분되지 않았다. 당시 어떤 학술상의 노력도 최소한의 정치적 소구를 가져야 했으며, 국가권력의 방침에 부응하는 모습을 표방하지 않을 수 없었다. 즉

---

57 졸고, 〈중국 지식인의 과거 대면의 방식과 문화대혁명 담론 비판─문화대혁명 발생 50주년을 바라보며〉, 《사회와 철학》 29집, 2015년 4월 참조.
58 모리스 마이스너, 《마오의 중국과 그 이후》 2, 613쪽 참조.

정도는 다르지만 모두 개혁개방의 국가 서사 전략을 '차용'해야만 했던 것이다. '신계몽 운동' 속에서 보여주는 학술과 정치의 복합성은 이러한 역사 조건으로부터 조성된 것이다. 이런 점들을 인정한다 해도 앞에서 말한 마이스너의 〈하상〉에 대한 정치적 해석을 받아들인다면 신계몽에서 신新의 의미는 매우 퇴색될 수밖에 없다. 일단 5·4시기와 달리 서양 인식과 중국 인식에서 상호 긴장성은 상실된 것이다. 서양 인식에서 민주가 누락되었고 사회주의적 가치 지향이 사라졌다. 이 자리에 남은 것은 서양 자본주의와 중국 공산주의의 권위주의뿐이다. 그리고 양자가 손을 잡으면 괴물 같은 위력을 발휘할 수 있다. 여기에 지식인의 유학, 특히 '권력-지식 담론으로서의 유학'이 가세하면 정치, 경제, 문화의 탄탄한 보수 구도가 정립된다.

1992년 남순강화南巡講話(남부 지역의 경제특구 순방)는 이 정립의 공식화를 선언한 것이나 다름없다. 이와 같이 '형식은 좌파적이면서 실제는 우파적인 모습을 한' 덩샤오핑 정권 아래서 중국 사회의 구조 변동은 매우 심각한 형태로 진행됐다.[59] 이에 따라 새로운 계층적 위계구조가 출현했다. 권력 귀족 자본가층, 사영 기업주 계층, 지식 엘리트 계층, 하강下崗(실업) 노동자 집단, 토지 없는 농민 집단, 농민공 계층 등이다.[60] 이러한 계급의 구조 변동은 중국 사회를 이미 '계급 없는 계급 사회'로 만들었다. 국가 전체의 GDP는 성장했지만, 다른 한편 사회적 특권과 차별이 횡행하는 사회가 되었다. 중국이 기존의 자본주의국가보다 더

---

59 王超華, 〈歷史終結在中國─近十年中國大陸官方意識形態變化解析〉, 《思想》14, 2010年 1月(臺北 : 聯經), 208~209쪽.
60 첸리췬, 《모택동 시대와 포스트 모택동 시대 1949~2009》 하, 369쪽.

심각한 소득 불평등 문제를 안고 있다는 것이 '2014 중국 민생 발전 보고서'(베이징대학 중국사회과학조사센터)를 통해 발표되었다. "상위 1퍼센트가 중국 전체 자산의 3분의 1을 차지하고, 하위 25퍼센트가 전체 자산의 1퍼센트를 차지한다"[61]는 내용이었고 이에 대해 중국 누리꾼의 93퍼센트가 '전혀 의외가 아니다'라고 답했다.

이러한 구조 변동 속에서 1990년대 지식인과 국가의 관계는 재조정되었다. 자신을 자유주의 좌파라 부르는 정치사상 연구자 류칭劉擎에 의하면 1990년대 중국 정부의 자본주의의 본격화 선언을 토대로 지식인은 국가체제의 전략적 지지 아래 사상의 보수화와 지식의 전문화를 수용한다. 이 속에서 가장 중요한 변화는 '탈정치화'이다. 국가의 지식계에 대한 관리가 전통적인 이데올로기 통제의 방식에서 행정적 방식으로 변화했다. 국가의 일방적인 사상 통제가 아닌 지식인과 상호 주고받기식 '거래'가 이루어지는 것이다. 예컨대 전문화 경향을 받아들인 지식인에게 국가는 전폭적으로 물질적 혜택을 보장하고 권위의 정당성을 부여해주었다. 국가권력이 지식장에 대한 전면 통제는 방기했지만 지식계는 국가로부터 여전히 국가 이데올로기의 합법성을 널리 선전하라는 요구를 강력하게 받고 있는 것이다.[62] 중국의 1990년대에 무성했던 다양한 논쟁들은 언뜻 보면 자유로운 학문 토론 같지만 이러한 중국의 특수한 언어 환경을 고려하면서 재검토해야 한다.

요컨대, 먼저 부자가 되라는 덩샤오핑의 '이론 아닌 이론'은 경제적

---

61 중국의 진보적 문화 연구자 왕샤오밍은 1949년 이래 지금이 빈부격차가 가장 심하다고 진단한다. 王曉明,〈百年轉型之社會焦慮〉,《當代文化研究》2011. 10. 17.

62 劉擎,〈'學術'與'思想'的分裂〉,《二十一世紀》2005年 4月號, 總第八十八期, 18~22쪽.

이익은 무한대로 자유로이 추구해도 된다는 말이며 동시에 정치적으로는 자유가 거의 허용되지 않는 독재를 추구한다는 의미이다. 이런 상황에서 그의 핵심 정책인 사회주의 초급 단계론은 사회주의를 버리지 않았다는 수사 이상의 의미는 없다. 사회주의 초급 단계가 2050년까지라고 한다면, 진짜 사회주의를 실현하기 위해 그 전까지는 사회주의 건설을 보류한다는 말이다. 그런데 과연 과정과 결과가 따로 갈 수 있을까. 다른 것은 차치하고 지금의 중국공산당이 가장 좋아하는 것은 무엇이고 가장 싫어하는 것이 무엇일까를 생각해보면 바로 답이 나온다.

나오며

벤저민 양은 덩샤오핑을 도가사상을 실천한 인물로 본다. 이에 비해 마오쩌둥은 결정적 행동과 엄격한 원칙을 강조한 '형식주의자'였다. 반면 저우언라이는 본래의 형식과 관례에 충실한 '유교사상가적 풍모'가 있었다. 이런 정의가 정답이 될 수는 없지만 토론거리를 제시하긴 한다. 이 장이 저우언라이와 덩샤오핑을 정리하는 자리지만, 두 사람 모두 마오쩌둥과 정치적으로 뗄 수 없는 관계를 맺고 있어 필요한 경우 마오쩌둥도 함께 언급해야 할 것이다.

덩샤오핑, 마오쩌둥과 비교하여 저우언라이에 대해서 우리는 정치가라기보다는 관료의 모습으로 기억한다. 하지만 우리 주변에서 흔히 볼 수 있는 특권을 최대한 누리려 한 관료가 아니었다. 오히려 그것을 내려놓는 데 아주 익숙한 면모를 보여주었다.

그럼에도 불구하고 저우언라이가 많은 인민의 존경을 받은 이유는 무엇일까를 질문해야 한다. 원인 없는 결과는 별로 없기 때문이다. 덩샤오핑은 마오쩌둥 사후 모든 것을 되돌려놓으려 했지만, 저우언라이는 마오쩌둥이 살아 있을 때 그렇게 해야 했다. 최소한 그렇게 했다. 즉 비림비공의 국면이 끝난 직후 저우언라이가 가장 주력했던 것은 혁명 원로의 '복권'이었다. 덩샤오핑도 여기에 속해 있었다. 사인방이 주도한 역류를 막고 국가를 제자리로 돌려놓는 것은 당시의 중국 정치 현실에서 매우 중요한 일이었지만, 결코 쉬운 일도 아니었다. 이렇게 할 수 있었던 데는 정치 관료 생활 30년 동안 쌓아온 인간관계와 조직에 대한 장악력 외에도 이를 떠받치는 '도덕적 힘'이 크게 작용했다. 중국 사회는 아비투스로서의 도덕은 너무도 익숙하여 현실을 움직이는 힘으로 작용하지 못하지만, 모럴로서의 도덕은 현실을 움직이는 힘을 갖는다. 여기서 모럴은 계급 안팎을 넘나드는 타자성과 관용의 정신, 청렴성으로 나타났다. 중국 인민을 비롯해 저우언라이 주변의 인물들에게 감동을 줄 수 있었던 것은 아비투스로서의 도덕이 아닌 모럴로서의 도덕이었다. 앞의 도덕은 제도이며 시스템에 가깝고 뒤의 도덕은 상대방에 대한 배려와 윤리로 설명할 수 있다. 그것은 때로 상대방을 감동시키기도 하여 제도와 시스템이 주는 비인간적인 면을 보충해주는 역할을 한다.

모럴로서의 도덕의 실현은 군이 철학적으로 표현하자면 환대의 철학의 구현이다. 높은 자리에 있으면서 낮은 자리에 있는 사람들을 친구같이 대하고, 자기 자리를 내주고 잠깐이나마 환담을 할 수 있는 것, 이거야말로 정치 관료가 인민들에게 보여줄 수 있는 최고의 대접일 터다. 타인에 대한 공감 능력이 없으면 불가능한 일이다. 이처럼 공감을 보여줄 때 인간관계에서 작은 변화가 시작될 수 있다.

아마도 이런 점들이 마오쩌둥이 주석으로 보여줄 수밖에 없었던 경직성을 보충해주었을 것이다. 그런 점에서 저우언라이가 보여준 환대의 철학은 마오쩌둥에게는 상보성과 대안으로 자리매김할 수 있었다. 그리고 필자는 바로 이점이 저우언라이가 마오쩌둥과 오랫동안 동고동락할 수 있었던 주 요인이었다고 생각한다. 중국 인민들에게 저우언라이가 사랑을 받을 수 있었던 것도 개인의 인격 외에 '특이한' 성격의 소유자로 알려진 마오쩌둥과의 조화로운 모습을 오랫동안 보여줄 수 있었던 데 있지 않았을까. 그렇기 때문에 지금도 중국인들에게 여론조사를 하면 20세기 인물 중 가장 닮고 싶은 인물로 저우언라이가 꼽힌다. 도학道學의 측면에서 보면 저우언라이는 유가철학의 본의에 가장 충실하게 산 인물이다. 량치차오가 중국 철학을 서양철학의 특징과 굳이 구분하여 지智에 대한 사랑이라기보다는 수기치인이라는 점을 강조하면서 이를 도학이라고 불러야 한다고 했을 때, 이에 가장 어울리는 사람이 바로 저우언라이다.

그런데 저우언라이에 대해서는 그의 전기를 쓴 바르누앙의 문제 제기를 그냥 지나칠 수 없다. 즉 저우언라이가 '시인' 마오쩌둥같이 변덕스런 인물 옆에서 그렇게 긴 시간 동안 2인자 자리를 유지할 수 있었던 비결을 객관적으로 볼 필요가 있다는 것이다.[63] 우선 그가 오래 버틸 수 있었던 이유는 1인자의 자리를 탐하지 않아 마오쩌둥이 안심했기 때문일 것이다. 이는 조금 다른 시각에서 보면 1인자인 마오쩌둥에 대한 '절

---

63 바르바라 바르누앙·위창건,《저우언라이 평전》.

제'나 '비위 맞추기'에 능한 처신 혹은 기회주의적 발상으로부터 나온 보신주의保身主義의 결과일 수도 있을 것이다. 이 문제는 앞으로 좀더 토론할 필요가 있다.

이와 관련하여 저우언라이를 비판적으로 서술했던 홍콩의 정치평론가 진중의 지적을 들어보자. "저우언라이는 쭌이회의 이후 40여 년 동안 마오쩌둥에게 '충성'으로 일관했다. 문화대혁명에서 저우언라이가 없었다면 마오쩌둥, 린뱌오, 장칭의 실패는 보다 일찍, 그리고 보다 철저했을 것이다. 문화대혁명에서 저우언라이의 역할은 결국 마오쩌둥의 독재 통치를 연명하게 하는 것이었다."[64] 여기서 우리의 질문은 마오쩌둥에 대한 '충성'을 어떻게 해석하느냐이다. 이는 결국 마오쩌둥의 혁명과 체제가 천하위공의 가치를 실현하는 체제였느냐는 질문과 연결된다. 저우언라이가 궁극의 가치를 어디에 두었는가, 이것이 중요하다. 마오쩌둥을 위해서였는지, 아니면 인민을 위해서였는지. 혁명의 단계에서는 마오쩌둥이 천하위공의 가치를 실현한 측면이 있다 하더라도 1949년 이후 나타난 것은 프롤레타리아 민주라기보다는 프롤레타리아 독재였으니 이 비판은 타당한 측면이 없지 않다. 그렇다면 저우언라이는 그러한 체제 공고화를 조장한 공범이 되는 것이다.

"저우언라이는 자신의 사욕을 억제하는 정도가 휴머니즘에 반할 정도로 심했고 당파성과 도덕성 외에는 자아가 없는 듯한 인물로서, 현대에 되살아난 대유학자라고 할 것이다"[65] 어느 정도 일리가 있는 지적이다. '자아가 없는 대유학자'라는 표현은 '사욕이 없는 사대부'라고도

---

64 야부키 스스무, 《마오쩌둥과 저우언라이》, 258쪽.
65 야부키 스스무, 《마오쩌둥과 저우언라이》, 259쪽.

할 수 있을 것이다. "저우언라이는 재상으로, 황제의 자리에 있지는 않았지만, 재상의 책무를 다하지 못했다. 황제가 잘못할 경우 재상이 간언해야 하는데 그렇게 하지 않았다. 만약에 그가 간언을 했더라면 펑더화이(전 국방부장)와 같은 운명을 맞았을 것이다." 대륙 지식인의 평가이다. 여기서 재상으로 간언하지 않았다는 사실은 앞에서 지적된 '자아가 없는 대유학자'라는 말과도 통한다. 그런데 만일 펑더화이의 비극과 문화대혁명 초기 류샤오치가 당하는 것을 직접 목격한 저우언라이가 감히 간언에 나설 수 있었을까 하는 의문이 든다. 물론 간언의 방법에 따라 다를 수는 있겠다. 그러나 중국에서 아직은 혁명의 아버지인 마오쩌둥의 평가에 따라 혁명의 어머니인 저우언라이의 평가도 달라진다. 이는 덩샤오핑에 대한 평가 또한 마찬가지다. 문제는 앞에서도 말한 것처럼 레닌과 스탈린으로 계승점과 비판점이 명확히 갈리는 러시아와는 달리 중국의 경우에는 마오쩌둥이라는 하나의 몸에 계승점과 비판점이 공존한다는 사실에 있다.

그렇다면 마오쩌둥은 어떤가. 여기서는 앞서 량수밍과 비교할 때와는 다른 차원에서 얘기할 수 있는 지점들이 있다. 즉 저우언라이, 마오쩌둥, 덩샤오핑의 삼각관계 속에서 마오는 어떤 위치에 있는가. 마오쩌둥은 진시황을 자처했지만 혁명가 마오쩌둥이 아닌 정치가 마오쩌둥에게서도 '법가의 현실주의적 풍모'보다는 '혁명적 이상주의' 풍모를 더 느끼게 된다. 하지만 유가와 법가의 결합으로 한나라 이후 장기적인 문화 통치가 가능했듯이, 마오는 비록 유가에는 반대했지만 결과적으로는 '유교화'된 사회주의의 기틀을 마련한 셈이다. 마오쩌둥은 죽기 직전에 자신이 죽으면 유교가 다시 살아날 것이라 예견했고 이는 적중했다.

2000년대 들어 중국 지도자들이 연달아 내놓은 '조화사회론'이나 '중국몽'은 중화 민족의 위대한 꿈에 대한 전망을 더 이상 마르크스주의 이데올로기나 서양의 역사관에 의탁하지 않는다. 진시황제가 혼란스런 전국 상황을 처음으로 통일하여 장기적으로는 한나라의 문화 통치의 토대를 마련해준 것처럼, 마오쩌둥도 중국 근현대 반세기 동안의 혼란을 종식시키고 30년 동안의 사회주의 통치를 통해 부강 중국의 기초를 형성하는 기틀을 마련했다.

덩샤오핑은 마오쩌둥이 만들어놓은 기틀인 '공산당 영도의 원칙'을 잘 활용하여 100년 전부터 중국 지식인들이 부단히 꿈꿔왔던 '부강'을 중국인에게 실제로 보여준 인물이다. 앞의 서두에서 벤저민 양은 덩샤오핑의 실용주의를 '이론 없는 이론'이라 표현했다. 그리고 이를 '무위無爲를 최선의 행동으로 보는' 도가적 풍모와도 통한다고 하였다.[66] 사실 무위는 정치적으로 해석하면 아무 일도 하지 않는 것처럼 보이는 것이다. 무위는 '무위이무불위無爲而無不爲'의 준말로 본의를 해석하면 '아무것도 하지 않으면서 하지 않음이 없다'는 의미이다. 그리고 핵심은 하지 않음이 없다는 의미로 속뜻은 '적극적으로 함'인 '무불위'에 있다. 철학적으로는 도가의 주장이지만 법가가 자기 정치의 최고의 발현 형태로 삼는 것이기도 하다.

마오쩌둥이 이끌어가는 엄혹한 정치 환경에서 세 번이나 실각을 했던 덩샤오핑은 살아남기 위해서는 뭔가를 하지 않는 것처럼 보이는 '무위'가 최선의 행동이었을 수 있다. 또 덩샤오핑의 시대가 되어 개혁개방

---

66 벤저민 양, 《덩샤오핑 평전》, 398쪽.

을 추진할 때도 마오쩌둥의 권위는 그대로 두었다. 이는 서론에서 말한 대로 덩샤오핑의 위대성은 무언가를 한 데 있는 게 아니라, 원래 상태대로 되돌린 데 있다는 평가와 일맥상통한다. 원래 상태대로 회복하기 위해서는 무불위의 '적극적으로 함'의 철학이 필요했을 것이다.

덩샤오핑 정권에서 '먼저 부자가 되라'고 하여 중국은 연평균 11퍼센트의 경제성장률을 보이며 급성장했다. 하지만 부작용 또한 그냥 지나칠 수 없을 정도로 심각하다. 환경, 부패, 불평등 문제 등 어마어마한 사회적 대가를 치르고 있다. 조금 과장하면 사회주의 시대에 없애려 했던 전근대적인 3대 차별이 더 심한 형태로 나타났다. 이중 극단적 형태로 나타나고 있는 사회적, 경제적 불평등 문제는 중국 사회의 계층과 계층을 단절시킬 정도로 극심하다. 한쪽에서는 2억 이상의 농민공이 유민으로 떠돌고 있는데, 다른 한쪽에서 부자들은 세계의 명품시장을 떠받쳐주고 있지 않은가. '혁명의 혁명'을 다시 혁명해야 하는 상황이 된 것이다.

"마오쩌둥이 공산주의 통치를 중국에 실현한 반면 덩샤오핑은 어떤 의미에서 그 통치 체제를 구원함과 동시에 그것을 묻어버리고 다른 형태의 공산주의로 바꾸었다."[67] 이 '공산주의'는 정치적으로는 공산주의이나 경제적으로는 자본주의이다. 이는 1949년 중화인민공화국 수립 직전에 중국의 지식인들이 꿈꾸었던, 정치는 미국식, 경제는 소련식이라는 사회 구상(즉 사회민주주의 체제)과는 정반대이다. 정치는 소련식, 경제는 미국식! 덩샤오핑에 의해 만들어진 지금의 중국 '사회주의 체

---

67 벤저민 양, 《덩샤오핑 평전》, 23쪽.

제'는 결국 타고난 능력대로 인정받는 메리토크라시meritocracy적 성격이 매우 강하고 사회민주주의와는 거리가 있다. 그런데 과연 중국 사회에 맞는 체제가 무엇이냐에 대해서는 쉽사리 말하기 힘들다. 앞으로 100년이 지나면 지금의 '사회주의 체제'가 어떻게 될지 아무도 모른다. 우리는 다만, 몇백 년 동안 없어질 것 같지 않았던 변발과 전족이 단 10~20년 사이에 사라진 것처럼 역사의 도도한 흐름 속에서 변하지 않는 것은 없다는 사실만을 알 뿐이다. 정치도 역사 앞에서는 무력하다. 서양은 종교가 있지만 동양은 역사가 있다. 죽어 있는 것처럼 보이는 역사의 포폄의식, 민이民彝가 죽지 않았다면 이 또한 살아 있다.

참고문헌

1장

량치차오,《청대 학술 개론》, 이기동 · 최일범(여강출판사, 1987).

루이스 A. 코저,《사회사상사》, 신용하 · 박명규(일지사, 1992).

마루야마 마사오,《전중과 전후 사이 1936~1957》, 김석근(후마니타스, 2011).

이병주 엮음,《중국 근대화를 이끈 걸출한 인물들》(지식산업사, 2006).

체스타 탄,《중국 현대 정치사상사》, 민두기(지식산업사, 1985).

캉유웨이,《대동서》, 이성애(민음사, 1991).

캉유웨이,《공자개제고》1~4, 김동민(세창출판사, 2013).

토머스 헉슬리,《진화와 윤리》, 김기윤(지식을만드는지식, 2009).

康有爲,《康有爲政論集》, 上册(中華書局, 1981).

王栻 主編,《嚴復集》全5册(中華書局 1986).

嚴復,《天演論》(中州古籍出版社, 2000).

陳明,〈儒敎硏究新思考—公民宗敎與中華民族意識建構〉, http://www.aisixiang.com/data/31632.html

陳明,〈儒敎之公民宗敎說〉,《二十一世紀》网络版, 2003年 3月号, 總第12集, http://www.cuhk.edu.hk/ics/21c/supplem/essay/9501079g.htm

余英時,《現代儒學論》(上海人民出版社, 1998).

幹春松,〈現代性和 : 近代以來中國人的,文化認同危機與重構〉,《制度儒學》(上海人民出版社, 2006).

幹春松,〈儒家的儒家的制度化重建 : 康有爲和孔敎會〉,《制度儒學》(上海人民出版社, 2006).

胡適,《四十自述》(北京聯合出版公司, 2014).

郭湛波,《近代中國思想史》(龍門書店, 1942).

蕭公權,《康有爲思想硏究》, 江榮祖(新星出版社, 2005).

曾亦,《共和與君主》(上海人民出版社, 2010)

田島英一,〈中國ナショナリズム分析の枠組みと實踐〉, 加加美光行,《中國の新たな發見》(日本評論社, 2008).

村田雄二郎,〈20世紀システムとしての中國ナショナリズム〉, 西村成雄,《現代中國の構造變
　　　　動-ナショナリズム-歷史からの接近》3(東京大學出版會, 2000)

高柳信夫,〈梁啓超の'孔子'像とその意味〉,《中國における近代知'の生成》(東方書店, 2007).

高田淳,〈天人の道と進化論〉,《中國の近代と儒教》(紀伊國屋新書, 1970).

竹內弘行,《中國の儒教的近代化論》(硏文出版, 1995).

Benjamin Schwartz, *In Search of Wealth and Power* (Cambridge : Havard University Press, 1964)
　　　　[벤저민 슈워츠,《부와 권력을 찾아서》, 최효선(한길사, 2006)].

J. R. Levenson, *Confucian China and Its modern Fate*(California University Press, 1968).

2장

민두기,〈동아시아의 실체와 그 전망〉,《시간과의 경쟁》(연세대학교출판부, 2001).

민두기,《辛亥革命史》(민음사, 1994).

민두기,〈량치차오 초기 사상의 구조적 이해〉,《중국 근대사 연구》(일조각, 1986).

조경란,〈중국 지식인의 현대성 담론과 아시아 구상〉,《역사비평》(2005년 9월호).

배경한,〈신해혁명의 역사적 평가를 위한 일시론〉,《서울대 동양사학과 논집》10집(1986).

백영서,〈중국의 국민국가와 민족 문제 : 형성과 변형〉,《동아시아의 귀환》(창작과비평사,
　　　　2000).

서강,《량치차오—중화유신의 빛》, 이주노·김은희(이끌리오, 2008).

시프린,《孫文評傳》, 민두기(지식산업사, 1990).

쑨원,〈대아시아주의〉, 최원식·백영서 엮음,《동아시아인의 '동양' 인식》(문학과지성사,
　　　　1997).

조경란,《중국 근현대 사상의 탐색》(삼인, 2003).

진순신,《홍콩의 기나긴 밤》, 서석연(우리터, 1997).

판광저,《국부國父 만들기》, 고영희·손성준(성균관대학교출판부, 2013).

헨리 조지,《진보와 빈곤》, 김윤상(비봉출판사, 1997).

梁啓超,《飮冰室文集》(臺灣中華書局, 1984).

梁啓超,《飮冰室專集》(臺灣中華書局, 1984).

趙靖·易楚虹 註編,《中國近代經濟思想資料選集》下冊(中華書局, 1982).

賀照田,〈爲中国, 脱中国, 再中国—重讀陳獨秀, 梁啓超, 嚴復有感〉上·下,《中国圖書評論》, 8, 9期
      (2010).

張季平,〈孫中山的哲學思想評議〉,《中國近代哲學史論文集》(天津人民出版社, 1984).

胡繩,〈論孫中山的社會主義思想〉,《歷史研究》(1987-1).

《民報》

《新民叢報》

池田誠,《孫文と中國革命》(法律文化社, 1983).

高柳信夫,〈梁啓超の'孔子'像とその意味〉,《中國における'近代知'の生成》(東方書店, 2007).

高柳信夫,〈梁啓超と〈中國思想〉〉,《中國-社會と文化》19号(2004. 6).

野村浩一,〈民族革命思想の形成〉,《近代中國の政治と思想》(筑摩書房, 1964).

David Strand, "Community, Society, and History in Sun Yat-sen's Sanmin zhuyi", *Culture and
      State in Chinese History*(Stanford University Press, 1997).

3장

김학준,《라스키—현대국가에 있어서의 자유》, (서울대학교출판부, 1995).

다케우치 요시미,〈루쉰의 삶과 죽음〉,《루쉰》, 전형준 엮음(문학과지성사, 1997).

루쉰,《호루라기를 부는 장자》, 유세종(우리교육, 1995).

魯迅,《루쉰 전집》1, 루쉰전집번역위원회(그린비, 2010).

魯迅,《루쉰 전집》2, 루쉰전집번역위원회(그린비, 2010).

魯迅,《루쉰 전집》3, 루쉰전집번역위원회(그린비, 2010).

魯迅,《루쉰 전집》6, 루쉰전집번역위원회(그린비, 2010).

리쩌허우,《중국 현대 사상사론》, 김형종(한길사, 2005).

린시엔즈,《인간 루쉰》상, 김진공(사회평론, 2007).

마루야마 노보루丸山昇,《魯迅評傳》, 한무희(일월서각, 1982).

민두기,《中國에서의 自由主義의 實驗》(지식산업사, 1996).

왕샤오밍,《인간 루쉰》, 이윤희(동과서, 1997).

첸리췬,〈베이징대학 교수의 다른 선택〉,《20세기 중국의 지식인을 말하다》2, 쉬지린 편저(길, 2011).

히야마 히사오, 《동양적 근대의 창출》, 정선태(소명출판, 2000).

魯迅, 〈破惡聲論〉, 《集外集拾遺》

胡適, 〈美國的婦人〉, 《新靑年》5-3(汲古書院, 1970).

胡適, 〈眼前世界文化的趨向〉, 《胡適選集, 政論》(文星書店, 1966).

胡適, 〈非個人主義的新生活〉, 《中國近代思想資料簡編》第3卷, 蔡尙思 註編(浙江人民出版社, 1980).

胡適, 〈介紹我自己的思想〉, 《中國近代思想資料簡編》第3卷, 蔡尙思 註編(浙江人民出版社, 1980).

胡適, 〈新文化運動與國民黨〉, 《中國近代思想資料簡編》第3卷, 蔡尙思 註編(浙江人民出版社, 1980).

胡適, 〈我們走那条路〉, 《胡適學術文集 哲學與文化》(中華書局, 2001).

李澤厚, 〈略論魯迅思想的發展〉, 《中國近代思想史論》(谷風出版社, 1986).

李愼之, 〈回歸'5·4'學習民主─給舒蕪談魯迅,胡適和啓蒙之信〉, 《胡適還是魯迅》, 謝泳 編(中國工人出版社, 2003).

孫郁, 〈魯迅與胡適的兩種選擇〉, 《胡適還是魯迅》, 謝泳 編(中國工人出版社, 2003).

郜元寶, 〈魯迅與中國現代自由主義〉, 《胡適還是魯迅》, 謝泳 編(中國工人出版社, 2003).

汪暉, 〈個人觀念的起源與中國的現代認同〉, 《汪暉自選集》(廣西師範大學出版社, 1997).

謝泳 編, 《胡適還是魯迅》(中國工人出版社, 2003).

旺暉, 《死火重溫》(人民文學出版社, 2000)[왕후이, 《죽은 불 다시 살아나》, 김택규(삼인, 2004).]

緖形 康, 〈哲學の運命〉─胡適とデュ-イ, 《中國; 社會と文化》19號(2004年 6月).

水羽信男, 〈近年の米國を中心とする中國現代知識人の思想史硏究に關する覺書〉, 《廣島大學 文學部紀要》55(1995-12).

三宅芳夫, 《'主體'·'個人'·'實存'─その差異と 關係について》, 《思想》900號(1999年 6月).

4장

리쩌허우, 《중국 현대 사상사론》, 김형종(한길사, 2005).

모리스 마이스너,《리다자오―중국 마르크스주의의 기원》(지식산업사, 1992).

토마스 쿠오,《진독수 평전》, 권영민(민음사, 1985).

陳獨秀,《獨秀文存》(安徽人民出版社, 1987).

李大釗,《李大釗文集》上·中·下(人民出版社, 1984).

蔡尙思 柱編,《中國現代思想史資料簡編》第1卷(浙江人民出版社, 1982).

林賢治,《五四之魂》(廣西師範大學出版社, 2008).

高力克,〈陳獨秀의國家觀〉,《21世紀》第4期(2006).

石川禎浩,〈李大釗のマルクス主義受容〉,《思想》(1991年 5月).

橫川次郎,〈陳獨秀の評價をめぐつて〉,《中國硏究月報》408號(1982年 2月).

松本三之介,《明治思想における傳統と近代》(東京大學出版會, 1996).

5장

곤도 나오코,〈문화대혁명을 기억한다―찬쉐의 수수께끼와 중국의 아이 죽이기〉,《역사》
　　　아시아 신세기 2(한울, 2007).

[다케우치 요시미 선집] 다케우치 요시미,〈평전 마오쩌둥〉(초록),《내재하는 아시아》,
　　　윤여일(휴머니스트, 2011).

량수밍,《동서문화와 철학》, 강중기(솔, 2005).

류캉,〈제3세계 이데올로기로서의 마오주의〉,《역사》아시아 신세기 2(한울, 2007).

막스 베버,《직업으로서의 정치》, 전성우(나남, 2014).

모리스 마이스너,《마오의 중국과 그 이후》1, 김수영(이산, 2004/2쇄, 2006)

모리스 마이스너,《마오쩌둥 사상》, 김광린·이원웅(소나무, 1987).

백승욱,《문화대혁명―중국 현대사의 트라우마》(살림, 2007).

조경란,《현대 중국 지식인 지도》(글항아리, 2013).

조경란,〈개방 30년 노동자의 문화대혁명 기억과 현재의 비판적 인식〉(서평),《황해문화》
　　　57호(2007년 겨울).

조경란,〈중국 지식의 '윤리적' 재구성의 가능성―유학 '부흥'과 '비판'의 정치학에서 아비
　　　투스의 문제〉,《중국 근현대사 연구》제61집(2014년 3월).

조너선 D. 스펜스,《무질서의 지배자 마오쩌둥》, 남경태(푸른숲, 2002).

첸리췬,《모택동 시대와 포스트 모택동 시대 1949~2009》상·하, 연광석(한울, 2012).

梁漱溟,《梁漱溟全集》第一卷(山東人民出版社, 1989).

梁漱溟,《梁漱溟全集》第五卷(山東人民出版社, 1989).

梁濟(黃曙輝 編敎),《梁巨川遺書》(華東師範大學出版社, 2008).

梁漱溟,《梁漱溟自述: 我是怎樣一個人》(當代中國出版社, 2012).

梁漱溟(李淵庭, 閆秉華 整理),《梁漱溟先生講孔孟》(中華書局, 2014).

陳獨秀,〈對於梁巨川先生自殺之感想〉,《新青年》第6卷 第1號.

艾愷(Guy Alitto),〈文革: 四十後的破曉〉,《二十一世紀》2006年 2月號, 總第九十三期.

耿占春,〈學術: 中國製造〉,《二十一世紀》2010年 12月號, 總第一二二期.

徐賁,〈變化中的文革記憶〉,《二十一世紀》2006年 2月號, 總第九十三期.

汪東林,《梁漱溟與毛澤東》(吉林人民出版社, 1989).

馬勇,《思想奇人 梁漱溟》(北京大學出版社, 2008).

溝口雄三,〈もう一つの'五·四'〉,《思想》1996年 12月號.

加加美光行,《裸の共和國−現代中國の民主化と民族問題》(世界書院, 2010).

竹內好,〈評傳 毛澤東〉, (竹內好評論集 第1卷)《現代中國論》(筑摩書房, 1966/3쇄, 1969).

田島英一,〈中國ナショナリズム分析の枠組みと實踐〉, 加加美光行,《中國の新たな發見》(日本評論社, 2008).

宇野重昭 編集責任,《靜かな社會變動》, 岩波講座 現代中國 第3卷(岩波書店, 1989).

Guy Salvatore Alitto, *The Last Confucian: Liang shu-ming and the Chinese Dilemma of Modernity* (University of California Press, 1986)[《最後的儒家》, 王宗昱·冀建中(江蘇人民出版社, 2003)].

6장

리핑,《저우언라이 평전》, 허유영(한얼미디어, 2005).

모리스 마이스너,《마오의 중국과 그 이후》1, 김수영(이산, 2004/2쇄, 2006).

바르바라 바르누앙·위창건,《저우언라이 평전》, 유상철(베리타스북스, 2007).

백원담,〈냉전기 아시아에서 아시아주의의 형성과 재편〉,《냉전 아시아의 문화 풍경》1 (현실문화, 2008).

벤저민 양, 《덩샤오핑 평전》, 권기대(황금가지, 2004).

쑤수양, 《인간 주은래》, 이우회(녹두, 1993).

야부키 스스무, 《마오쩌둥과 저우언라이》, 신준수(역사넷, 2006).

에즈라 보걸, 《덩샤오핑 평전》, 심규호·유소영(민음사, 2014).

오쿠무라 사토시, 《새롭게 쓴 중국 현대사》, 박선영(소나무, 2001).

위치우이, 《위치우리, 문화란 무엇인가?─중국, 중국인, 중국문화를 말한다》, 심규호(이
        다미디어, 2015).

이경일 편저, 《周恩來─다시 보는 저우언라이》(우석, 2004).

이중, 《저우언라이, 오늘의 중국을 이끄는 힘》(역사의아침, 2012).

李虹, 《주은래와 등영초》, 이양자·김형열(지식산업사, 2006).

자젠잉, 《80년대 중국과의 대화》, 이성현(그린비, 2009).

조경란, 《현대 중국 지식인 지도》(글항아리, 2013).

조경란, 〈'중국'을 회의하며 계몽하다〉(첸리췬과의 대담), 《동방학지》 163집(2013년 9월).

中共中央文獻研究室 編, 《鄧小平文集》上·中·下(人民出版社, 2014).

中共中央文獻研究室 編, 《周恩來年譜 1949~1976》上·中·下(中國文獻出版社, 2007).

周恩來, 《周恩來選集》上·下(人民出版社, 1984).

徐霞翔, 〈傳統政治文化的連續─晚年周恩來〉, 《21世紀》 2009年 4月號.

王超華, 〈歷史終結在中國─近十年中國大陸官方意識形態變化解析〉, 《思想》 14(2010年 1月).

蕭功秦, 〈當代中國六大社會思潮的歷史與未來〉, 馬立誠, 《當代中國八種社會思潮》(社會科學文
        獻出版社, 2012).

毛里和子·毛里興三郎 譯, 《ニクソン訪中機密會談錄》(名古屋大學出版會, 2001).

毛里和子·增田弘 監譯, 《周恩來キッシンジャ-機密會談錄》(岩波書店, 2004).

汪暉, 《思想空間としての現代中國》, 村田雄二郎(岩波書店, 2006).

艾愷(Guy Alitto), 〈文革: 四十年後的破曉〉, 《二十一世紀》 2006年 2月號, 總第九十三期.

찾아보기

20세기 중국 지식의 탄생

전통·근대·혁명으로 본 라이벌 사상사

펴낸날 초판 1쇄 2015년 12월 5일
        초판 3쇄 2019년 9월 15일

지은이 조경란
펴낸이 김현태
펴낸곳 책세상

주소   서울시 마포구 잔다리로 62-1, 3층 (04031)
전화   02-704-1251(영업부), 02-3273-1333(편집부)
팩스   02-719-1258
이메일   bkworld11@gmail.com
광고제휴 문의 bkworldpub@naver.com

홈페이지 chaeksesang.com   페이스북 /chaeksesang
트위터 @chaeksesang   인스타그램 @chaeksesang   네이버포스트 bkworldpub

등록   1975. 5. 21. 제1-517호
ISBN   979-11-5931-037-9 93150

이 도서의 국립중앙도서관 출판시도서목록(CIP)은 서지정보유통지원시스템 홈페이지
(http://seoji.nl.go.kr)와 국가자료공동목록시스템(http://www.nl.go.kr/kolisnet)에서
이용하실 수 있습니다.(CIP제어번호 : CIP2015031535)

이 저서는 2008년 정부(교육과학기술부)의 재원으로 한국연구재단의 지원을 받아
수행된 연구임(NRF-2008-361-A00003).